U0741083

大学生「双创」系列教材

• 教育部学生服务与素质发展中心组织编写
• 全国高校就业创业特色教材课题研究成果

主　编　谢　婧　谢　鹏　晏才清
副主编　张　婷　潘　康

高职生职业生涯规划与就业指导

图书在版编目（CIP）数据

高职生职业生涯规划与就业指导 / 谢婧，谢鹏，晏才清主编. — 成都 : 四川大学出版社，2023.8
大学生“双创”系列教材
ISBN 978-7-5690-6215-1

Ⅰ. ①高… Ⅱ. ①谢… ②谢… ③晏… Ⅲ. ①职业选择—高等职业教育—教材 Ⅳ. ①G717.38

中国国家版本馆 CIP 数据核字（2023）第 126242 号

书　　名：高职生职业生涯规划与就业指导
　　　　　Gaozhisheng Zhiye Shengya Guihua yu Jiuye Zhidao
主　　编：谢　婧　谢　鹏　晏才清
丛 书 名：大学生“双创”系列教材

选题策划：梁　胜　陈　纯
责任编辑：陈　纯
责任校对：王　锋
装帧设计：裴菊红
责任印制：王　炜

出版发行：四川大学出版社有限责任公司
　　　　　地址：成都市一环路南一段 24 号（610065）
　　　　　电话：（028）85408311（发行部）、85400276（总编室）
　　　　　电子邮箱：scupress@vip.163.com
　　　　　网址：https://press.scu.edu.cn
印前制作：四川胜翔数码印务设计有限公司
印刷装订：成都新凯江印刷有限公司

成品尺寸：185mm×260mm
印　　张：14.75
字　　数：313 千字

版　　次：2023 年 8 月 第 1 版
印　　次：2023 年 8 月 第 1 次印刷
定　　价：39.80 元

四川大学出版社
微信公众号

目 录

第一章　我的大学

【学习目标】

1. 知识目标

（1）了解大学的基本概念及其发展演变历程。

（2）了解内江职业技术学院及其人才培养要求。

（3）掌握学业规划基本含义，学会制订个人学业规划。

2. 能力目标

（1）通过学习，培养学生分析问题、解决问题的能力。

（2）培养学生认识、了解事物发展的一般规律，掌握整体与局部的关系。

（3）学会根据自身实际制订个人学业规划。

3. 素质目标

（1）通过对大学及其演变历程的学习，激发学生求知欲望，培养学生探索知识、探究问题的基本素质。

（2）通过对专业及人才培养目标的学习，培养学生专业精神和行业情怀，增强个人职业使命感。

（3）通过学业规划的学习，帮助学生正确合理规划个人学业，增强学生自我认同感。

第一节　认识大学

大学是莘莘学子梦寐以求的地方，广大学子们通过十二年的寒窗苦读和六月的最后一搏，迈进了大学校园。那么，什么是大学？在大学里面，我们应该如何做？对很多刚进入大学的学生来说是十分模糊的。尤其是高职院校的学生，更应该明白大学的深刻含义，合理规划个人大学生涯，让自己的大学生活更加精彩、充实。

一、大学的概述

“大学”一词源自拉丁文的 Universitas Magistrorum et Scholarium，它的大致意思是“教师和学者的社区”。大学从产生到发展，已有上千年的历史。起初，主要是从德国、英国等国家最早发展起来的。中国现代大学源起于西方，现代西方大学又是从欧洲中世纪大学、英国大学、德国大学再到美国大学这样逐渐演化过来的。无论哪一个时代的大学都是以前大学的创造性继承而不是否定。

（一）大学的定义

大学（University、College）是实施高等教育的学校，包括综合大学和专科大学、学院，是一种功能独特的组织，是与社会的经济和政治机构既相互关联又鼎足而立的传承、研究、融合和创新高深学术的高等学府。它不仅是人类文化发展到一定阶段的产物，还在长期办学实践的基础上，经过历史的积淀、自身的努力和外部环境的影响，逐步形成了一种独特的文化。

大学是一个崭新的人生舞台，在这个舞台上，我们可以尽情追逐个人的理想、兴趣，合理规划个人未来，将所学知识与生产实践有机结合，培养个人实践动手能力，促进自身德、智、体、美、劳全面发展。大学是培养学生独立思考、掌握学习方法、培养自学能力的地方，是一个让学生适应社会、适应不同工作岗位的平台，同时大学也是一个塑造个人品质、树立个人理想的地方。广大学子应该充分利用大学时光，努力学习科学文化知识，加强品格修炼，逐步成长为对国家、社会有用的人才。

（二）大学的演变历程

近现代大学起源于12、13世纪的欧洲中世纪大学，古代的埃及、印度、中国等都是高等教育的发源地，古希腊、罗马、拜占庭及阿拉伯国家都建立了较为完善和发达的高等教育体制。但从严格意义上说，它们不是真正的大学。1088年，意大利建立了第一所正规大学——博罗尼亚大学，它是欧洲最著名的罗马法研究中心，随后，欧洲各地相继出现了大学。

现代大学起源于19世纪初，1809年德国柏林大学的创立标志着现代意义上的大学的诞生。现代大学与中世纪大学的根本区别在于大学职能的转变。中世纪大学是传授已有知识的场所，将研究和发现知识排斥在大学之外，而现代大学则将科学研究作为自己的主要职能，将增扩人类的知识和培养科学工作者作为自己的主要任务，推崇“学术自由”和“教学与研究的统一”。这一思想对世界高等教育也产生了深远影响，为近代大学的形成奠定了基础。

成立于1877年的日本东京大学，是亚洲创办最早的大学之一。

（三）中国大学的变迁

中国大学的起源是北洋大学堂，当年中国在中日甲午海战中惨败后，变法之声顿起，天津中西学堂改办为北洋大学堂，标志着中国近代第一所大学诞生。1898年戊戌变法，京师大学堂成立，是中国近代第一所国立大学和综合大学。中国大学在其百年的发展历程中，经历了三次重要的转型。

第一次转型（20 世纪 20 年代）。以美国高等教育模式为参考的转型。以 1922 年新学制的颁布为标志，中国大学主要以美国高等教育模式为参照系进行的变革。此次转型，强调高等教育要为社会服务的职能，在客观上符合了当时民族资本主义工业发展对人才的需求。强调高等教育办学的民主性，与五四前后要求科学、民主的思想潮流相适应。这次转型在制度层面上，形成了以美国大学模式为主要参照的大学体制。在理念层面上，接受了大学教育社会化、民主化的全新理念，对中国高等教育发展和社会进步都起到了积极作用。

第二次转型（新中国成立后）。对苏联模式的全面照搬。1949 年 12 月，在全国第一次教育工作会议上确立了教育改革的方针："以老解放区新教育经验为基础，吸收旧教育有用经验，借助苏联教育建设的先进经验，建设新民主主义教育。"1950 年以中国人民大学的成立和哈尔滨工业大学的改革为标志，中国大学教育体制开始了对苏联模式的盲目崇拜和机械照搬。这次转型，政治因素是当时中国大学对苏联模式的照搬的主要原因。新中国成立后，随着社会政治、经济性质的完全改变，必须要建立与之适应的社会主义高等教育体制。于是无论是在教育制度层面，还是教育理念层面上，苏联的较为成熟的社会主义教育体制就成为我们学习的对象。经过 6 年改革，我国大学基本建成了适应社会主义政治制度和计划经济体制的集权管理和条块分割的高等教育模式。这次转型，政府的决策起到了决定性的推动作用，是一次自上而下的、由政府决策推动新高等教育体制形成的大学转型。

第三次转型（改革开放以后）。以欧美高教模式为主，参照各国大学发展经验，构建中国特色社会主义高等教育模式。改革开放以后，中国高等教育发展进入了一个新的历史时期。经过数年的拨乱反正和思想观念调整，以 1985 年《中共中央关于教育体制改革的决定》颁发为标志，中国大学开始了百年来的第三次重要转型发展，走上自主探索、建设中国特色社会主义高等教育模式的道路。在新的社会历史发展时期，高等教育的生产力属性和满足人的身心发展的功能受到重视。20 世纪 90 年代，随着社会主义市场经济建设步伐的加快，特别是 1992 年第四次全国高等教育工作会议之后，我国高等教育体制改革开始全面推进。从这次转型来看，这是一次全方位的大学转型过程，其内容包括了高等教育的主要领域及各个方面。同时，大学自主探索能力和理性选择能力的增强是本次转型的重要特征。另外，本次转型，中国大学实现了从计划经济体制下的精英高等教育模式向中国特色的市场经济体制下的大众高等教育模式的转型。

中国大学的百年转型发展一直处于向西方大学模式学习的过程中，并时有起伏转折，对西方大学模式的依附和超越形成了中国大学转型发展过程的总体脉络。目前，自主探索、理性选择已经成为我国大学建设和发展的基本指导方针，具有中国特色的社会主义大学教育模式逐步形成。

（四）大学的主要职能

大学的职能是指大学为适应社会分工与社会发展需要所承担的社会服务。习近平总书记指出："大学是立德树人、培养人才的地方，是青年人学习知识、增长才干、放飞梦想的地方。"很好地总结出了高等学校的根本任务是立德树人，立德树人是中国特色社会主义高校办学治校的本质要求，是新时代高等教育现代化发展的生命和灵魂。高校肩负着人才培养、科学研究、社会服务、文化传承创新和国际交流合作的重要职能，培养德、智、体、美、劳全面发展的社会主义建设者和接班人，为实现"两个一百年"奋斗目标和中华民族伟大复兴梦提供坚强的人才保障。

1. 培养人才

高等院校是培养人、造就人的重要供给主体，大学的基本职能就是人才培养。中国特色社会主义高等教育需要在"培养什么样的人、如何培养人、为谁培养人"这一根本问题上书写答卷，需要根据社会发展和需要培养德、智、体、美、劳全面发展的社会主义建设者和接班人，培养一代又一代拥护中国共产党和社会主义制度、立志为中国特色社会主义奋斗终生的有用人才。

2. 科学研究

高等院校要始终坚守科学研究的学术取向，旗帜鲜明地坚持马克思主义对科研工作的指导地位。在立足中国特色社会主义伟大实践、借鉴人类优秀文明成果的基础上，着力打造融通中外的新概念、新范畴、新表述，构建具有鲜明中国特色、中国风格、中国气派的哲学社会科学话语体系。要主动挑起理论研究的重担，深入开展重大理论问题、重大现实问题和重大实践经验的总结研究，形成一批有分量、有影响、能发挥作用的高质量创新成果。

3. 服务社会

新时代高等教育的社会服务是指高等教育发展方向必须要同我国发展的现实目标和未来方向紧密联系，集中体现为"四个服务"，即习近平总书记在全国高校思想政治工作会议上所强调的："为人民服务、为中国共产党治国理政服务、为巩固和发展中国特色社会主义制度服务、为改革开放和社会主义现代化建设服务。"落实高校"四个服务"是一项长期艰巨的任务，要立足高校创新资源与人才优势，扎实构建服务国家战略和区域经济社会发展的实践体系。

4. 文化传承与创新

高校是文化传承和文化创新的重要阵地，始终坚守文化传承创新的文化自信，既是高校的重要职能，也是落实立德树人根本任务的重要内容和实践抓手。习近平总书记指出："在5000多年文明发展中孕育的中华优秀传统文化，在党和人民伟大斗争中孕育的革命文化和社会主义先进文化，积淀着中华民族最深层的精神追求，代表着中华民族独特的精神标识。"这对于推进新时代高校文化传承创新职能的发挥具有重要的启示意义。各高校通过构建中华优秀传统文化传承创新实践体系、构建革命文化传承创新实践体系、构建社会主义先进文化传承创新实践体系，把高校建设成为社会主义精神文明的理论高地、实践基地和传播重地。

5. 国际交流与合作

高校通过相互间的国际交流与合作，增进文化融合、科技协作和知识传播，是加快双一流建设、促进高等教育改革发展的重要途径。新时代高等教育发挥好国际交流合作职能，必须坚守中国立场，通过讲好中国故事、推进中国实践、加强依法管理等措施，向世界传播中国声音，贡献中国智慧。

二、我的大学

（一）内江职业技术学院简介

内江职业技术学院是2003年由原内江财贸学校、内江工业学校、内江水电学校和内江农业学校合并组建而成的一所市属综合类高职院校，2008年，根据内江市的统一部署，内江职业培训学院整体并入内江职业技术学院。学校位于素有“大千故里、书画之乡”的甜城内江，地理位置优越，成渝客专贯穿全境，40分钟可直达成都、重庆。

学校师资力量雄厚。现有教职工562人，其中正高级职称16人、副高级职称146人，具有博士、硕士学位233人，“双师素质”教师232人，教育部全国行业职业教育教学指导委员会委员1人，“内江市学科带头人”4人，“内江市拔尖人才”2人，“内江市决策咨询委员会专家”2人。

学校总占地面积864亩，规划建筑面积26.7万m^2。固定资产总额8.38亿元，其中教学仪器设备总值1.08亿元，生均仪器设备值12939元。建有校内实训室105个，生产性实训基地9个，校外实训基地126个。

学校坚持“双核并重、贯通结合”人才培养模式，大力实施产教融合，校企合作。为地方培养了一大批“下得去、吃得苦、用得上”的技术技能人才和企业骨干、优秀企业家和重要岗位领导。

学校坚持立足地方，服务地方的办学宗旨，围绕内江市“5+5+5”现代产业体系建设布局，坚持不懈推进“六方合作”。近年来，学校先后成为中国职业技术教育学会理事单位，国家级高技能人才培训基地、全国有色金属行业职工继续教育基地、四川省专业技术人员继续教育基地、四川省现代农业技术培训基地、四川省高技能人才培训基地、四川省国防教育基地。是省“双高”建设培育学校、省级示范高职院校、省教育厅内部质量保证体系诊断与改进试点单位、全省首批“党员技能培训示范基地”。先后获得了国家级节约型公共机构示范单位、四川省文明校园、全省创先争优先进基层党组织、省大学生思政教育先进集体、全国五四红旗团委、四川省民族团结进步模范集体。

面向未来，学校坚持以习近平新时代中国特色社会主义思想为指导，深入贯彻党中央大政方针和省委、市委决策部署，全面实施职业教育提质培优行动计划，全面融入成渝地区双城经济圈教育协同发展，围绕“双高”培育建设目标，对标竞进、开放合作、改革创新，不断提高人才培养质量和办学水平，努力建成“省内一流，国内知名”优质高职院校。

（二）院系设置与专业群建设

学校现有智能制造与汽车学院、智慧财经与管理学院、智能建造学院、文化艺术与旅游学院、信息与电子学院、现代农业学院、通识教育与公共服务学院、马克思主义学院共8个二级学院，共有汽车制造与试验技术、新能源汽车技术、智慧财经、电子商务、建筑工程技术、文化艺术、旅游管理、信息技术、现代农业技术、公共管理与服务等10个专业群、36个专业，其中汽车制造与试验技术专业群为省级“双高”培育建设专业群，汽车制造与试验技术、畜牧兽医专业为省级重点专业。各二级学院专业群及开设专业设置见表1—1。

表1—1　二级学院专业群及专业设置

<table>
<tr><th>序号</th><th>二级学院</th><th>专业群</th><th>专业</th><th>专业大类</th><th>备注</th></tr>
<tr><td rowspan="8">1</td><td rowspan="8">智能制造与汽车学院</td><td rowspan="5">汽车制造与试验技术专业群</td><td>汽车制造与试验技术</td><td>装备制造大类</td><td>省级重点</td></tr>
<tr><td>机械制造及自动化</td><td>装备制造大类</td><td></td></tr>
<tr><td>智能制造装备技术</td><td>装备制造大类</td><td></td></tr>
<tr><td>机电一体化技术</td><td>装备制造大类</td><td></td></tr>
<tr><td>工业机器人技术</td><td>装备制造大类</td><td></td></tr>
<tr><td rowspan="3">新能源汽车技术专业群</td><td>新能源汽车技术</td><td>装备制造大类</td><td></td></tr>
<tr><td>智能网联汽车技术</td><td>装备制造大类</td><td></td></tr>
<tr><td>汽车技术服务与营销</td><td>交通运输大类</td><td></td></tr>
<tr><td rowspan="5">2</td><td rowspan="5">现代农业学院</td><td rowspan="5">现代农业技术专业群</td><td>畜牧兽医</td><td>农林牧渔大类</td><td>省级重点</td></tr>
<tr><td>现代农业技术</td><td>农林牧渔大类</td><td></td></tr>
<tr><td>园林技术</td><td>农林牧渔大类</td><td></td></tr>
<tr><td>食品检验检测技术</td><td>食品药品与粮食大类</td><td></td></tr>
<tr><td>作物生产与经营管理</td><td>农林牧渔大类</td><td></td></tr>
<tr><td rowspan="4">3</td><td rowspan="4">信息与电子学院</td><td rowspan="4">信息技术专业群</td><td>计算机应用技术</td><td>电子与信息大类</td><td></td></tr>
<tr><td>软件技术</td><td>电子与信息大类</td><td></td></tr>
<tr><td>云计算技术应用</td><td>电子与信息大类</td><td></td></tr>
<tr><td>应用电子技术</td><td>电子与信息大类</td><td></td></tr>
<tr><td rowspan="6">4</td><td rowspan="6">智慧财经与管理学院</td><td rowspan="3">智慧财经专业群</td><td>大数据与会计</td><td>财经商贸大类</td><td></td></tr>
<tr><td>大数据与财务管理</td><td>财经商贸大类</td><td></td></tr>
<tr><td>大数据与审计</td><td>财经商贸大类</td><td></td></tr>
<tr><td rowspan="3">电子商务专业群</td><td>电子商务</td><td>财经商贸大类</td><td></td></tr>
<tr><td>市场营销</td><td>财经商贸大类</td><td></td></tr>
<tr><td>现代物流管理</td><td>财经商贸大类</td><td></td></tr>
<tr><td rowspan="4">5</td><td rowspan="4">智能建造学院</td><td rowspan="4">建筑工程技术专业群</td><td>建筑工程技术</td><td>土木建筑大类</td><td></td></tr>
<tr><td>建设工程管理</td><td>土木建筑大类</td><td></td></tr>
<tr><td>水利水电建筑工程</td><td>水利大类</td><td></td></tr>
<tr><td>道路与桥梁工程技术</td><td>交通运输大类</td><td></td></tr>
</table>

续表

序号	二级学院	专业群	专业	专业大类	备注
6	文化艺术与旅游学院	文化艺术专业群	艺术设计	文化艺术大类	
			服装设计与工艺	轻工纺织大类	
			数字媒体艺术设计	文化艺术大类	
			建筑装饰工程技术	土木建筑大类	
		旅游管理专业群	旅游管理	旅游大类	
			酒店管理与数字化运营	旅游大类	
			烹饪工艺与营养	旅游大类	
7	通识教育与公共服务学院	公共管理与服务专业群	智慧健康养老服务与管理	公共管理与服务大类	
			婴幼儿托育服务与管理	医药卫生大类	
8	马克思主义学院				

（三）人才培养

人才培养是学校工作的重心，在《教育部关于加强高职高专教育人才培养工作的意见》（2000 年）中指出：“高职高专教育是我国高等教育的重要组成部分，培养拥护党的基本路线，适应生产、建设、管理、服务第一线需要的，德、智、体、美等方面全面发展的高等技术应用型专门人才。”表明高等职业教育的培养目标是面向生产、面向基层、面向管理和服务第一线，培养实用型人才。

随着经济社会和科技的不断发展，社会对人才的需求发生根本转变，高职院校人才培养工作也发生了变化。为不断适应新形势下职业教育发展的新要求，内江职业技术学院积极对接地方及成渝地区产业，共建校企联合育人的人才培养模式，共同探索人才培养目标与实施途径，积极为地方社会经济发展服务。

1. 人才培养目标

各专业群人才培养坚持面向本地、立足内江、辐射成渝的办学思路，着力培养德、智、体、美、劳全面发展的社会主义建设者和接班人，培养诚实守信、吃苦耐劳、爱岗敬业、团结协作的具有扎实专业基础和实践能力的高素质技术技能型人才。在所学专业领域内，具备胜任岗位职责和具有设计、开发、生产、创新等专业技术人才。随着时代的发展、社会的进步，不同行业、不同领域对人才的需求也呈现出不同要求，各专业群在确定人才培养目标时一定要结合行业需要，坚持“就业导向”的基本原则，不断加强校、行、政、企四方合作，创新人才培养模式，为社会培养更多的优秀人才。

2. 人才培养规格

人才培养规格是对人才培养目标的细化，是学生毕业时的画像。为更加形象、具体地确定人才培养的各项指标，内江职业技术学院分别从思想政治、专业能力、问题解决、信息素质、创新实践、沟通合作、责任担当、人文素质和身心健康等 9 个方面对人才培养进行明确，其中思想政治方面要求通过思想政治教育和课程思政等途径，培养学生具有坚定的理想信念，树立正确的人生观、世界观和价值观；专业能力方面要求学生经过3年的专业学习和专业实践训练，具备与岗位相适应的专业实践技能，能胜任岗位能力要求；问题解决方面要求学生掌握发现问题、分析问题和解决问题的方法，具备应急处置问题的能力和水平；信息素质方面要求学生掌握一定的信息技术知识，能利用信息技术获取相关信息，并对信息进行评价利用；创新实践素质方面，要求学生通过培养，具备终身学习的能力、创造性解决问题和创新创造的能力；沟通合作方面要求学生通过培养具备有效沟通和团队协作能力、具备跨界整合的能力和设计管理的能力；责任担当方面要求通过培养，学生具备家国情怀、责任担当和社会关怀的能力，具备遵守职业规范和社会规范，主动认知和履行相应职责的能力；人文素质方面通过培养，要求学生具有良好的人文科学素养、身体素质和心理状态，具备追求崇高理想和优秀道德情操、塑造健全人格的能力；身心健康方面要求学生具有健康的心理、完美的人格，良好的社会适应能力和协调人际关系的能力。通过上述9个方面的培养，使学生具备与社会发展相适应的生理、心理和专业素质，更好地为社会主义现代化建设贡献自己的智慧、才能。

（四）人才培养模式

在人才培养模式上，不同专业（群）根据各自特点开展不同形式的人才培养，如文化艺术专业群针对最新形势，推行思政融合模式；针对行业要求，培养创新创业能力；针对地方产业，推动地方经济发展等模式开展人才培养；旅游管理专业群则采用了“订单式”人才培养模式、“现代学徒制”人才培养模式、“赛证岗课融通”的人才培养模式、“专业群融合”人才培养模式等；公共管理与服务专业群以能力培养为主线，以岗位需求为目标，以工学结合为切入点，以校企合作为途径，并创新“双证制”的“工学交替、产学合作”的人才培养模式；现代农业专业群则以适应学生个性化、多元化发展需求为导向，创新“双核、四融、一体化”的人才培养模式，突出思政融合、专创融合、群内课程融合、新技术融合，实施校企协同育人等。在课程设置上，各专业（群）基本都采用了“公共基础平台课程+专业基础平台课程+专业方向模块课程+专业拓展模块课程”的模式，其中公共基础平台课程主要以培养学生综合素养为目标，多数在第一、二学期开设，少部分也会在第三、四、五学期开设，占总课时的25%左右；专业基础平台课程是群内所有专业共同开设的课程，主要为学生后一步学习专业方向模块课程奠定基础，通常在一、二学期开设，一般占总学时的40%左右；专业方向模块课程为学生确定各自专业方向后开设的课程，为培养专门化人才服务的，通常在第三、四、五学期开设，一般占总课时的25%；专业拓展模块课程包括拓宽领域的横向模块、难度递增的纵向模块以及特色模块组成，主要目的是拓展学生专业视野、增强学生进一步学习能力，一般占总课时10%左右。此外，为了更加全面提升学生综合素质，在人才培养方面还开设了思想政治、人文素质、创新实践、身心健康、行为规范为主要内容的第二课堂，促进学生全面发展。

第二节　做好大学期间学业规划

大学是人生最重要的一个阶段，这个阶段不仅是一个人学习知识、增长技能的重要时期，也是一个人人生观、价值观形成的关键时期，做好大学阶段的学业规划，充分合理地安排和计划自己的大学时光，对于莘莘学子来说，显得十分重要和必要。美国哈佛大学曾在30年前对当时在校大学生做过一份调查，发现没有做学业规划的人占27%，学业规划模糊的人占60%，有短期学业规划的人占10%，有长期清晰学业规划的人仅占3%。30年后经过追踪调查发现，第一类人一般生活在最底层，长期在失败的阴影里挣扎；第二类人大多数能达到生活温饱，不愁吃穿；第三类人大部分进入了白领阶层，事业成功，生活幸福；第四类人为了实现既定目标，几十年如一日，奋力拼搏，最终成为百万富翁或行业领袖。由此可见，大学生尽早进行科学合理的学业规划，是十分必要的。

大学生学业规划就是大学生根据自身情况，结合现有的条件和制约因素，为自己确立整个大学期间的学业目标，并为实现学业目标而确定行动方向、行动时间和行动方案。换言之，就是大学生通过学习解决学什么、怎么学、什么时候学的问题，以确保自身顺利完成学业，为成功实现就业或开辟事业打好基础。刚进入大学校园的学子们，只有尽早设计自己的学业规划，明确自己的学业目标，提高个人整体素质，才有可能在激烈竞争的社会中把握机会，实现个人的人生理想和社会价值。

一、大学生学业规划的意义

学业是大学生的立身之本，是大学生通过自身努力掌握的知识、能力和素质体系。具备和拥有好的学业，才会有好的就业、好的职业，才能更好地实现个人人生理想和价值追求。做好大学期间的学业规划，对于刚入学的大学生们具有十分重要的现实意义。

（一）可以更好地迎接社会挑战

学业规划设计是做好职业生涯设计的前提和基础，也是它的一个组成部分。从企、事业单位的发展和对人才的要求来看，他们越来越依赖于员工的主动性与创造性才干，更欢迎有准备的人才。从大学生就业调查情况看，目前大学生普遍存在对市场需求不了解、职业发展方向不明确、职业规划知识相当缺乏以致影响整个大学期间学习的现象。另外，因扩招带来的高校毕业生数量的大量增加，使就业形势更加严峻，学校在临近毕业时的短期就业培训已不能满足学生的就业需要。再加上大学新生在高中时对大学生活充满幻想，一到大学面对新的学习方式和丰富的课余时间，除了学习，他们实在不知道还需要做些什么，显得十分茫然，尤其是高职学生，表现更为突出。因此，在学生入学时，对他们进行学业规划指导，帮助大学新生们树立明确的学习目标和价值追求，可以使他们更快地融入大学生活，更好地适应社会，对自己今后的发展奠定坚实基础。同时也使他们感受到自己对个人、对社会以及国家的责任，有助于他们的学习与发展，更好地迎接时代的挑战。

（二）有助于发掘自我，促成自我实现

一份有效的学业规划设计，能够引导大学新生认识自身的个性特质、现有的和潜在的资源优势，帮助他们重新认识自身的价值并使其持续增值；引导他们对自己的综合优势与劣势进行对比分析；引导他们树立明确的学习发展目标与未来职业理想；引导他们评估个人目标与现状间的距离；引导他们学会如何应用科学有效的方法、采取切实可行的步骤和措施，不断增强自己的学业竞争力，实现自己的学业目标与理想，等等。

马斯洛需求层次理论指出，高层次的认识需求能否实现很大程度上依赖于我们的职业生涯进展状况，而一个科学可行的职业生涯又是以一个良好的学业规划为前提和基础的。我们很难想象，一个抱着“和尚撞钟”心态浑浑噩噩度日的人能实现自己的高层次需求，能感受到人生成功的快乐。

因此，大学生都应该是自己人生、学习、事业的规划者和耕耘者，设计自我发展蓝图。为实现自我价值准备机会、创造机会。或许没有学业规划设计，个人也可能获得学业上的成功，但有了有效的学业规划设计，获得的成功将更快、更大。

二、大学生学业规划的基本原则

（一）实际性原则

大学生们在制订个人学业规划时，要从自身实际出发，实事求是地看待自己，要结合自身兴趣爱好、理性追求确定学业目标。准确的自我认知和自我评价是制订个人学业规划的前提。

（二）目标导向原则

学业规划的制订，一定要围绕既定的学业目标进行合理规划，不同的学业目标，会有不同的规划。

（三）可操作性原则

学业规划应密切联系实际，要以社会需求、社会发展趋势等为基础，不能脱离实际来制订，要具有现实性和可操作性。

（四）可调节性原则

学业规划具有发展性特点，能够根据社会需求发展变化与学生个体主观条件变化随时修正。

三、大学生学业规划的一般步骤

（一）学业规划的选定

我们知道，事物是普遍联系的，事物的相互联系包含事物间的相互作用，而相互作用必然导致事物的运动、变化、发展。学业规划的制订也是学生个人和社会发展前景相互作用而产生的。大学生在确定个人学业规划时，需考虑以下影响因素。

1. 根据自己的兴趣爱好来选定学业规划

古今中外，因个人兴趣而获得成功的案例不胜枚举，兴趣是理想产生的基础。但很多大学生，尤其是新入学的大学生不清楚自己的兴趣爱好，有的甚至没有兴趣爱好，这样就对学生今后的学习乃至就业带来巨大隐患。因而，在确定自己学业规划时，一定要了解清楚自己的兴趣爱好是什么，选择自己喜欢的专业方向和研究领域进行奋斗和学习。

2. 根据自身的能力特长来选定学业规划

能力是一个人综合素质在现实行动中的表现。任何职业都要求从业者掌握一定的技能，具备一定的条件，所以学生应该结合自己的兴趣爱好，自我认定自己想干什么的基础上确定已经具备的能力和应该开发、培养的潜在能力。

3. 根据现代社会的发展前景和方向来确定学业规划

选择符合社会需求又最适合发挥优势的专业方向和研究领域才是最好的，同时充分听取他人意见以及各种有关规划的事例，并联系自己所在学校的教育方式、背景才能做出好的决策。

（二）学业规划的强化

学业规划选定以后，很多大学生或者拖延不动或者立即行动，结果导致很多大学生有了学业规划却不能实施或实施后不能持久，最终无法实现既定的学业。这些现象的出现是因为大学生在制订学业规划时缺少了一个重要的环节：对学业规划的强化。强化学业规划就是学业规划的执行者在执行之前充分运用想象，详细地将达成学业规划的好处罗列出来，从而培养出积极的心态，进而增强动力、产生更大的执行力，确保学业规划的顺利完成。一份好的学业规划，只有认真地执行落实，才能发挥其应有的作用，才能切实地帮助大学生们认真做好个人的大学生活管理。

（三）学业规划的分解

学生在制定出学业总目标以后，要对学业规划进行自上而下的分解，也就是，要将自己确定的总目标一个一个地细分为不同的子目标（阶段目标）。具体细分方法可以参照以下的思路进行：在校期间总的学习目标→年度的学习目标→学期的学习目标→月度的学习目标→周的学习目标→日的学习目标。从而使自己的学业规划落实到学习生活的每一天，确保学业的严格执行。

（四）学业规划的评估

在实施学业规划过程中，执行人要及时对周围环境和条件做出评价和估计，对自己的执行情况做出评估。在市场经济条件下，由于现实生活中种种不确定因素的存在，这就使得学业规划的设计具有一定的弹性，我们应该及时反省和修正自己的学业目标，变更实施措施与计划。做到定期评估：每年、每学期、每月、每日进行检查、评估，进而分析原因和障碍，找出改进的方法和措施。

（五）激发自己的兴趣和爱好

大学生在制订学业规划时，一定要明确完成阶段目标后对自己的奖励和惩罚措施：完成后怎样奖励自己，完不成将怎样惩罚自己。大学生可以将自己的学业规划告诉老师、家长，让他们来引导、督促自己，激发自己的兴趣，也可以联系自己的同学，在某些与自己相同的短期规划方面，两人可以进行比拼，通过比拼，激发自己的兴趣爱好。

四、做好大学期间学业规划

大学是一个人生命中最美好的时光，大学的学习和中学相比有很大的不同，中学一般是填鸭式教学，每天从早到晚课程安排得满满的，而大学，基本是以自主学习为主。老师只是学习上的导师，讲课时介绍思路的多、详细讲解的少，主要讲授重点、难点内容，教学进度快。因而，刚进入大学的新生，要尽快调整学习方法，制订适合自己的学业规划，及早适应大学的学习生活。

（一）大学学业规划的制订

1. 全面了解自己，确定奋斗目标

新进校的大学学子们，应全面分析自身条件、专业特点、培养目标和社会现状等，全面了解和认识自己，做到知己、知彼。知己包括自己的兴趣爱好、自己的能力、价值观、性格和生活习惯等，知彼包括专业方向、课程内容、校园文化、就业形势、社会状况、形势政策、经济形态和社会需求等。做到知己、知彼后，根据自身实际确定学习和奋斗目标。

同学们进入大学后，首要的目标就是尽快适应大学阶段新的学习方法，听懂每一堂课、掌握每一个知识点、完成每一次作业、考好每一次测试等。中期目标可以是本学期成绩所有学科成绩全优，争取拿到学校奖学金，评为三好学生、优秀学生干部等。长期目标可以是通过专升本考试升入本科院校继续深造，或进入理想的工作单位或理想行业工作等。具体到每一个阶段可以是：第一学期为适应阶段，要尽快调整个人学习方法和学习习惯，适应大学的学习。第二、三、四学期可以在学好专业知识的基础上积极参加专业技能竞赛、创新创业大赛、数学建模大赛等，通过大赛提升个人综合素质，认真准备并通过全国大学英语四六级考试、全国计算机等级考试、普通话等级考试等。进入第五学期，就要积极为就业或升学准备。第六学期开始进入顶岗实习阶段，实现就业或升学。

学业目标一定要结合个人实际进行制定，一般情况下，每一阶段目标应等于或略高于个人的实际能力，只要通过自身努力就能够达到。如果目标定得过高，远远超出了个人的能力范围，无论个人如何努力拼搏，都难以实现，这样，目标就失去了意义。目标确定后，一定要按照做好的规划认真落实，踏踏实实做好每一件事，实实在在把握好每一次机会，一步一个脚印地去实现自己既定的目标。

2. 制订科学的学习计划

要实现既定的学习目标，必须制订详实周密的学习计划，学习计划的制订，须遵循以下几个原则。

（1）学习计划应当突出重点。大学阶段课程繁多，要求不一，以内江职业技术学院为例，所有课程分为公共必修课程、公共任选课程、专业必修课程、专业选修课程四类，每一类课程的学习要求是不一样的，一般情况下，必修课程要求相对较高，选修课程要求适当低一些。同时，学校对实习实践类课程、理实一体化课程、社会实践类课程要求相对较高，因而，同学们在制订学习计划时，一定要结合专业课程体系，把握重点、突破难点，做到有的放矢，事半功倍。

（2）围绕学习目标制订学习计划。制订学习计划的主要目的是更好地实现既定的学习目标，计划是实现目标的重要步骤。在制订计划时，一定要将最终的学习目标和阶段学习目标有机结合起来，在优先满足阶段学习目标的前提下，要服务和服从于最终目标。比如，你的大学目标是通过专升本升入本科院校继续深造，在制订计划时，除了要认真学好专业知识外，更要加强大学英语、计算机、高等数学、大学语文等课程学习；如果你的目标是到意向企业就业，那就要结合企业的用人需求，加强专业知识和专业技能训练，提升个人职业能力和专业水准。

（3）制订学习计划要有适当的弹性。学习计划是针对整个大学期间制订的，在制订时，由于对后期社会发展形势、行业发展动态等估计不足，导致在具体实施过程中遇到这样或那样的问题，此时就需要及时对计划进行修改或调整。因而，在制订学习计划时，不能过于死板、固化，要根据情况灵活进行处置。

（4）制订计划时要合理安排时间。时间安排是制订学习计划的重要内容，充分合理地安排学习时间，可以有效提高学习效率、更好地实现既定学习目标。在时间安排上，要认真处理好学习时间和闲暇时间的比例、课堂学习与课外预习复习的时间比例、双休日和节假日的时间分配、寒暑假的时间安排等，要统筹协调学习时间与做学生干部、社会实践、社团活动、技能竞赛等的时间分配。此外，还要注意对整个大学期间的学习时间有个整体安排，一般情况下，大学一年级的时间安排尤其重要，第一学期的学习很大程度上能够决定你大学生涯的走向，同时，大一期间还要认真思考三年后是升学还是就业，是进入企业工作、自我创业还是参加公招考试等，这些事项都直接决定着学业规划的制订。

（5）制订学习规划时，应多方咨询或征求意见和建议：制定学习规划时，一定要结合所学专业的特点、培养方案、就业趋势以及自己的兴趣爱好、性格能力等，咨询和征求他人意见和建议后再拟定。咨询和征求对象可以是家长、辅导员、专业教师、院系领导、学生处老师、社团指导教师、教务处老师、高年级同学等，综合大家意见之后，才能制订出更加科学合理的学业规划。

3. 处理好一个关系和协调“三课”投入

一个关系是指专业学习与外语学习的关系，外语是拓宽知识面的重要工具，高职学生虽然外语要求比本科学生低一些，但是我们还是要多下功夫学好外语，为自己今后的能力提升奠定基础。专业学习是学业规划的核心，是实现个人高质量就业和人生理想的重要抓手。专业学不好，就像一棵树没有扎实的根基，枝叶长不好、长不旺；外语学不好，就像一只翅膀受伤的鸟，飞不远，也飞不高。

“三课”指的是专业课、公共基础课和公共选修课，大多数同学对于专业课比较重视，都会下很大的功夫去学习的，尤其是专业实践类课程，同学们的学习积极性一般都比较高。相对而言，公共基础课和公共选修课，部分同学的学习积极性就没那么高了。因此在制订学业规划时，一定要提高认识，要充分认识公共基础课的实用价值、理论意义以及后期对个人发展的重要作用，要求所有公共基础课包括理论性很强的毛泽东思想和中国特色社会主义理论体系概念、英语等，都要和专业课一样进行合理规划。公共选修课是为了拓宽学生知识面而开设的一类课程，主要包括普通话、美育类、劳动类等课程，这类课程能够开阔学生眼界、扩大知识面、提高学生综合素养等，在选择修读课程时，除了要注意学分要求外，还需结合个人兴趣、实用性、社会关注情况等。在时间安排上，尽量在第二、三、四学期选课，第五学期要留有充足时间为自己的就业做准备。

（二）制订大学学业规划的注意事项

刚入学的大学学子们，对整个大学生活还十分茫然，往往在制订学业规划时仅凭一时热情，缺乏系统的调研和全面的了解，因而造成许多的规划最后都很难执行。为了让制订的学业规划更加契合学生个人实际，更加有效地管理自己的大学生活，充分发挥学业规划的作用，同学们在制订学业规划时，需注意以下几点。

1. 学业目标一定要明确

进入大学后，大学生们要尽快确定自己的学业目标，要成长为哪方面的人才、毕业后在哪个领域发展，这些问题一定先弄清楚，然后再围绕学业目标制订学业规划。同时，学业目标既包括了整个大学期间总的目标，同时也包括了不同年级、不同学期的阶段目标。

2. 正确分析自我和学业

在制订学业规划时，必须从自身实际出发，要结合个人的兴趣爱好、理想追求、价值目标等进行合理规划。同时，在进行学业规划时，还必须对自己所学专业的行业现状和发展前景有一个比较全面的了解，要对行业所需的基本职业能力有清晰的认识。

3. 构建合理的知识结构

在进行学业规划设计时，大学生们要根据职业和社会发展的具体要求，将自己已有的知识进行重组，构建合理的知识结构，最大限度地发挥知识的整体效能。合理的知识结构除了包括了专业知识、公共基础知识外，还包括个人自身的能力修养、技术特长等。

4. 培养职业所需的实践能力

综合能力强、知识面广，是用人单位录用人才的基本标准，大学生在校期间要注重个人决策能力、社交能力、创造能力、实际操作能力、组织管理能力等方面的培养，还要加强终身学习能力、心理调适能力和随机应变能力的培养。

5. 积极参加有益的学业训练

为确保学业目标的实现，大学生们在校期间还需要积极参加学校组织的各类学业训练，如暑期社会实践活动、青年志愿者活动、创新创业活动、顶岗实习活动等，要充分利用在校的三年时间，全面提高个人综合素养。

【实践与训练】

1. 你心中的大学是什么样子的?
2. 结合所学知识，给自己制订一份完整的学业规划。

第二章　生涯探索

学习目标

1. 知识目标

（1）掌握兴趣、性格、价值观和能力四个方面探索的方法。

（2）了解职业的分类，以及行业、产业、专业和职业的关系。

（3）了解如何挖掘个体、社会和家庭的资源。

2. 技能目标

（1）通过学习，能够认清自身的兴趣、性格、价值观和能力。

（2）根据个体、社会和家庭的资源情况，探索自己的生涯规划。

3. 素质目标

（1）提升学生对职业、行业和专业等的认识，培养正确的价值观。

（2）结合所学，能更好地进行自我探索、职业探索和资源探索。

【案例导学】

小李同学自从进入大学后，发现同班同学大多多才多艺，综合表现很好，反观自身，自叹不如。出身普通家庭的她决定在大学生涯中要更加努力，希望能在各个方面都脱颖而出，这样毕业才能找到一份好工作。于是，她参加各种训练班，比如英语、舞蹈；除此之外，她还参加学校社团、学生会，直到现在，作为一名二年级学生，小李觉得自己筋疲力尽、沮丧万分。即使每天早出晚归，看似充实的生活却在各个方面都没有达到自己预期的效果。看着同学们获得的成就，她很难过，自己究竟做错了什么？

第一节　自我探索

一、职业兴趣探索

（一）兴趣的内涵

1. 兴趣的含义

很早以前就已经有人对“兴趣”的含义进行探讨，宾格姆（Bingham. 1937）认为兴趣是指“注意、关心的强度和满意的程度”。而斯特朗（Strong，1943）却觉得一个人的兴趣是指“这个人想去做什么事，以及对这件事满意到什么程度”。1953年，舒伯把兴趣定义为：兴趣是天生与环境的交互作用，也是机会和社会评估，当一个人做一件事很精熟、自己满意且受同伴赞许时，结果就产生了兴趣的形态和自我观念，当他继续做这件事且适应得很好时兴趣就维持；相反，适应得不好，他就会形成另外一种兴趣形态和发展另外的自我观念。

一般情况下，我们把兴趣理解为人们对某些事物的喜好和关切。心理学家用情绪对兴趣进行了解释，认为兴趣是指人们力求认识某种事物和从事某项活动的意识倾向。它表现为人们对某件事物、某项活动的选择性态度和积极的情绪反应。如果兴趣与职业直接相关，那就是职业兴趣。① 霍兰德（1985）的职业与环境匹配理论认为，当一个人的人格特质和他的工作环境品位相同、志趣相投时，就表示这个人的兴趣和这种环境形态相适配。

兴趣具有倾向性、广泛性、持久性等特点，所以，一旦人们对某一事物产生兴趣时，他便会全情投入，并且产生愉快的情绪。这将对人们的实践活动产生积极的影响，从而有利于提高学习和工作的质量。②

在很早以前，就有职业发展专家把兴趣作为职业选择的一个重要因素。在20世纪40年代时，心理学家就通过兴趣量表和测验来帮助人们发现自己喜欢的事物，比如斯特朗职业兴趣量表（Strong，Hansen&Campbell，1985），库德职业兴趣量表（Kuder，1985）及其他类似的量表。这些兴趣量表被广泛地运用于现在的职业生涯发展与规划中。

2. 兴趣的种类

人的兴趣是多种多样的，但概括起来可以分为以下两大类。

第一，根据兴趣的内容可以分为物质兴趣和精神兴趣。物质兴趣主要指人们对舒适

① 王颖. 国内外职业兴趣理论研究综述 [J]. 中国新技术新产品，2010：(01)：234.

② 钟谷兰，杨开. 大学生职业生涯发展与规划 [M]. 上海：华东师范大学出版社，2016.

的物质生活的兴趣和追求，如衣、食、住、行；而精神兴趣主要指人们对精神生活的兴趣和追求，如学习、知识等。

第二，根据兴趣的目的又可分为直接兴趣和间接兴趣。直接兴趣是指对活动过程的兴趣。例如，有的同学喜欢绘画，在绘画的过程中全情投入，表现出浓厚的兴趣。而间接兴趣是指对活动过程所产生结果的兴趣。例如，有的人喜欢数学，当他成功地解答出一道非常难的问题时，就会表现出极大的乐趣。直接兴趣和间接兴趣是相互联系、相互促进的关系，直接兴趣让人的探索过程丰富多彩，间接兴趣给予人们目标，并且让人们能够长期坚持下来。

（二）霍兰德的兴趣类型理论

1. 人格（兴趣）类型

霍兰德从1959年起对职业选择做了多次大规模的实验研究，在20世纪70年代初期，著有《职业决策》等书。在他的研究中，对我国影响最大的是人职匹配理论。霍兰德指出，兴趣是人格特质的一种表现，人格包括价值、动机、需要、技能等，在职业选择中，兴趣是人格中非常重要的部分，也是人们进行职业教育的重要因素。所以在他的理论中，人格分类模式等同于兴趣分类模式，其人格分类也常被作为兴趣分类来介绍。

霍兰德将人的职业兴趣（人格）划分为六种类型：现实型（Realistic type，简称R），研究型（Investigaive type，简称I），艺术型（Artisic type，简称A），社会型（Social type，简称S），企业型（Enterprising type，简称E），事务型（Conventional type，简称C），见表2－1。

表2－1　霍兰德职业兴趣类型

霍兰德职业类型	特点	典型职业
现实型（R）	喜欢具体的任务和体力工作，动手能力强；喜欢进行户外活动；更喜欢与物打交道，从事技术性的工作	木匠、农民、操作X光的技师、工程师、飞机机械师、鱼类和野生动物专家、自动化技师、机械工、火车司机、长途汽车司机、机械制图员、电器师
研究型（I）	喜欢逻辑分析思考和理解事物，求知欲强，考虑问题理性；喜欢探索和独立的工作；性格平静、深邃而内敛，充满智慧，不受约束；不善于领导别人	气象学家、生物学家、天文学家、药剂师、动物学家、化学家、科学报刊编辑、地质学家、植物学家、物理学家、数学家、实验员、科研人员、科技作家
艺术型（A）	喜欢通过音乐、文学等方式进行自我表达，有很丰富的内心活动；喜欢追求美、自由、开放；喜欢多样性，并且富有想象力和创造力	室内装饰专家、图书管理专家、摄影师、音乐教师、作家、演员、记者、诗人、作曲家、编剧、雕刻家、漫画家
社会型（S）	喜欢与人打交道，具有良好的人际交往能力；喜欢帮助别人，性格热情	社会学者、导游、福利机构工作者、咨询人员、社会工作者、社会科学教师、学校领导、医务工作者、公共保健护士

续表

霍兰德职业类型	特点	典型职业
企业型（E）	喜欢领导和支配他人；喜欢向他人推销自己的产品与观念，其有很强的语言能力；成就动机较强，有抱负，富有责任感，勇于承担压力	推销员、进货员、商品批发员、旅馆经理、饭店经理、广告宣传员、调度员、律师、政治家、零售商
事务型（C）	喜欢有条理、程序化的工作；组织性和计划性强；性格稳定、忠诚，执行能力强	记账员、会计、银行出纳、法庭速记员、成本估算员、税务员、核算员、打字员、办公室职员、统计员、计算机操作员、秘书

需要注意的是，虽然霍兰德将人的兴趣分为以上六种类型，但是人的职业兴趣往往体现在多方面，并不一定是集中于某一种类型，只是对于各种类型的偏好程度不一样而已。所以为了全面地描述个人的职业兴趣，霍兰德通过让某人按顺序列出最想进入的职业来快速而有效地对其职业兴趣进行测量。他通常用得分最高的前三个字母的代码来表示这个人的职业兴趣，这个代码被称为“霍兰德代码”（Holland Code）。三个字母之间的顺序表示了不同类型兴趣的强弱程度。如：RCE 代码表示 R 型得分最高，依次是 C 型、E 型。霍兰德的兴趣类型编码有单编码（如 R）、双编码（如 RI）和三编码（如 RIC）三种。

2. 职业环境类型

前面介绍了职业兴趣的类型，同样的，这六种类型也分别对应了六种不同的职业环境。正是因为同一职业或相似职业的人具有相似的人格特质，所以很可能会对某一特定的职业氛围即职业环境产生偏好，这样就使得职业环境与职业兴趣的分类具有一致性。上面我们介绍通过霍兰德代码测量人的兴趣，同样我们也可以通过这些代码的不同组合来描述某一具体职业的工作性质和职业环境。例如厨师的职业代码是 RIS，我们就可以通过这几个代码所表示的特点来了解厨师这一职业的工作性质等各方面的情况。

3. 六角形模型

霍兰德提出了六角形模型来解释六种职业类型之间的关系，如图 2－1 所示。在这个六角形模型中，每种职业人格类型与其主对角线上的职业人格类型属于相斥关系，而与其处于邻近的以及次对角线上的两种类型分别属于相近关系和中性关系。也就是说任何两种类型之间的距离越近，其人格特质及职业环境的相似程度就越高。例如，现实型与研究型在六角形模型中是相邻的，它们的相似性也是最高的，这两种类型的人都不喜欢与人打交道。而现实型与社会型处于主对角线上，因为它们具有相反的特质。同时，霍兰德提出了职业选择时应遵循的几个原则。

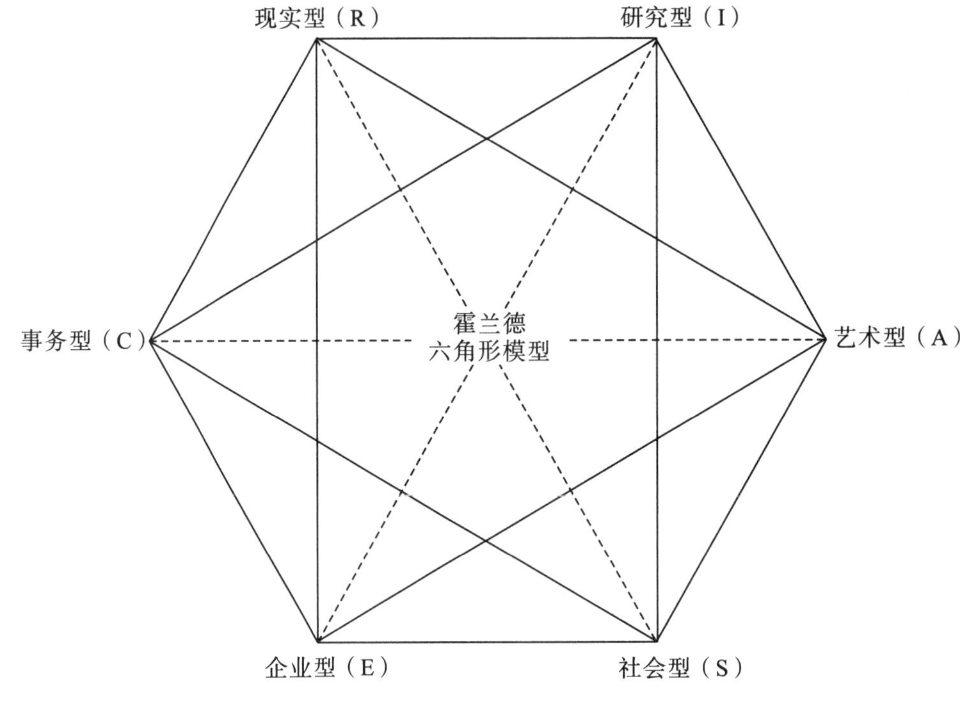

图 2-1　霍兰德六角形模型

（1）适合原则：六种职业人格类型的人适合从事与其相对应类型的职业。如：R 型人格类型的人适合从事 R 型职业。

（2）相近原则：六种职业人格类型的人选择从事与人格类型相近类型的职业，比较容易适应。如：R 型人格类型的人从事与其相邻的 I 型或 C 型职业。

（3）中性原则：人们选择从事与人格类型呈中性关系类型的职业，虽没有前面两种适合，但经过努力，也较容易适应。如：R 型人格类型的人适合从事与其相隔一个类型的 A 型或 E 型职业。

（4）相斥原则：人们如果选择与人格类型呈相斥关系类型的职业，则很难适应。如：R 型人格类型的人从事与其相对立的 S 型职业。

4. 人职匹配

霍兰德提出的人格与职业匹配理论指出职业兴趣与职业环境类型之间适宜的匹配是形成职业满意度、成就感的基础。他认为人们都在寻找一种能够充分运用自己的技术和能力，体现自己的价值，表达自己态度和观念并能在其中扮演一定角色的环境。例如一个现实型的人会尽力去寻找现实型的职业，其他类型的人也是如此。一个人的行为表现是人格类型和职业环境类型相互作用的结果。如果一个人了解了自己占主导地位的职业兴趣类型，这就明确了自己的职业选择方向。我们可以通过测评工具得到自己的霍兰德兴趣代码，了解自己的职业兴趣并找出相应的职业，从而了解适合自己的工作领域。

人们通常倾向于选择与自我兴趣类型相匹配的职业环境，但是在职业选择中，个体并非一定要选择与自己兴趣完全对应的职业环境。首先，个体的兴趣具有广泛性，是多种兴趣类型的综合体，很少是完全单一类型的，因此在评价个体的兴趣类型时，常选择分数最高的前三种类型，依照分数高低的组合进行评价，如 RCA，AIS 等；其次，人们在进行职业选择时常常受客观因素的影响，不能完全依据兴趣类型来选择。因此，在进行职业选择时会不断妥协，寻求相邻职业环境，甚至相隔、相对立的职业环境，在这种情况下，个体需要逐渐适应工作环境。

在大学生中不仅会出现上述情况，而且有可能会出现自己所学专业与兴趣类型不匹配的情况，从而导致在职业中兴趣无法得到满足。出现这些情况的时候，我们一定要学会调节和正确对待。人格类型和职业环境类型完全适配是一种很理想的状态，达不到的时候并不意味着就要放弃自己的兴趣，我们可以通过在生活中实现，在自己的工作和兴趣之间找到一个平衡点，适当地留下部分时间满足自己的兴趣爱好。而且在现实生活中也可以通过多种方式灵活地实现适配，比如专业与自己兴趣不匹配，可以考虑改换专业或者选修第二专业等。其实兴趣不一定必须在职业方面得到满足，如果真的喜欢做某件事情，可以通过其他方式来实现，如兼职、参加社团活动等。

（三）兴趣与职业生涯发展

俗话说"兴趣是最好的老师"，我们对自己感兴趣的事不需要外界的压力依然会非常主动地去学习。曾经有位名人说："如果人能从事自己感兴趣的工作，那么人生就是天堂"。每个人都希望做自己感兴趣的事，这样不仅可以给自己带来满足感而且也可以产生成就感。美国芝加哥大学心理学教授米哈里（Mihaly Csikszent）发现：[①] 当人们在专心致志地、积极地从事某种活动，并且忘记了时空和自己的时候，他们感到最为愉快和满足。他将这种状态称之为"flow"（原意为"流动"）——"聚精会神"或"忘我"。在这种状态下，人们会忘我地沉浸其中，充分地享受这一活动带来的快乐和满足，而不用背负压力和在乎其是否带来任何回报。

人们的幸福感、满足感来源于忘情地从事某种活动，而且正因为兴趣能让我们投入、忘我，我们才会体验到这种"flow"状态，所以兴趣是我们内心动力和快乐的最终来源。

显然，做自己喜爱做的事情会增加人的快乐感和满足感。如果人们所从事的工作正好是自己喜欢做的事情，那么他们将对这样的工作更有激情，更加投入，也将收获更多的快乐和满足。[②] 同时，人们对感兴趣的事物，往往愿意投入更多的时间和精力去苦心钻研，使自己的能力不断得到提高。个人能力得到提高，不仅能获得他人的认可，而且自我的价值感也会得到提升，这对个人来说无疑是一种非常积极的强化，能够增加对工作的兴趣，这样就形成了良性循环。[③④]

综上所述，兴趣与工作满意度、职业稳定性和职业成就感之间的关系是密不可分的。职业生涯发展中对兴趣探索的研究将有助于帮助同学们选择自己喜爱的职业，制订合理的职业生涯发展规划。

---

① 米哈里·契克森米哈赖. 心流：最优体验心理学［M］. 张定绮，译. 北京：中信出版集团，2017.

② 郭凤莲，国秀琴. 大学生就业指导［M］. 长沙：湖南科学技术出版社，2018.

③ 钟谷兰，杨开. 大学生职业生涯发展与规划［M］. 上海：华东师范大学出版社，2008.

④ 贾伟赋，周治，等. 大学生创新创业就业指导教程［M］. 成都：电子科技大学出版社，2019.

（四）自我兴趣与特长探索

兴趣是人生命中非常重要的部分，它不仅关乎人的幸福感，而且关乎人的职业选择、对工作的投入度以及成就感，同时还影响着人的就业创业取向。[①] 我们都明白兴趣的重要性，但是很多人都面临不知道自己的兴趣爱好或者自己的兴趣爱好太多而无从选择等问题，那我们应该怎样去了解自己的兴趣特长呢？有哪些方法可以帮助我们去了解呢？下面为大家介绍一些经过实践检验的方法。

1. 非标准化方法

首先，我们介绍一些非标准化方法。

第一，白日梦：顾名思义，这种方法就是让你尽情地“胡思乱想”，通过提问回答的方式来了解个人感兴趣的事物。问题可以是：列举三种你非常感兴趣的职业，这些工作为什么吸引你？你最喜欢的科目是什么？为什么喜欢？你喜欢看什么书？浏览什么网页？它们属于什么专业？休闲的时候，如果只是出于兴趣的考虑，你最想做什么或学什么？这里面又是什么吸引你……这种方法就是通过总结这些你喜欢做的事情的共同点来发现自己的兴趣点。当然这种方法不受拘束。你可以采用自问自答的方式，头脑风暴式地想问题，只要你觉得这些问题可以帮助你了解自己的兴趣即可。

第二，朋友分析：通过访问自己身边的人来收集关于自己兴趣和特长方面的信息，这些人包括父母、亲戚、朋友、老师等。

第三，自省：这是一种通过进行自我分析来收集信息、找到兴趣所在的方法。

2. 标准化方法

以上是一些非标准化的方法，下面给大家介绍一些标准化的方法。

第一，霍兰德职业自我探索量表：霍兰德通过自己的研究不仅提出了兴趣类型理论，而且也发展出许多实用工具来帮助人们确定兴趣类型和与之相匹配的职业环境。霍兰德发展出了职业自我探索量表，当人们完成这一量表后会获得由三个字母构成的，即前面我们介绍的“霍兰德代码”。对于环境，霍兰德编制了“职业索引”和“霍兰德职业编码字典”，这一职业兴趣代码字典对以美国职业大典中的每一个职业都给出了职业兴趣代码，这样职业兴趣量表就可以直接应用于职业辅导和咨询。

第二，基于霍兰德理论的其他职业兴趣量表：斯特朗兴趣量表（Strong Interest Inventory），库德兴趣量表（Kuder General Interest Survey）等。

第三，其他量表和测评系统：除了以霍兰德理论为基础的量表外，也有其他一些应用于各种职业生涯规划的兴趣量表和相关工作的分类方法。比如 ACT 工作世界地图（the ACT World-of-Work Map），这一系统包含在由美国大学考试中心开发出来的生涯规划项目当中。还有一些问卷，如吉尔福德—齐默尔曼兴趣问卷（Guilfore-Zinimerman Temperament Survey，简称 GZTS，1949），这一问卷有十个兴趣因素；戈登职业检核表（Gordon Occupational Check List，简称 GOCL），这是一个非专门职业

① 李肖鸣，朱建新，郑捷．大学生创业基础［M］．2 版．北京：清华大学出版社，2013.

的兴趣测试。除此之外还有杰斯特图画问卷。最后介绍一个职业分类方法，即职业探索职能（GOE），它包含了12个基于普通工作者特质的工作组，美国就业服务局的兴趣问卷和一些兴趣量表都是根据这12个GOE组来对兴趣进行评估的。

以上就是一些探索兴趣和特长的方法，当然探索的方法远远不止这些，你可以通过自己的努力设计出一些适合自己的方法。不管是标准化的量表还是非标准化的方法都只是为大家提供一些参考的信息，不能盲目地依从它，而是要结合自身情况考虑。

二、职业性格探索

（一）什么是性格

1. 性格的含义

现实生活中，我们总能听到“你好开朗活泼”“那个女孩好腼腆”一类的评价。这正是对人们性格的描述。什么是性格呢？一般认为，性格是指一个人对事物的稳定态度以及与之相适应的习惯化了的行为方式。人的个性差异首先表现在性格上。它在个性中具有核心意义，并决定着人们的活动方向，是个人区别于他人的最主要特征。人的性格不是天生的，它是个体在社会实践活动中，通过与自然环境、社会环境的交互作用逐渐形成的，是客观事物的各种影响在个体经验中保存固定下来，逐渐形成个体对人对事的比较稳定的态度。[①] 另外，这些会以一定的形式表现在个体的行为中，构成个人所特有的态度体系和行为方式。也正因为如此，性格才具有可塑性。心理学家认为，性格主要包含态度、认知、意志以及情绪特征四个方面。在这四个特征中，态度处于核心地位，它主要是指个人在处理各种社会关系方面的性格特征，包括对社会、集体、他人的态度，对工作、学习以及对自己的态度等，决定着个体的行为方式。[②]

2. 性格与气质

在心理学研究上，把人的个性定义为个人的气质、性格、兴趣和能力等方面心理特征的统一体。气质是人的个性心理特征之一，它是指在人的认识、情感、言语、行动中，心理活动发生时力量的强弱、变化的快慢和均衡程度等稳定的动力特征。性格与气质的含义往往令人混淆，经过前人研究发现，我们可以对两者的区别与联系进行一定的了解。[③]

首先，两者的区别主要有以下几点。第一，从起源看，气质生物性较强，是天生的，主要受高级神经活动类型的影响。性格的社会性较强，是后天形成的，更多的是受到了社会生活条件的影响与制约。第二，从形成与可塑性上看，性格形成晚且较易变，气质形成早且不易变。第三，从社会评价看，人的气质本身无好坏之分，气质类型也无好坏之分；而人的性格由于受社会行为准则和价值标准的评判，所以有好坏之分。

---

① 李进宏，黄风凯，马峰．大学生职业生涯规划［M］．武汉：武汉理工大学出版社，2007．

② 李法顺．大学生职业生涯规划［M］．南京：东南大学出版社，2006．

③ 刘霞．基于性格与气质的职业选择模式探析［J］．重庆工学院学报（社会科学版），2007（07）：93－94，106．

其次，性格与气质的联系：第一，气质影响性格的形成，比如婴儿早期形成的气质特点会影响和修正父母的教养方式和态度，而父母的教养方式也会对婴儿的性格产生影响。第二，气质影响性格的表现，并且性格对掩盖或改造气质起着一定程度的作用。具有某种气质的人，他的性格也会具有某些该气质的特征，从而有其独特的表现，但是一旦性格形成，也会影响气质的表现甚至在一定程度上对其气质进行改变。第三，气质影响性格改造的速度。例如，因为黏液质和抑郁质本身就有自制的某些心理活动特征，所以就比胆汁质和多血质容易形成自制力。

3. 性格的类型

性格有很多种类，比如，我们熟知的内向和外向性格。但是现在还没有统一的标准和分类，经过查阅文献我们发现有以下三种分类方法。[①]（1）按心理过程的优势方面把性格分为四类：①理智型，行动主要受理性影响。习惯用理性去衡量一切。②情绪型，行动主要受情绪影响。③意志型，意志坚定，目标明确。④理智—意志型，兼有理智型和意志型的特点。(2) 按心理活动的指向性可以把性格分为两大类：①内倾型，重视自己的主观世界，对他人比较冷淡。②外倾型，重视客观世界，对客观事物及他人都感兴趣。(3) 按个性的独立性将性格分为两类：①独立型，独立思考，不易受干扰，临阵不慌。②顺从型，易受暗示，紧急情况下易慌乱。

除了以上三种外，还有其他几种分类，比如行动型和思考型；另外还有五种基本个性类型，即外向的、温和的、谨慎的、情绪稳定的、爱好尝试的；心理学家对性格也有一种划分，即分为敏感型、情感型、思考型和想象型。

（二）MBTI 性格类型理论

1. MBTI 简介

麦尔斯—布里格斯类型指标（Myers－Briggs Type Indicator，MBTI）起源于 1921 年著名的瑞典心理学家卡尔·荣格（Carl Jung）撰写的《心理类型学》一书，该书中提出了几种性格分类：第一，从能量获得的途径分为外向（Extroversion，E）和内向(Introversion，I)；第二，从接收信息的方式分为感觉（Sensing，S）和直觉(Intuition，N)；第三，从决策判断的方式分为思考（Thinking，T）和情感（Feeling，F)。之后，凯瑟琳·布里格斯（Katharine CookBriggs）和她的女儿伊莎贝·布里格斯·麦尔斯（Isahel Briggs Myers）在荣格的理论基础上，将其发展成为一种确定个性倾向的测试工具。

MBTI 是目前国际上使用最为普遍的性格类型系统，具有较高的信度和效度，它在实践中被广泛地应用于人才选拔、管理培训、恋爱与婚姻咨询等各方面，现已成为企业员工进行职业定位和制订职业发展规划的主要手段之一。有数据显示，有 70%以上的世界 500 强企业已采用 MBTI 方法用于促进员工的发展和提升员工的组织效率。[②]

---

① 梁凯. 论性格与职业选择 [J]. 教育与职业，2006 (14)：59－60.

② 赵峻波. MBTI 性格类型方法在大学生职业规划中的应用 [J]. 中国电力教育（企业版），2009 (04)：151－152.

2. MBTI 的四个维度

MBTI 是一种迫选型和自我报告式的性格测试问卷，它被用于衡量和描述人们在获取信息、做出决策和生活取向等方面的偏好。荣格在其心理类型理论中将性格划分为三个维度，布里格斯母女将其发展后，在三个维度基础上加了第四个维度，即从行动方式维度分为判断（Judging，J）和知觉（Perceiving，P）。下面我们将详细阐述这四个维度。

（1）外向型（E）与内向型（I）。

性格类型的第一个维度是外向与内向，这是根据能量倾向进行的分类，何为能量倾向呢？通俗一点讲就是人们注意力集中的方向。对于外向型的人，基本刺激来源于外部世界的人或事物，而内向型的人则来源于自己的内心世界，以及自我的思考和反省，见表 2—2。

表 2—2 外向型（E）与内向型（I）比较

外向型	内向型
注意力集中于外部环境 注意力容易分散 喜欢与人交往 友好，易于接触 善于沟通和表达 做事情积极主动 先行动，后思考 兴趣爱好广泛	注意力集中于自己的内心世界 注意力集中 喜欢独处 安静，不易于接触了解 不善言辞 事件意义重大时主动 先思考，后行动 兴趣专一

（2）感觉型（S）与直觉型（N）。

性格类型的第二个维度是感觉—直觉，这个维度与人们平时所接受信息的方式有关。感觉型的人倾向于用五官去获取实实在在的信息，对于自己的具体感觉非常关注，观察仔细，注重细节，比较实际。而直觉型的人更相信自己的第六感，通过想象、无意识等来获取信息，注重整体和事物内在的含义，善于发现抽象事物的关联，具有较高的创造性，见表 2—3。

表 2—3 感觉型（S）与直觉型（N）

感觉型	直觉型
通过自己的感觉获取信息 喜欢实际的可测量的事物 着眼于现实 注重细节 做事按部就班，喜欢制定规则 思维连贯 喜欢从事实际性的工作	通过自己的直觉获取信息 喜欢事物所代表的内在意义 着眼于未来 注重整体 做事不按常理出牌，喜欢事物变换 思维跳跃 喜欢从事创造性的工作

（3）思考型（T）与情感型（F）。

性格类型的第三个维度是思考—情感，这是人们制定决策的两种不同方式。思考型的人通过逻辑对因果关系进行思考来处理信息和做出决定，受情感影响较小，善于理性客观地分析事物。而情感型的人则依靠自己的感觉做决策，善于运用同情心，受情感因素影响较大，所以有时会忽略客观事实，见表 2-4。

表 2-4　思考型（T）与情感型（F）比较

思考型	情感型
凭借理性思考做决定 遵照逻辑推理 善于分析事物 可以将自己从情境中抽离出来看待问题 对人际关系不敏感 关注事实真理和公正 理性，自信	凭借情感做决定 倾向于个人信念与道德评判 善于运用同情心，体贴他人 将自己放在情境中看待问题 避免矛盾和冲突 关注氛围的和谐 情绪化，犹豫

（4）判断型（J）与知觉型（P）。

性格类型的第四个维度是判断—知觉，这涉及人们的行为方式，即如何与外部世界互动，是愿意有条理地生活还是愿意随性的生活。判断型的人喜欢做事情井井有条，有计划，条理性强，喜欢做出决定，然后按部就班地进行。而知觉型的人生活随意，喜欢灵活的、充满变化的生活，乐于去享受生活而非制订计划控制它，见表 2-5。

表 2-5　判断型（J）与知觉型（P）

判断型	知觉型
喜欢计划 按部就班 喜欢做决定 喜欢确立目标．然后实现它 正式，严肃，谨慎 急于完成工作 外表整洁，环境干净	喜欢随性 灵活自发 喜欢发现新事物，富于好奇心 常改变目标，喜欢新的体验 随意，平和，开放 喜欢开始一项工作 着装以舒服为标准，不在意环境

以上就是 MBTI 的四个维度，我们对每个维度的两个方向都进行了一定的阐述，现在有研究提出了第五个维度，即与他人的互动方式：主动（A）或被动（B）。这个维度不难理解，此不赘述。

值得一提的是，在 MBTI 测试中，每个维度上一个人只能有一种偏好，如一旦确定是内向型就不可能再是外向型。但是，我们知道人的性格是非常复杂的，人们不可能就只具有这四个维度中某个维度两个方向的其中一个。比如你是判断型，这只能说明你的行动方式在大多数情况下是判断型的，但有些时候也会呈现知觉型的某些特征。MBTI 的 16 种类型，见表 2-6。

表 2－6　MBTI 16 种性格类型的特征与典型职业

类型	特征	典型职业
ISTJ	严肃、沉静。专注、执着；注重实际，有条不紊；善于逻辑思考，注意力集中，有责任心	会计，行政管理，天文学家，预算分析员，房地产代理商等
ISFJ	属于照顾者型；友好，沉静，谨慎，责任心强；坚定而专注；注意细节，关心他人；忠诚；注重和谐与合作	设计师，护士，社工/咨询师，家政人员等
INFJ	属于劝告者型；富有创造性和独创性；细心周到，热情细腻；谨慎，深思熟虑。有计划有组织；有责任心，稳重	心理咨询师，诗人，作家，社会科学工作者，建筑设计师，网站编辑等
INTJ	独立自主，有自己的生活目标；自信；富有创造性，有很强的达到目标的欲望；有怀疑心，挑剔，坚定；善于分析，理性，能很快洞察事物的规律	首席财政执行官，知识产权律师，精神分析师，建筑师，管理顾问，综合网络专业人员，各类科学家等
ISTP	娴静而谦逊；自由而独立；具有逻辑性、务实。冲动而孤僻；兴趣趋向于机械方面；行事跟随感觉；富于幽默感	计算机程序设计员，软件开发员，军人，药剂师，律师助理等
ISFP	注重与周围的环境相和谐，回避矛盾；友好，敏感，谦逊，感情投入；喜欢有自己的空间，把握自己的时间；平和而自由	心理咨询师，测量师，海洋生物学者，时装设计师，室内装潢设计师，园艺设计师等
INFP	乐于做符合自己价值观的事情；敢于承担任务并设法完成；偏好以抽象的和富有想象力的方式观察周围的事物；生活随意，灵活	艺术家，心理学家，大学教授，营养学家，人力资源开发，社会科学家，宗教教育工作者等
INTP	独立沉静，少言；思维宽广而富有创新精神；注意力易于转移，具有无穷的创造力，好奇而有上进心；理智随和；适应能力强；有主见，善于分析	电脑软件设计师，系统分析人员，金融规划师，研究开发专业人员，战略规划师等
ESTP	灵活、忍耐力强；注重实际和结果；遇事淡定，不慌张；不喜欢理论和抽象的东西；喜欢处理、分解事物；善于外交谈判；友善而富有魅力	记者，旅游代理，投资人，保险经纪人，预算分析师，园艺设计师，摄影师，管理顾问等
ESFP	外向，友善，包容；享受物质，热爱生活；喜欢与人交往，易于相处；注重现实情况，讲究常识和实用性；富有灵活性；对自己与他人都能接受和容忍；有魅力和说服力	团队培训人员，旅游项目经营者，演员，社会工作者，幼教老师，职业策划咨询师，旅游管理/导游，促销员等
ENFP	健谈热忱，友善；精力充沛，富有想象力，颇具创新精神；聪明好奇，能快速解决问题；关心体贴，温柔敏感；有智慧而且乐观，适应能力强	人力资源经理，事业发展顾问，广告创意顾问，演讲家，记者，设计师，卡通制作者等
ENTP	乐观，善于言辞；富有创造力，喜欢挑战；才思敏捷，精力充沛；友好可爱，坦率直言；好奇心强，灵活；有逻辑性，善于分析	投资顾问（房地产、金融、贸易、商业等），艺术总监，产品开发人员，营销策划，主持人等

续表

类型	特征	典型职业
ESTJ	友好直率，精力充沛；能力强，效率高，有条理；讲求实际，注重事实；具有怀疑精神；决策迅速；固执己见，保守；认真可靠	公司首席执行官，军官，项目经理，数据库经理，预算分析师，药剂师，房地产经纪人，保险经纪人，教师等
ESFJ	注重人际关系，并乐于助人；友好积极，精力充沛；健谈亲切，好交际；关心体贴，易于相处；注重实际而且正直；多愁善感，易受伤害；传统尽责，做事有条理；富有责任心	劳工关系调解人，零售经理，商品规划师，团队培训人员，旅游项目经营者，演员，社会工作者，旅游销售经理等
ENFJ	注重人际关系，喜欢与人交往；友好热忱，谈吐亲切；感情投入，易受伤；富有创造力；做事果断，甚至武断；能力强，责任心重，做事有计划	电视制片人，新闻广播员，政治家，编辑，平面造型艺术家，按摩师，护士等
ENTJ	亲切友好，意志坚强；善于推理；诚实理性，对自己及他人要求严格；极力表现自己的能力；能干果断，做事有条理，喜欢长远规划	经理，高级主管，办公室主任，人事经理，法官，管理咨询顾问，政治家，公司首席执行官等

以上就是对 MBTI 测评中的 16 种性格类型的详细描述，你可以通过比较表 2－6 更好地了解自己的性格及特点，明确自己适合哪些领域的哪些工作。

3. MBTI 与职业匹配

了解自己的性格类型对于确定自己的职业生涯有着非常重大的意义。在表 2－6 中，每种性格类型都有各自的职业倾向，当然，我们举例涉及的是一部分典型职业，而非全部。我们应该了解这些职业所具有的特点，而不要陷于这些具体的职业名称中。通过 MBTI 测试，充分了解自己的性格类型，从而更好地了解自己、自我需求和行为特点，才能根据这些特点选择适合自己的职业。

（三）性格与职业选择的关系

“性格决定命运”，这是大家熟知的谚语，那你们是否明白其中的真正含义呢？一个人的性格对他的一生，尤其对其职业生涯的选择具有十分重要的意义。你可能因为自己的性格，丧失一个非常好的工作，也可能因为不了解自己的性格而从事了一个你不喜欢、不能适应的工作，从而痛苦万分。如果我们最开始就了解自己的性格，在职业选择中选择适合自己的职业，可能会避免走很多不必要的弯路。选择跟自己性格相匹配的工作，你会感觉得心应手，心情舒畅，对自己的工作充满热情，更容易在工作中取得成就。

性格的形成不仅受先天影响，而且在很大程度上也受到后天环境的影响，所以性格具有很强的可塑性。性格与职业选择并不等于说必须先具有某种性格特征才能从事相对应的职业。长期从事某种特定职业会使从业人员按照职业的要求不断改变自己原有的性格特点，进而形成一些新的特点。这些变化会让人们更适合这一工作，发现自己意想不到的潜力。

人的性格是非常复杂的，它与职业的关系也不是固定静止的。我们天生有自己擅长的一面，如果能寻找到与我们的特质相契合的环境和工作，充分发挥自己的长处和优势是最完美的。但是，当职业选择与性格不相匹配时，也可以慢慢改变，不断培养自己的性格使之与职业选择相匹配。最重要的一点就是让性格类型与职业要求达到最佳匹配状态，使我们成为更有效的工作者。

（四）了解自己的性格类型

我们已经知道性格对于职业生涯的重大意义，那我们可以通过哪些途径了解自己的性格呢？接下来我们将给大家提供一些方法来解决这一问题。

1. MBTI 测试

我们在前面已经详细阐述了 MBTI 的四个维度和 16 种性格类型。这一测试是现在全球范围内使用较为普遍的测试之一，这个测试可以在一些专业网站上找到，在文章最后的学习资源中也将会帮助大家较为全面地了解自己的性格。

2. 投射测试

这种测试是向受试者呈现模棱两可的刺激材料，要求受试者描述自己看到的东西，让其不知不觉将其情感、态度、愿望、思想等投射出来。投射测试主要有主题统觉测验和墨迹测验。这种测验需要非常专业的人士配合，所以使用起来不是很方便，如果条件允许则可以进行。

3. 访谈法

访谈法就是通过与受试者面对面地交谈来了解其性格的方法。访谈内容可以包括现状、成长经历、某些重要事件等。

4. 观察法

这种方法顾名思义就是观察重要行为然后进行分析。观察可以是本人自己观察并记录，也可以请别人帮忙观察记录。

5. 行为评定法

这种方法的基本做法就是要求观察者在某一或某些性格特征上的轻重程度进行评定，量化的程度可以用数字表示，也可以通过文字加以叙述。观察法与行为评定法都必须首先明确列出行为的特征。

6. 朋友分析或自省

在前面一节中，我们介绍了探索兴趣的方法，同样，这一方法也适用于对性格的探索，通过访问自己身边的人来收集关于自己性格方面的信息，这些人包括父母、亲戚、朋友、老师等。或者通过进行自我分析来收集信息、了解性格。

探索性格的方法有很多，关键是要选择适宜自己的方法，并能通过这些方法全面地了解自己的性格，为自己的职业选择做足准备。

三、职业价值观探索

（一）价值观的含义

马克思曾对“价值”一词做过考证，认为其含义是“起掩护和保护作用的，可珍贵的，可尊重的，可重视的”。它在肯定意义上的含义相当于“好坏”中“好”的意思。[①]黄希庭在《心理学导论》中将价值定义为人们用于区别好坏标准并指导行为的心理倾向系统。价值观包含了人们的情感和意志，支配着人们的行为、态度、信念、理想。价值观是个体核心信念的体现，指向人一生中最重要的东西，包括我们的职业。

价值观有其独有的特征：第一，主观性。人们评价的客体虽然都是一样，但是每个人却都是根据自己内心的尺度来区分好与坏，而这个内心尺度就是人的价值观，所以价值观因人而异。第二，选择性。人不同于动物，人会受社会环境的影响，而人的价值观是在社会生活实践中形成的。人们运用主观能动性有意识地选择自己的评价标准，从而形成独特的价值观。第三，相对稳定性。个体的价值观形成之后就非常地稳定了，不会轻易改变。第四，社会历史性。每个时代都有其不同的价值观体系，都带有鲜明的时代特征，所以处于不同时代的人们也就具有了不同的价值观。第五，价值观在特定的环境下又是可以改变的。

价值观的分类有很多种，施普兰格根据社会文化生活方式将其分为经济价值观、审美价值观、社会价值观、政治价值观和宗教价值观。罗克奇根据工具—目标维度将价值观分为工具性和终极价值观；雷塞尔则根据自我—他人维度将其分为自我取向和他人取向价值观。

（二）职业价值观的概念

很多人在面对“你以后想找一份什么样的工作?”这个问题的时候都有自己的想法，“轻松而薪水高”可能是大家都想要的，可是当鱼和熊掌不能兼得的时候，你又会怎样选择呢？是选择稳定但薪水一般的，还是选择高风险高回报的？每个人都会做出自己不同的抉择。而引导这些抉择的就是你的职业价值观。

关于职业价值观的定义有很多种，比如舒伯和黄希庭等就以人的需要进行定义，舒伯（1970）将职业价值观定义为与工作相关的目标表达，表达个人内在需求及从事活动时所追求的工作特质。黄希庭等认为，职业价值观反映的是人们的需要与社会职业属性之间的关系，是人对社会职业的需求所表现出来的评价。[②]

之前我们讨论了价值观的五个特点，职业价值观具有四个特点：首先，职业价值观反映了人的需要与社会职业之间的关系；其次，职业因为能满足人们的需要所以具有它的客观价值；再次，社会职业的客观价值只有被个人认识并将其同个人的需要联系起来、成为个人需要的对象时，才以个人职业价值观的形式表现出来；最后，职业价值观

① 黄希庭，郑涌. 心理学导论［M］. 北京：人民教育出版社，2015.

② 黄希庭，张进辅，李红，等. 当代中国青年价值观与教育［M］. 成都：四川教育出版社，1994.

受个体人生价值观的制约，是人生价值观的有机组成部分。[①]

职业价值观是价值观在职业上的体现，是个人对待职业的一种信念和态度，是人们在职业生活中所表现出来的一种价值取向。大学生的职业价值观是大学生这一特殊的社会群体对于职业评价、职业选择、职业价值取向等的总体看法，一定程度上反映了学生的择业方向和标准，并对他们的工作态度、工作积极性，乃至整个社会的稳定和发展都有着重要的影响。

（三）价值观与职业发展的关系

1. 价值观对职业选择的作用

在我们的生活和工作中，价值观一直是我们考虑事情的原则和标准，指导着我们的行为。当然，这也包括我们的职业生涯发展。在前面的章节中我们已经谈论了兴趣和性格对职业发展的影响，而事实上价值观的作用甚至超乎这两者对职业的影响。因为价值观是个体最为核心的信念体系，影响着人们各方面的行为和态度。比如大学生在进行职业选择时会受到一定动机的支配，而择业的动机又是由价值观决定的。

人们在进行职业选择的过程中，可能会考虑很多的因素。当这些因素出现矛盾冲突时，我们在放弃或者决定妥协的时候，常常是出于对价值观的考虑。我们思考自己真正想要的是什么，是金钱，是自我实现，或是其他。每个人的价值观不同，重视的东西也就不同，这就必然导致在职业选择中做出不同的决定。

2. 价值观对职业生涯的作用

职业价值观的定义是根据人们的需要进行界定的。有很多研究者在对职业价值观结构的研究中发现，职业价值观的结构与需要的结构是相对应的。[②] 在此我们首先介绍一下需求层次理论。这是马斯洛（1970）提出的，他认为人有五个层次的需求：生理需求、安全需求、归属和爱的需求、自尊需求以及自我实现的需求。凌文辁等的研究发现大学生的职业价值观包括声望地位、保健、发展三个主要因素。[③] 这三个因素大致与马斯洛需求层次中的四类需求相对应。即“声望地位”因素与自尊需求相对应，“保健”因素与生理需求和安全需求相对应，而“发展”因素与自我实现需求相对应。需求是人们进行职业选择的内在驱动力，将左右职业的选择。而且有研究表明，大学生的职业价值观也往往反映着他们对各种需求的重视程度。

钟谷兰在其著作中表示了马斯洛的五种需求所对应的价值观。[④] 马斯洛认为只有当人们的低级层次需求得到满足后，才会开始关注更高层次的需求，所以这些需求是个体内心强大的驱动力。我们要不断地满足需求以求得更高层次的需求。比如最开始大学毕业生在找工作时，关注的是工资待遇有多高，之后逐渐转变为对自尊的需求，希望自己不断地升值，看重公司是否能帮助自己不断地发展。赫兹伯格也提出了自己的双因素激

① 柏艳平，张振华. 大学生需要与职业价值观的相关性探讨［J］. 福建党史月刊，2010（16）：50－51.

② 柏艳平，张振华. 大学生需求与职业价值观的相关性探讨［J］. 福建党史月刊，2010（16）：50－51.

③ 凌文辁，方俐洛，白利刚，等. 我国大学生的职业价值观研究［J］，心理学报，1999（03）：342－348.

④ 钟谷兰，杨开. 大学生职业生涯发展与规划［M］. 上海：华东师范大学出版社，2008.

励理论，其中一个因素是保健因素，这一因素相当于马斯洛的生理需求、安全需求和归属需求；另一个因素是激励因素，这相当于自尊和自我实现的需求。他认为员工的工作满意度取决于这两个因素之间的平衡。所以我们可以说，人们的需求是否得到满足对自己的职业生涯发展起着非常重要的作用，也就是说人们的价值观影响着人们的职业生涯发展，如图 2-2 所示。

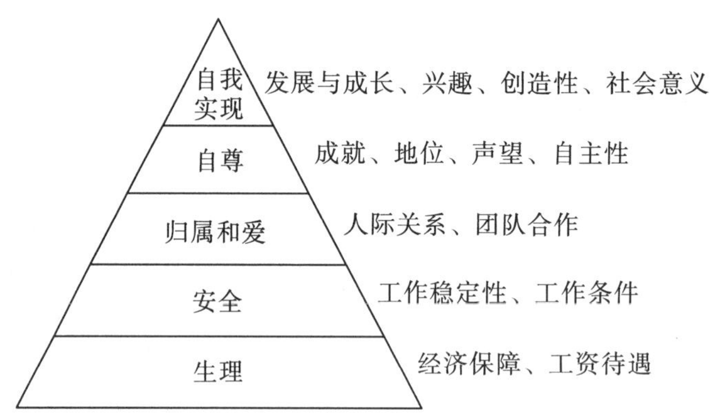

图 2-2　马斯洛需求层次模型与对应的价值观

（四）探索个人价值观的方法

我们都知道价值观对我们的职业生涯发展具有重大意义，那么通过哪些方法来了解我们自己的价值观呢？研究者发展了很多标准化和非标准化的方法。下面就给大家介绍几种探索个人价值观的方法。

1. 标准化的量表测量

在价值观的研究中，主要采用的是问卷法，即通过使用价值观测量表来探索自己的价值观。国外比较常用的是舒伯的职业价值观量表（Super Work ValuesInventory，WVI），用来测量职业威望和喜爱度，莫里斯（Morris，1956）编制的生活方式问卷，用来测量人们对 13 种生活方式的价值观；阿尔伯特等编制的价值研究量表，用来测量 6 种基本价值观，即经济的、审美的、理论的、社会的、政治的和宗教的价值观。罗克奇（1973）编制的价值调查表，用于测量工具性和终极性价值观中各因素的相对强度。国内则较多采用宁维卫修订的舒伯职业价值观量表以及凌文辁根据文献编制的大学生职业价值观量表；金盛华和李雪（2005）也编制了目的和手段职业价值观问卷并验证了目的和手段职业价值观的模型。这些问卷都可以用于测量个人价值观。

2. 其他非标准化的方法

价值观在团体辅导中也经常被作为主题，所以也发展出很多测量方法。下面介绍其中几种。

（1）价值观大拍卖。这种方法通过向团员提供价值观清单，让其自由地竞拍自己最想要的几个价值观。活动的目的是让团员澄清自己的价值取向，明确了解自己最珍视的是哪些价值观。

（2）价值观市场。这种方法类似于上一种，首先让团员选择几种最重要的价值观，然后逐一放弃，目的也是让团员明白自己最看重的价值观。

(3) 临终十件事。当你面对死亡的时候，你最希望完成的十件事是什么。这个方法可以不断变化，让团员思考自己究竟想做什么，不仅可以澄清自己的价值观，也可以进行初步的自我生涯规划。

(4) 价值观分类卡。使用“职业规划分类卡”中的“价值观分类卡”，根据自己的感觉迅速将价值观分为“非常重视”“一般重视”“很少重视”“从不重视”这几个方面(分类可以自己定)。通过此方法明确自己的价值观取向。

当然价值观探索的方法还有很多，这里就不一一介绍了。一个人对自己价值观的认识越清晰，就越能了解自己到底需要什么，想得到什么，什么对自己才是重要的。有了目标，生活和工作会变得更有趣，更有动力和激情。

四、职业能力探索

(一) 能力的概述

1. 能力的概念

目前，对能力这一概念的表述可谓纷繁复杂。一般认为，能力是一种心理特质，是顺利实现某种活动或达到某种目标的心理条件。能力直接影响活动的效率，是活动顺利完成的最重要的内在因素。[①] 例如，一位画家所需具有的色彩鉴别、形象记忆力、视觉想象能力、形象思维能力等，都叫能力，这些能力是保证一位画家顺利完成绘画活动的心理条件。

能力既是指“所能为者”，也可指“可能为者”。在英语中，有两个词能表示其意义上的不同，即 Ability 和 Potentiality。Ability 即个人在行为上所表现的实际能力，它是个人在先天遗传的基础上，通过后天环境习得并已经在行为上外显出来的能力。Potentiality 指如果通过训练可能达到的水平，即尚未在行为层面表现出来的内隐能力。

2. 能力的分类

对能力的分类同样也是纷繁复杂的，考虑本书旨在引导读者更明晰地了解自我，故不对能力的繁复分类一一罗列，单按照能力获得的方式将其分为：技能（即后天获得）和能力倾向（即先天具有）。

技能：指经过后天学习和练习所培养出来的能力。如，阅读能力、人际交往能力、表达能力、沟通能力等。

能力倾向：是指上天赋予每个人的特殊才能。与生俱来，但也可能因为未被开发而荒废。因此，能力倾向是一种潜能。

个人能力水平往往是能力倾向和技能两方面的综合结果。能力的形成和发展依赖于技能的获得，能力的高低又影响掌握技能的水平。

---

① 黄希庭. 心理学导论［M］. 3版. 北京：人民教育出版社，2015.

（二）技能的分类

辛迪·梵（Sidney Fine）和理查德·鲍尔斯（Richard Bolles）的技能三类型论是目前适用范围较广、认可程度较高的技能分类标准，即专业知识技能、可迁移技能（或称通用技能）、自我管理技能（或称适应性技能）。

1. 专业知识技能

专业知识技能是指那些需要通过教育或者培训才能获得的特别的知识或能力，也就是个人所学习的专业、所懂得的知识。专业知识不可迁移，需要经过有意识的、专门的学习和记忆，需要大量的时间和教育投入。该能力的获得除了通过正式的专业教育外，还可通过课外培训、辅导班、讲座、研讨会、自学、资格认证考试、学术会议、爱好、娱乐休闲、社会实践、社团活动等方式获得。

专业知识是产生能力的基础。没有专业知识，技能就像一朵无根的花。大学生在校期间，首先要学好专业知识，因为它可以帮助我们建立基本的能力基础，同时为我们筑起一道天然的竞争壁垒。

2. 可迁移技能

可迁移技能是指那些与某种具体的工作没有必然关联性的通用性技能，即适用于不同的工作场景的技能。这些技能是工作任务得以圆满完成的最根本的部分，也是用人单位最看重的部分，是个人最能持续运用和最能够依靠的技能，无所谓更新换代，它随个人工作经验和生活阅历的增加而不断发展。比如，沟通技能、解决问题或批判性思维技能、人际关系技能、组织技能、研究技能等。可迁移技能可以从生活中的方方面面，特别是工作之外得到锻炼和发展。比如，参与实践、归纳总结、观察学习、模仿体会、专业训练、实习培训、业余爱好、娱乐休闲、社团活动等。通常以动词的方式出现。

可迁移技能是你在职场中最宝贵的财富。例如，作为一个办公室行政助理所掌握的文字处理技能，会为你今后从事其他工作打下扎实的基础。

3. 自我管理技能

自我管理技能用以描述或说明人具有的某些特征。它常被看作是一些人格特质或个人品质而不是技能，如精力充沛、身体强壮、通情达理、乐于助人、机智灵敏、可靠真诚等。良好的自我管理技能能够帮助个体更好地适应周围的环境、应对工作中出现的问题，因此，它也被称为“适应性技能”。[①] 可以帮助你更好地适应周围的环境以及让你在周围文化环境中更好地调整自己。主要的获得途径有：榜样的力量、认同与练习、观念的多元化、自我认知的提高、意志力的培养、丰富的精神生活等。主要是一些名词或形容词表述的技能。

以下列出了职场成功的五大基本要素，这些要素大多数是一些自我管理技能，这些能力有助于你推销自己，将你与其他人区分开来。[②]

---

① 赵敏，张凤，等. 大学生生涯规划与辅导实务［M］. 北京：电子工业出版社，2010.

② 宗敏. 大学生生涯规划与个人成长［M］. 北京：知识产权出版社，2018.

（1）品德：个人的品质，包括体贴、尊重、幽默、宽容、诚实、负责、平和、忠心、礼貌等。

（2）智能：一个人智力的高低或者处理问题的能力，如观察力、记忆力、思维力，以及分析问题和解决问题的能力。

（3）情绪能力：有效地处理和管理自己情绪的能力，良好地处理人际关系的能力。

（4）逆境承受能力：失败或逆境中的承受能力，能不能承受失败，能不能顶住压力继续前进。如持之以恒、坚毅。

（5）胆识：是否具有冒险精神，是否具有勇气。有勇气的人才能够把握机会。

（三）能力与职业生涯发展

1. 能力与职业的吻合

明尼苏达工作适应论起源于美国明尼苏达大学，是由罗圭斯特和戴维斯提出的强调人境符合的心理学理论，简单来说就是只有当工作环境能满足个人的需求（内在满意），个人也能满足工作的技能要求（外在满意）时，个人与环境之间的关系才会比较协调，个人的工作满意度也会比较高，在从事的工作领域中也更能获得持久的发展。大学生对自己能力的认识和职业定位相对吻合，才能更好更快地寻找到自己的位置，让生命的意义得到充分的体现。

我国职业教育奠基人黄炎培先生有过异曲同工的表述："一个人职业和才能相当和不相当，相差很大。用经济的眼光看，要是相当，不晓得增加多少效能；要是不相当，不晓得埋没多少人才。就个人而言，相当，不晓得有多少快乐；不相当，不晓得有多少怨苦。"可见，工作的理想状态是可以使用到我们熟练的、擅长的并且最愿意使用的技能，而清楚地认识自己的能力之所长则是达成内在满意与外在满意相协调，步入理想工作状态的阶梯。

能力不同，对职业选择自然存在差异。在能力类型与职业定位的匹配过程中应遵循以下原则。

（1）必须承认人的能力类型是有差异的，重点在于能力类型与职业类型的匹配，适合的才是最好的。

（2）能力水平要与职业层次基本一致。在根据能力类型确定了职业类型后，还应根据自己所达到或可能达到的能力水平确定相吻合的职业层次。

（3）充分发挥优势能力的作用。每个人的能力结构是不一样的，某方面的能力占优势，则另一些方面可能不太突出。关键在于要扬长避短，而不是苦于自己能力的短板从而丧失信心和斗志。①

2. 技能是求职者的核心竞争力

每个工作都需要能力。能力是完成任务的基础，与工作绩效有较高的相关性。无论是应聘者还是雇主，都非常重视能力的提升。你与雇主共同关注的有：从前做过的，现

---

① 李进宏，黄凤凯，马峰．大学生职业生涯规划［M］．武汉：武汉理工大学出版社，2007.

在能做的，未来可以做的。在求职竞争力方面，能力显得格外重要。能力之于求职者，如水之于鱼，能力是求职者的核心竞争力，是求职者在职业市场上换取薪金与赏识的筹码。一个能够清晰地了解自己的能力并有条理地向潜在雇主表达自己能力的人，正是好工作青睐的有准备者。

（四）自我能力的探索

能力是个耳熟能详的词汇，但对自我能力的认知仅停留于理论理解是远远不够的，下面介绍几种自我能力探索的方法，以便帮助我们更加深入地触碰到真实的自我能力。

1. 专业知识技能分析法

专业知识技能是指一些静态的、我们已经学到的知识，这些知识是通过正式学习或非正式学习学得的。主要是一些名词表述的技能。专业知识的积累需要大量的时间和教育成本，但同时也为我们筑起一道天然的竞争壁垒。①

首先在纸上清晰细致地列出你的所学专业、学习过的专业课程和学习过的专业名词。

在你认真分析你的专业知识技能后，问问自己：

（1）你能用自己的语言完全清楚地解释每条专业名词吗？

（2）如果你已经有了目标职业或理想职业，那如何发挥这些专业知识技能使其成为你的核心竞争力呢？

（3）面试中，你将如何展示这些专业知识技能以体现你的能力呢？

2. 技能清单

我们所有人都倾向于狭隘的定义自己。比如回答“你是谁?”的问题时，你会做出“我是一个学生”“我的专业是心理学”“我是一个电影爱好者”等回答。给自己贴上一个狭隘的标签，容易让你自我模式化、脸谱化。如果此刻被问及你的技能，你会开出怎样一份技能清单呢？这份清单可能会很短，但这并不代表你不具备多种技能，而是因为你从来没有被问及过，不习惯去思考和讨论它们。但当你提笔，开始郑重而全面地罗列你的技能时，你会发现源源不断的技能涌入你的眼前，这将是一个让你惊喜不已的尝试。

另外值得注意的是，我们一般还会倾向于低估我们的成就和相关的技能拓展。实际上爬上一座山峰和 4 分钟跑完 1000 米是同样了不起的成就。这类成就还包括：抚养一个孩子、募集捐款、进入大学、做一次讲演、安慰小孩、修理电器、改掉一个坏习惯等。尽管这些事做起来不费劲，但这并不是说它们不是成就。

3. 用 STAR 法来编写成就故事

通过回顾和分析你最为得意的成就，你可以发现自己的技能。因为正是拥有了这些技能你才取得了这些成就，从中，你可以发现一些自己经常运用的技能，即你的自发性技能。

---

① 赵敏，张风，等. 大学生生涯规划与辅导实务［M］. 北京：电子工业出版社，2010.

写一个你的成就故事，试分析其中所反映的个人技能。如果你喜欢在做这件事时所体验到的感受，如果你为完成这件事所带来的结果而感到自豪，那么你就可以将其视为成就。理想状态下，你可以写出 5～10 个成就故事，并在小组中逐一进行分析讨论。看看在这些故事中是否有重复出现的技能，并将这些技能按优先次序加以排列。故事包括以下内容。

（1）当时的形势（Situation）：当时的情形下，你面临的障碍、限制、困难有哪些？

（2）面临的任务/目标（Task/Target）：你想达到的目标是什么？

（3）采取的行动/态度（Action/Attitude）：为了达到目标，你的具体行动是什么？你是如何一步一步克服障碍达成目标的？

（4）取得的结果（Results）：让你内心感到自豪的结果是什么？

第二节　职业探索

一、行业、产业、专业与职业

（一）行业与职业

1. 行业的概念

行业与职业不同，行业是企业的集合，从事同类产品生产销售的企业或提供类似服务的企业，达到一定的数量才形成一个行业。例如，房地产行业包括建筑企业、规划设计企业、装饰企业、监理企业等不同类型的若干家企业，在同一行业内，不同个体结合自身特点，可以从事不同的职业。比如，同样是从事 IT 行业，有的人是程序设计员，有的人是市场推销员。

2. 行业与职业的关系

行业与职业之间既有区别又有紧密的联系。在狭义的范围内二者可以相互替代。以生产销售活动为例，其中主要包含三种经济关系：一是生产者向消费者销售的关系；二是消费者向生产者购买的关系；三是生产者内部之间以及消费者内部之间的关系。在这些关系链条之间，任何一个关系没有得到很好的处理，就会阻碍行业的发展，影响人们对该行业中职业的选择。可见，职业、行业具有不可分割的内在的必然联系。在以经济活动为中心的现代社会，各种职业都是行业乃至产业的一个缩影，可以说行业的发展情况对职业的产生具有一定导向作用。

3. 行业的发展与前景对职业的导向与指引

行业在发展的过程中受诸多因素影响，其中行业自身潜质、社会发展趋势和国家政策导向是较为重要的因素。分析行业状况应关注国家对相关行业的政策导向，即国家是支持该行业还是限制该行业。一般来说，国家大力扶持的行业会获得较快的发展。可以说，行业的产生、成长、壮大都离不开国家行政力量的干预。因此，通过洞察社会发展潮流、分析国家重大政策走向对行业发展的影响，能够客观明确地进行职业选择，此外，国际国内重大事件也会对行业的发展产生重大的影响。

（二）产业与职业

1. 产业的概念

所谓产业，是对在社会生产力布局中发挥不同作用的各类行业的称谓。产业划分的依据是生产力布局的宏观领域。它是生产物质产生的集合体，包括农业、工业 、交通运输业等行业，一般不包括商业。有时专指工业，如产业革命。有时泛指一切生产物质产品和提供劳动活动的集合体，包括农业、工业、交通、运输业、邮电通信业、商业饮食服务业、文教卫生业等行业。

2. 产业的划分

1985 年，国家统计局明确地把我国产业划分为三大产业。

第一产业：农业，包括农、林、牧、副、渔各业。第一产业是整个社会大生产的基础。人类吃、穿、住等基本生活资料都离不开农业。农业是人类生活资料的主要来源，是人类生存和进行其他生产的先决条件，是人类生存之本，是国民经济中其他产业部门独立的基础，更是进一步发展的基础。

第二产业：工业，包括采掘、制造、自来水、电力、蒸汽、热水、煤气和建筑各业。第二产业主要是加工制造业（简称工业），它是社会化大生产的主导。工业是采掘自然物质资源和对各原材料进行再加工、深加工的物质生产领域。它所包含的行业和门类较多，按照劳动对象可分为采掘工业和加工制造业。工业在社会化大生产中的主导功能表现在为国民经济各部门提供先进的技术装备，它是各部门进行技术改造、实现现代化的物质技术先导。例如，传统农业主要靠人和畜类的粪便为肥料来发展地力，靠精耕细作提高单位面积产量。而在工业化基础上的现代化农业是用优良品种、化肥、农药、除草剂、农用机械等和工业产品提高产量和质量。总之，工业在国民经济中占有非常重要的地位，发挥着主导作用，即起着领导和决定方向的作用。

第三产业：即第一、二产业以外的各行业，包括流通和服务两部分。第三产业主要是服务业，是除第一、第二产业以外的向全社会提供各种各样劳务的服务性行业。第三产业的内涵非常丰富，且是随着生产力的发展而变化的，它所包括的部门不断扩大、增多，因而第三产业是个发展性的概念。第三产业可具体分为两大部门：一是流通部门；二是服务部门。再细分又可分为四个层次：第一层次，流通部门。包括交通运输行业、邮电通信行业、物资供销和仓储行业。第二层次，为生产和生活服务的部门。包括金融业、商业饮食业、保险业、地质普查业、房地产业、公用事业、技术服务业和生活服务修理业务。第三层次，为提高科学文化水平和居民素质服务的部门。包括教育文化、广播电视事业、科学研究事业、卫生、体育和社会福利事业。第四层次，为社会公共需要服务的部门。包括国家机关、党政机关、社会团体，以及军队和警察公安司法机关等。

第三产业以第一、第二产业所创造的物质产品为基本条件，通过服务的形式生产出非物质形态的产品，满足第一、第二产业及社会生活的多种需要。这种服务性的产业活动就像“润滑剂”和“增效剂”，渗透到第一、第二产业，物化于各物质生产要素之中。

第三产业共分为以下四个层次。

(1) 流通部门，包括交通运输、邮电通信、商业、饮食、物资供销和仓储等业。

(2) 为生产和生活服务的部门，包括金融、保险、地质普查、房地产、公用事业、居民服务、旅游、咨询信息服务和各类技术服务等业。

(3) 为提高科学文化水平和居民素质服务的部门，包括教育、文化、广播、电视、科学研究、卫生、体育和社会福利等业。

(4) 为社会公共需要服务的部门，包括国家机关、政党机关、社会团体以及军队和警察等。

3. 产业与职业的关系

产业与职业之间存在着密切的关系，它们之间相辅相成、相互联系。产业结构的变化会引起职业结构的变化，导致一些职业的产生、减少甚至消失。在产业逐步升级的过程中，一些传统落后的产业逐步被淘汰，一些新兴的产业随之出现。而一定的职业结构意味着劳动力按照一定的比例分配给各职业，如果这些劳动力具有较高的素质并能满足产业发展的需要，即职业与产业相互适应，则能适应产业结构的调整与升级，反之会造成产业发展的停滞。

（三）专业与职业

1. 专业的概念

广义的专业即某种职业不同于其他职业的一些特定的劳动特点，狭义的专业是指某些特定的社会职业。王沛民在《研究和开发“专业学位”刍议》中认为，专业是在社会的各行各业中相对于“普通职业”的专门职业。①

“大众教育”阶段的高校专业是社会分工、学科知识和教育结构三位一体的组织形态。其中社会分工是专业存在的基础，学科知识是专业的核心，教育结构是专业的外在表现形式。三者紧密结合共同构成高校人才培养的基本单位。

2. 专业与职业的关系

首先，一个专业对应一个职业群，有时甚至可以对应几个相关的职业群。其次，职业群一般由基本操作技能相通，工作内容、社会作用以及从业者所应具备的素质接近的若干个职位所构成。最后，一个人无论是基于主动还是盲从，被动而选择了某一学科，都无法保证这个专业一定是自己将来要从事的职业或事业，此时就会出现专业与职业不匹配的现象。

3. 努力实现个体的职业专业化

职业专业化是我国新时期大学教育改革发展的方向。所谓专业化，是指普通职业个

① 王沛民. 研究和开发“专业学位”刍议 [J]. 高等教育研究，1999 (02)：43-46.

体逐渐符合专业标准、成为专门职业并获得相应专业地位的过程。应从以下两个方面着手，以实现学生个体在职业和专业上的有机结合，即职业专业化。

（1）积极构建和开设个体的职业专业化的能力课程。

（2）充分运用目标管理的方式方法实现个体的职业专业化。

二、职业的分类

【案例导学】

人社部新增加 10 个职业

受人社部委托，中国就业培训技术指导中心 2020 年 5 月 11 日发布《关于对拟发布新职业信息进行公示的公告》，新增 10 个新职业，包括区块链工程技术人员、小区网格员、互联网营销师、信息安全测试员、区块链应用操作员、核酸检测员、在线学习服务师、社群健康助理员、老年健康评估师、增材制造（3D 打印）设备操作员。新职业“互联网营销师”的出现，折射直播电商行业爆发式增长带来的人才紧缺。电商直播行业缺的不仅是带货主播，也缺乏策划文案人才、直播运营人才。进行一次直播活动，不仅要有主播，还要有一个团队为其服务，包括项目统筹经理场控、文案写作策划以及直播运营、副播等，可以说，直播电商整个链条都缺人才。

疫情期间，在线教育市场也呈现爆发式增长，“在线学习服务师”这一新职业也颇受关注。“在线学习服务师”这一新职业得到国家认可，有利于提升相关岗位员工认同感和归属感，也为这一职业打开了更多发展空间，进而促进在线教育的快速发展。

信息安全人才已连续几年被列为最急需的人才之一。某高校信息安全与管理专业从 2016 年开始招生，每年维持在一个班的规模，毕业生大多从事类似“信息安全测试员”这样的工作，包括漏洞防护和渗透测试等，“新职业得到确认，将给这一行业的发展带来更多利益”。

新职业认定，一方面，对相关人才的培养与发展起到倒逼作用。而新职业的涌现意味着人才生态链的重构，这成为当前需面对的现实新课题。

新职业的发布，有利于职业人才培养规范化，有利于提升相关人才的专业化水平、荣誉感和名誉度。另一方面，也可满足经济迅速发展的需求。开辟新岗位，吸纳就业人员。在健全新职业发展体系过程中，需要更多聚焦于就业服务管理，为劳动者营造更加宽松的就业环境，给予新行业、新业态等更多空间。中国教育政策研究院办学体制改革研究中心副主任阙明坤表示，未来相关政策出台、法律制定也要与时俱进，不仅支持新职业发展、激发就业机会，更要保障从业者职业安全，维护其合法权益。

（一）职业的内涵

职业一词由“职”和“业”二字构成。“职”指社会职责、权利和义务等。“业”指从事业务、事业、独特性工作。“职业”是一个个人与社会互动的范畴。所谓职业，指参与社会分工，利用专门的知识技能为社会创造物质财富、精神财富，获得合理回报作为物质生活来源，并能满足精神需求的社会活动。

（二）职业分类

所谓职业分类，指按一定的规则和标准把一般特征和本质特征相同或相似的社会职业，分成并归纳到一定类别系统中去的过程。世界上经济发达国家都非常重视职业分类问题的研究，这不仅是形成产业结构概念和进行产业结构、产业组织及产业政策研究的前提，同时也是对劳动者及其劳动进行分类管理、分级管理及系统管理的需要。

（三）国外的职业分类

根据西方国家的一些学者提出的理论，国外的职业分类主要有以下 3 种方式。

(1) 按脑力劳动和体力劳动的性质、层次进行分类。

这种分类方法把工作人员划分为白领工作人员和蓝领工作人员两大类。白领工作人员包括专业性和技术性的工作人员，农场以外的经理和行政管理人员、销售人员、办公室人员。蓝领工作人员包括手工艺及类似的工人、非运输性的技工、运输装置机工人、农场以外的工人、服务性行业的工人。这种分类方法明显地表现出职业的等级性。

(2) 按心理的个别差异进行分类。

这种分类方法是根据美国著名的职业指导专家霍兰德创立的“人格－职业”类型匹配理论，把人格类型划分为 6 种，即现实型、研究型、艺术型、社会型、企业型和事务型。与其相对应的是 6 种职业类型。

(3) 依据各个职业的主要职责或“从事的工作”进行分类。这种分类方法较为普遍，以两种代表示例。其一是国际标准职业分类。国际标准职业分类把职业由粗至细分为 4 个层次，即 8 个大类、83 个小类，284 个细类，1506 个职业项目，总共列出职业 1881 种。其中 8 个大类是：

A. 专家、技术人员及有关工作者。

B. 政府官员和企业经理。

C. 事务工作者和有关工作者。

D. 销售工作者。

D. 服务工作者。

E. 农业、牧业、林业工作者及渔民、猎人。

F. 生产和有关工作者、运输设备操作者和劳动者。

G. 不能按职业分类的劳动者。

这种分类方法便于提高国际职业统计资料的可比性和国际交流。其二是加拿大《职业岗位分类词典》的分类。它把属于国民经济中主要行业的职业划分为 23 个主类，主类下分 81 个子类，489 个细类，7200 多种职业。此种分类对每种职业都有定义，逐一说明了各种职业的内容及从业人员在普通教育程度、职业培训、能力倾向、兴趣、性格以及体质等方面的要求，有较大的参考价值。

（四）我国职业分类

我国是世界上较早出现职业和职业活动的国家之一。2500 年前的儒学经典就记录了当时的职业和职业活动。《春秋穀梁传》就写道："古者有四民，有士民，有商民，有农民，有工民。"新中国成立以来，社会主义现代化建设的发展，促进了我国现代职业的发展。1995 年，劳动和社会保障部联合中央各部委成立了国家职业分类大典和职业资格工作委员会，经过 4 年时间编制完成《中华人民共和国职业分类大典》（以下简称《大典》），并于 1999 年 5 月向社会发布，大典将职业分为 8 个大类，66 个中类，413 个小类，细类（职业）1838 个。

2015 年，国家职业分类大典修订工作委员会运用科学的职业分类理论和方法，参照国际标准，借鉴国际先进经验，充分考虑我国社会转型期社会分工的特点，在 1999 年版《大典》的基础上，按照以"工作性质相似性为主、技能水平相似性为辅"的分类原则，将我国职业分类体系调整为 8 个大类、75 个中类、434 个小类、1481 个职业，并列出了 2670 个工种，标注了 127 个绿色职业。2015 年版《大典》在分类上更加科学规范，在结构上更加清晰严谨，在内容上更加准确完整，全面客观地反映了现阶段我国社会的职业构成、内涵、特点和发展规律。

2022 年 11 月，国家职业分类大典修订工作委员会以 2015 年版《大典》为基础，坚持以习近平新时代中国特色社会主义思想为指导，立足新发展阶段、贯彻新发展理念、构建新发展格局，推动高质量发展，遵循社会职业发展规律，以更好地构建和完善符合我国国情的新时代职业分类体系，再次对大典进行了全面修订，将大典调整为 8 个大类、79 个中类、449 个小类、细类（职业）1636 个。与 2015 年版大典相比，增加了法律事务及辅助人员等 4 个中类，数字技术工程技术人员等 15 个小类，碳汇计量评估师等 155 个职业。

2022 年版《大典》将我国职业归为以下 8 个大类。

第一大类：国家机关、党群组织、企业、事业单位负责人。

第二大类：专业技术人员。

第三大类：办事人员和有关人员。

第四大类：商业、服务业人员。

第五大类：农、林、牧、渔、水利业生产人员。

第六大类：生产、运输设备操作人员及有关人员。

第七大类：军人。

第八大类：不便分类的其他从业人员。

（五）未来职业变迁发展态势

从发展态势看，我国未来职业变迁将呈现以下一些特征。

（1）社会职业种类越来越多。

随着社会分工的发展和职业的分化，职业已远远超过"三百六十行"。据有关资料介绍，大约在 20 世纪 70 年代，全世界的职业种类就已超过 42000 种，目前则更多。

（2）行业变化速度越来越快。

工业革命时期，社会主要行业是纺织业。进入20世纪，钢铁、汽车和建筑业才先后超过纺织业。但是，电子行业从产生发展到成为一个主要行业，只用了几十年时间。从农业革命到工业革命经历了数千年，而从工业革命到新的产业革命，才200多年。就在这200多年里，不断出现了新的行业，而且行业主次地位的变化也越来越快。

（3）由单一基础向跨专业、复合型转化。

从目前招工、就业的情况分析，职业岗位的要求和劳动方式逐步由简单向复杂转化，过去单一技能就能胜任的工作现在职业内涵发展扩大了，往往需要相关专业的许多知识和技能，更多地需要跨专业和复合型人才。例如，许多职业的从业人员都要求具备一定的英语能力和计算机应用技能。

（4）由封闭型向开放型转化。

随着改革开放的深入，职业岗位工作的范围和服务对象越来越广泛，接收信息的渠道也更加多样化，人们相互之间的交往和协作大大加强。这种开放性体现在职业岗位工作的性质上，即增加了一些以人与人之间联络、沟通、信息咨询和交易为表现形式的内容。例如，许多职业都需要借助互联网从事职业活动。

（5）由传统工艺型向信息化、智能型转化。

传统工艺型职业在科技含量上相对滞后，在技术更新速度方面比较缓慢，有时跟不上时代前进的步伐。生产力发展的关键之一是增加职业岗位科技含量，改善劳动组织和生产手段，提高劳动生产率。能熟练应用信息管理方法的智能型操作人员是今后职业岗位更新、工作内容更新需要的新型人才。例如，传统的仓库管理工作由于需要及时提供库存信息，而向物流师方向发展。

（6）由继承型向知识创新型转化。

知识经济的到来，要求社会成员不断树立创新意识，在自己的职业岗位上进行创造性劳动。今后，只有创造型人才才能更好地胜任岗位职责。例如，舞台灯光设计师、个人形象设计师等职业，这些工作中大部分都具有创造性①。

（7）服务性职业向知识技能化发展。

劳动力市场预测专家认为，未来的新职业会越来越多地出现在服务部门，特别是与健康、通信和计算机相关的行业。第三产业在劳动者数量增加的同时，对从业人员素质的要求也在不断提高，产生了知识型服务性职业，而且成为吸纳社会劳动力的主要渠道。如传统的职业介绍演变为职业指导或猎头服务，实际上是由原先的简单提供信息或中介的活动发展为利用知识提供信息咨询的服务。

这就使大学生就业时，出现了前所未有的新情况：一是劳动岗位中体脑混合且体力劳动所占的比例越来越少；二是与传统专业绝对对口的岗位越来越少；三是劳动岗位的地域空间越来越小，行业特征不像过去那么鲜明；四是岗位所需的职业知识和技能更新周期加快，复合程度提高。如此特征，将使宽口径、复合型、通用型专业的大学生择业余地较大，将使用人单位对大学生的非专业综合素质的要求空前提高。

---

① 秦从英，李玉侠．大学生创新能力教育教程［M］．北京：现代教育出版社，2014．

三、职业认知

【案例导学】

困惑与问题

李小石到校就业指导中心寻求帮助，他读的是建筑工程技术专业，他比较喜欢自己的专业，同时也喜欢文学，且写作能力不错。但是他不知道毕业后除了进建筑公司外，还有什么工作可以选择。即使是这些相关职业，其具体情况如何，需要什么技能他也不是很清楚，希望老师能够给他提供帮助。

张涛觉得自己的大学生活很灰色。自己没有什么爱好，每天除了学习还是学习，但90分的考试成绩和60分没有什么区别，所以学习没有动力。偶尔想起未来的发展，他有些迷茫和焦虑，但觉得那应该是大四时考虑的事情。

（一）职业概述

1. 职业的定义

日常生活中，人们所说的“工作”，是指在一个组织机构中，“由一个或多个具有一些相似特征的人所从事的带薪职位，一份工作也许包含人们所从事的一个或一组相似的带薪职位”。[①]

根据中华人民共和国民政部职鉴中心的定义，职业是参与社会分工，利用专门的知识和技能，为社会创造物质财富和精神财富，获取合理报酬，作为物质生活来源，并满足精神需求的工作。职业的含义主要由以下四个方面构成：第一，与人类的需求和职业结构相关，强调社会分工；第二，与职业的内在属性相关，强调利用专门的知识和技能；第三，与社会伦理相关，强调创造物质财富和精神财富，获得合理报酬；第四，与个人生活相关，强调物质生活来源，并涉及满足精神生活。

2. 职业的构成要素

职业主要由下述五个要素构成。

（1）职业名称。职业名称是职业的符号特征，它一般采用社会通用称谓。

（2）职业主体。职业主体指的是从事一定社会分工活动，具有承担该职业活动所需要的资格和能力的劳动者。

（3）职业客体。职业客体指的是职业活动的工作对象、内容、劳动方式和场所等。

（4）职业报酬。职业报酬指的是通过职业活动所取得的各种报酬。

（5）职业技术。职业技术指的是劳动者在从事职业活动中所运用的自然技术、社会技术与思维技术的总和。它体现在人们从事职业活动时使用工具、材料、工艺方法的发

---

① 罗伯特·里尔登，珍妮特·伦兹，加里·彼得森，等. 职业生涯发展与规划［M］. 4版. 侯志谨，等译. 北京：中国人民大学出版社，2016.

展和应用，也包括尚未形成系统的经验。

3. 职业的特征

根据职业产生的历史及其对人类社会发展的影响，职业具有以下特征。

（1）产业性。一个国家，一个社会，就大的方面可以分为三类产业。第一产业和第二产业都是物质生产部门，第三产业虽然不生产物质财富，但是却是社会物质生产和人民生活必不可少的部门。在传统农业社会中，农业人口比重最大；在工业化社会中，工业领域中的职业数量和就业人口显著增加；在科学技术高度发达和经济发展迅速的社会，第三产业职业数量和就业人口显著增加。

（2）行业性。行业是根据生产工作单位所生产的物品或提供服务的人不同而划分的，它按企业、事业单位、机关团体和个体从业人员所从事的生产或其他社会经济活动性质的同一性来分类。某行业的职业内部，其劳动条件、工作对象、生产工具、操作内容相同或相近。由于环境的同一，人们就会形成同一的行为模式，有共同的语言习惯和道德规范。不同职业间存在着很大的差异，劳动条件、工作对象、工作性质等都不相同。随着社会的进步和发展，新的职业（如经纪人等）将会不断涌现，各种职业间的差异也会不断变化。

（3）职位性。所谓职位是一定的职权和相应责任的集合体。职权和责任是组成职位的两个基本要素。职权相同，责任一致，就是同一职位。在职业分类中每一种职业都含有职位的特性。从社会需求角度来看，职业并没有高低贵贱之分，但是，现实生活中，由于对从事职业的素质要求不同以及人们对职业的看法或舆论的评价不同，职业便有了层次之分，这种职业的不同层次往往是由不同职业体力、脑力劳动的付出及收入水平、工作任务的轻重、社会声望、权力地位等因素决定的。

（4）组群性。无论以何种依据来划分职业都带有组群特点。如科学研究人员中包含哲学、社会学、经济学、理学、工学、医学等学科的工作者。再如咨询服务事业包括科技咨询工作者、心理咨询工作者、职业咨询工作者等。

（5）时空性。随着社会的发展和进步，职业变化迅速，除了弃旧更新外，同一种职业的活动内容和方式也会发生变化，所以职业的划分带有明显的时代性，不同时代有不同的热门职业。

（二）职业认知的途径和方法

对于还没有走上工作岗位的在校大学生来说，要深刻认知相关的职业、了解相关职业信息有一定困难，必须尽可能地利用各种渠道、手段来收集有关的职业信息，认知职业世界。其主要途径有以下几种。

1. 社会实习、实践活动

俗话说“纸上得来终觉浅”，亲身体验是了解有关职业情况的最佳途径，但这种途径却不是那么容易获得的。因为实习机会的取得往往也是一种双向选择的过程，多数企业不愿意也无义务承担对大学生的培养工作，因而一般会问“你会做什么”，没有工作经验的大学生自然就很难得到满意的工作岗位。进入与自己职业意向相关的企业从事哪怕是打杂的工作，认真观察、体会职业情况，这样的机会也是很宝贵的。所以，大学生在寒暑假的社会实践、毕业实习时应当尽可能地选择符合自己职业方向的工作，这不仅能将自己所学的专业知识直接用于管理、生产或其他社会服务，还可以更为直接地了解这些企业的用工情况及职业的素质要求，从中找出自己的差距，在校期间有意识地利用学校的学习资源加以弥补，提高自己的职业素养。

2. 生涯人物访谈

要了解职业社会，对职场成功人士进行一些访谈也是很好的途径和方法。生涯人物访谈指找到你所感兴趣的职业中的成功人士进行结构化的访谈。比如，你喜欢在IT行业从事营销工作，你就得想办法找一位在IT公司从事市场销售的人员（可以是你的师兄、师姐或者你的朋友等）进行采访，通过采访了解IT营销岗位的岗位职责和从业任职的能力和素质要求。生涯人物访谈的三三制原则见表2-7。

表2-7 生涯人物访谈的三三制原则

关于这个职位（职业）的信息	至少采访这个职业领域中工作三年以上的三个人
历史	1. 关于这个职业的历史发展、当前单位的历史发展、当前岗位上的产品历史发展 2. 关于生涯人物成功应聘这个工作的历史 3. 做这个工作需要什么背景资源与资质
现状	1. 这个工作目前的工作内容与节奏、作息时间表、目前的薪资福利状况 2. 这个工作最看重人的什么品质？在这个职位工作的感受与体验 3. 如果想从事这个职业或职位，需要做什么样的准备
未来	1. 这个职业未来的发展、岗位未来的发展 2. 这个职业、职位的发展路径是什么 3. 发展过程中需要什么准备工作与资质

问题清单如下。

（1）请问您当初为什么会选择这个行业？

（2）请问您是怎么看待这个行业将来的趋势的？

（3）请问您每天需要做的是什么？

（4）请问这个行业初级职位和略高级别职位的薪水是多少？

（5）假如有一个新人即将进入这个行业，您会对他有什么特别的建议？

（6）哪些渠道能帮助我深入了解这个行业？从事这行以后有没有向别的行业发展的可能？

访谈技巧如下。

（1）可以使用滚雪球的访谈拓展方式——先通过师长找到一个生涯人物，然后让其推荐相关的生涯人物，如果可以，就连续滚动下去。

（2）访谈的时候最好进行面谈。因为通过电话、在线交流等方式经常可能无法感受到当事人表达职业信息时的情感状态。

（3）访谈最好不要一次完成，可以分成多次进行，这样可以与生涯人物建立起更密切的关系。当然，也切不可把生涯人物访谈完全变成一个功利性的信息索取，而是要以学习、交朋友的姿态做这件事。

那么，什么时间做生涯人物访谈比较好呢？无论多早进行都不算早。如果在小学的时候就经常做这样的工作，相信现在也不会有生涯发展困惑。因为通过访谈会获得可感的信息，这些信息可以对职业目标产生更强烈的动机，更精准的判断。

生涯人物访谈的目的是收集使你能够做出明智职业生涯决策的信息，不要利用生涯人物访谈来找工作或开展职业面试，这样不但会使你感到尴尬，也会使受访者反感。

通过生涯人物访谈，还可以结识一些职业人士，这样可以大大丰富毕业时从学校到职场的过渡。可以认为，通过生涯人物访谈可以使大学生拥有更丰富的职场信息、信心与可能的资源。

3. 计算机辅助职业指导系统

通过互联网强大的搜索功能可以获取大量有益的资料，这是信息时代收集信息的一种高效、快捷、便利的途径。而且随着人才市场化、信息化运作进程不断加快，网络的普及程度不断提高，网上求职、网上招聘已经成为一种常见模式。

学生可以使用互联网进行搜索，比如可以直接在 www. baidu. com 和 www. google. com 上进行职位信息搜索，也可以进入更专业的职业信息搜索网站。

特别要说明的是，大醍醐网 http://www. datihu. com 上的“企业百科”与“职位百科”囊括了众多的职业与职位信息。而且大醍醐网站目前已经与中国人民大学劳动人事学院建立了合作关系，进行中国职业信息通鉴的开发与建设工作。另外，它还是一个职业专家咨询网站，在其“胡同”里有 200 多位目前在中国比较知名的职业规划专家、面试专家。

更精准的职业信息，还可以从北京仁能达教育科技有限公司的“达职”系统（http://dz. tihuedu. com/）中获取。在达职系统里，可以获得针对性的职业信息指导，了解到自己的目标职位的岗位胜任力模型。这是目前现代企业组织招人时主要考虑的筛选因素。①

另外，学生还可以查找“生涯人物访谈”资料汇集（具体见“可感信息”部分），比如，北京大学就业中心网站（http://scc. pku. edu. cn/zcdj/jyxf/）就汇集了许多学生访谈的资料。

4. 亲朋好友、家人及其他社会关系

个人的接触面总是有限的，拓宽社交范围可以得到许多有价值的信息。亲朋好友、家人及其他社会关系是最直接的社交范围。这些人分布在社会的各个领域、各条战线，通过他们了解和收集的社会需求信息针对性更强、信息量更大、可信程度更高。有的大学生还要依靠亲朋好友来推荐工作，这时亲友对有关职业信息的介绍就会更有针对性与实用性。大学生应当积极主动地去了解这些信息，尤其是有关职业素质要求方面的内容。

---

① 胜任力模型具体含义为：对组织或企业中的某一个职位，依据其职责要求所提出的，为完成本职责而需要的能力支持要素的集中表现。它能够具体指明从事本职位的人需要具备什么能力才能较好地完成该职位职责的需要。（http://baike. baidu. com/view/665520. htm）.

5. 新闻传播媒体

广播电台、电视台、报纸、杂志等媒体因具有速度快、传播面广、信息及时等特点，是大学生获取职业信息的重要渠道。各用人单位和组织也都希望通过媒体来介绍企业现状、发展前景及人才需求信息。新闻媒体因而成了巨大的信息源。报纸、杂志、广播电台开办的人才专栏有时会发布关于社会职业情况（如职业薪酬、声望、需求、流动性等）的调查报告或较为全面深入的分析文章；一些招聘广告在提供职位需求信息的同时，还包含着大量的相关职业信息。

6. 职业介绍机构、毕业生就业市场

一般来说，毕业生就业市场的信息是比较准确的，且信息量大，专业对口性也比较强，毕业生在就业市场上还可以与用人单位直接洽谈，相互了解，掌握职业信息。

7. 校内就业主管部门

现在，各高校都专门设立了从事职业生涯辅导或毕业生就业工作的各级服务与管理机构，如职业生涯辅导中心、毕业生就业指导中心、就业工作处或办公室等，其准确性、权威性、可信度非一般就业渠道可比，而且通过这个渠道所获取的信息及时、专业对口性强，因而求职成功率高。尤其是院系一级的学生就业指导机构，熟悉与专业相关的职业的一般情况，更与不少已毕业的校友有直接的联系，与一些相关企事业单位的成功人士也会有一些联系，可以通过这些人士了解职业发展的情况。

8. 各类书籍等出版物

这类信息来源范围非常广，包括出版物、视听材料及教育材料。

（1）出版物。出版物主要包括书籍、专著、论文等。有一些人因此而认为这类材料中的就业信息是枯燥无味的。但有许多自传是关于名人的职业生涯的，如著名的艺术家、作曲家、发明家、政治家和科学家，大学生可以从中获取生动的职业生涯信息。

（2）视听材料。视听材料主要包括电影、录像带、幻灯片及类似的材料，一般学校都会经常请自己的知名校友来学校做生涯讲座，这些讲座内容的录像一般学校都会有保存。另外，一些流行的电影也经常会用各种方式展示职业人，从而帮助你了解职业的状态。

（3）教育材料。教育材料主要包括书籍、工具书等。官方的教育材料是指由中华人民共和国人力资源和社会保障部出版的《中华人民共和国职业分类大典》。该工具书是1999年发布、2005年第一次修订，2022年第二次修订，是当前系统化的职业信息研究成果，也是与就业相关的各项计划或统计工作的基础。

四、职业定位

（一）职业定位的含义

结合大学生的就业实际需求情况，职业定位有三层含义：第一，确定自己是谁，做什么工作；第二，告诉别人自己是谁，擅长做什么工作；第三，根据自己的爱好、特长、能力以及个性将自己放在一个合适的工作（生活）岗位上。

（二）职业定位的内容

1. 定位方向

想找准职业定位和发展方向，就要先挖掘自己的职业气质、职业兴趣、职业能力的状况等方面的因素，找到自己的职业潜力集中在哪个领域，只有找准方向才能最大限度地开发和发掘自己的潜力。

2. 定位行业

要看清目标行业的发展趋势，就要主动、全方位地了解目标行业现状和前景。俗话说隔行如隔山，不能仅仅靠网络、报纸、杂志介绍，比较理想的做法是向自己在该行业供职的朋友了解，以便获得可靠消息，内容包括升迁制度、薪资状况等各个方面，多多益善。

3. 剖析自我

认清自己的优势和不足。要掂量一下自己的优势在哪里，这些优势是否足以帮助自己在新的行业站稳脚？自己的弱点在哪里，有什么方法可以尽快提升自己的能力？从自身的角度讲，了解和分析的主要因素应该包括：喜欢做什么（主要包括职业兴趣、职业价值观等）；适合做什么（主要包括职业性格、气质、天赋才干、智商情商等）；擅长做什么（主要包括职业能力倾向，如语言表达、逻辑推理、数字运算）；能够做什么（主要包括自己掌握的专业知识、技能和工作经历）。

（三）职业定位的作用

1. 定位准确，持久发展

很多人事业上发展不顺利不是因为自己能力不够，而是由于选择了并不适合自己的工作，他们并没有认真思考“自己是谁”“适合做什么”，也因为不清楚自己要什么，只有准确地定位才可以让自己获得更加长足的发展。

2. 善用资源，集中发展

只有定位准确，才能善用自己的资源，集中精力发展自己，而不是“多元化发展”，这是职业发展的一个规律。人们常说，“学 MBA 吧，大家都在学”“出国吧，再不出国就来不及了”“读研究生和博士吧，年龄大了读不动了”。现实已经说明，MBA、出国、研究生博士生并不代表持续发展，投资很多，收益很少，因为过于分散精力会失去原有的优势。

3. 抵抗干扰，不易放弃

有的人选择工作，用现实的报酬作为准则，哪里钱多去哪里，什么热门做什么，最终发现开始几年可能在待遇上会跟别人有一些差距，但是后来薪酬的差距并不大。因为今天热门的职业过几年不热门了，从前挣钱容易，过几年挣钱不容易。若能给自己准确定位，就能够理性地面对外界的诱惑。

4. 方向明确，易受重用

定位准确，就会获得适合的用人单位的青睐，或者得到领导的重点培养。有的人在写简历和面试的时候，不能准确地介绍自己，使得面试官不能直观地了解自己。有的人在职业定位上摇摆不定，使得单位不敢委以重任。还有的人经常换工作，定位不准，就好像游移的目标，让人看不清真实的面目。

（四）学生角色与职业角色转换

1. 角色及角色转换的概念

角色是一个社会名词，是一个人根据社会的舆论、规范和约定形成的习惯所表现出来的思维、行为方式。一个人在生活当中会同时扮演着很多个不断变化的角色，例如，他在学校是一个学生，在父母面前是一个孩子，在商场购物的时候又是一个顾客。因此，他就必须随着他所处的环境和场所的变化而不断地调节自己，变化着自己的角色和角色行为。

每个人扮演的主要角色不同，是由其承担的主要任务所决定的。学生的主要任务是读书学习，其主要角色就是学生。每个人在社会中所扮演的主要角色并不是固定不变的，往往会发生多次的角色转换。角色转换是个体的人在社会中的动态描述。人的社会任务和职业生涯不断变化，角色也随之变化，从一个角色进入另一个角色，这个过程称为角色转换。角色转换的根本变化是社会权利和义务的变化。大学生走向工作岗位是一个角色转换的过程。大学生走向社会，开始新的工作，从承担新的任务这一时刻起，他们由原来主要承担的学生角色变为另一个新的社会角色。

大学生要实现从学生角色到职业角色的转换并不是瞬间可以完成的，而是需要一个过程，主要包括取得角色和进入角色两个环节。

第一，取得角色。大学毕业生通过学校推荐、市场角逐、与单位双向选择，最后双方达成就业协议，并完善就业协议书的各项手续，毕业离校后到工作单位报到，并获准承担某个角色，这时角色转换正式开始。

第二，进入角色。毕业生到单位报到后，获得承担某个角色的认可，并开始熟悉单位的工作制度，了解本职工作的业务流程，逐步表现出扮演这一角色必须具备的品质和才能，从精神上和行动上完全投入到这一角色，称之为进入角色。

2. 学生角色与职业角色的差异

大学毕业生要尽快适应社会职业角色，首先要了解学生角色与职业角色的差异，其差异主要表现在如下几个方面。

（1）社会角色不同。

学生角色是受教育，储备知识，掌握本领，接受经济供给和资助，逐步完善自己的过程；职业角色则是用自己掌握的本事，通过具体工作为社会付出，独立作业，具有一定的权利和义务，以自己的行为承担责任的过程。两者的区别表现在以下几方面。

第一，社会责任不同。学生角色的主要责任是努力汲取知识，使自己在德、智、体、美、劳等方面得到全面发展。责任的履行主要关系到本人知识掌握的多少和能力培养的程度。而职业角色的责任是以特定的身份去履行自己的职责，依靠自己的本领或技能去工作，去服务社会，完成某个事项的过程。责任履行的优劣，不仅影响到个人价值的实现，还会影响到单位、行业的声誉。

第二，社会规范不同。学生角色规范主要是从教育的角度出发，要求其遵守学生规范，使之被培养成为合格的人才。职业角色的规范则是社会提供的从业者的行为模式，因职业的不同而不同。这些规范既具体又严格，违背了就要承担一定的责任，甚至是法律责任。

第三，社会权利不同。学生角色的权利主要是依法接受教育，并取得经济生活的保障或学习条件的帮助，同时根据父母的期望，履行努力学习的义务。职业角色的权利主要是受到相关部门劳动法规的保障在其工作中获得劳动报酬、工作福利，同时随着报酬，职业角色需要履行贡献劳动力的行为。

（2）人际关系不同。

现代的人际关系，即人与人之间的相互交往关系。学习是学生的主要任务，能否学好科学文化知识，提高自身的素质和能力，主要取决于学生本身。竞争只是促进学习的手段，并未从根本上影响学生的利益，这便决定了学生的人际关系是比较简单的。而成为从业者以后，竞争是不可避免的，谁能迅速转换角色，谁的能力、素质高，谁就能在竞争中取胜，并获得相应的收益，竞争的胜败关系到利益的分配，由此决定了从业者的人际关系是较为复杂的。

（3）学生管理方式不同。

学生的学习生活是一种集体生活，住的是学生宿舍，若干人同一间宿舍，在集体食堂用餐，学校实行统一的生活作息制度，对学生提出统一的行为规范，违反了纪律还要受到处罚。在社会上，单位在工作时间内对员工提出要求，其他时间主要由员工自行支配。在遵守国家法律法规和社会公德的前提下，员工在生活上享有很大的自由度，没有严格统一的管理方式来约束。

（4）对社会认识的内容、途径不同。

学生是受教育者，他们对社会的认识、了解主要来自书本，来自课堂的学习，认识的途径主要是间接的，认识的内容主要是理论性的。他们对社会的期望值很高，有完美的理想，充满着浪漫的色彩。而从业者则通过自身的实践加深对社会的认识、了解，认识的途径是直接的，认识的内容主要是实践性的、具体的、带有现实主义的。理想与现实总是存在着一定的差距，有的毕业生走向社会后，习惯用在学校时的思维方式去认识社会，遇到现实矛盾时容易产生困惑、迷惘、彷徨，甚至失望，无法适应工作环境，难于转换角色；相反，有的毕业生则能正确认识这一差距，通过艰苦的努力拼搏，最终实现自己的理想。

（五）角色转换过程中存在的问题

大学生在选择与被选择的矛盾冲突过后，最终都选定了某一职业，这是人生的一大转折。接着是如何尽快适应这一转折，完成由学生到职业角色的转换，这一转换的成功与否直接影响着事业的成败。大学生在走向工作岗位之初对职业角色难免会有些不适应，从近年来社会反馈的信息来看，主要存在以下问题。

1. 对学生角色的依恋心理

一些毕业生在角色转换过程中容易出现依恋学生角色的情况。大学毕业生在走上工作岗位后，易出现怀旧心态。经过十几年的读书生涯，对学生角色的体验可以说是非常深刻了，常常会自觉或不自觉地将自己置于学生角色来要求自己和对待工作，以学生角色的习惯方式观察事物、分析事物，以学生角色的社会义务和社会规范来要求自己，面对与同事、领导相处等较为复杂的人际关系和职业责任的压力，不禁会留恋相对单纯的学生时代。

2. 对职业角色的畏惧

一些大学生刚走进新的工作环境时，不知道工作应该从何做起，如何开展，在工作中怕承担责任，缩手缩脚，缺乏年轻人的朝气和锐气。工作上全靠领导安排，领导安排多少干多少，对自己的工作性质、范围、程度、相互关系还没有足够的认识。因此在履行角色义务、遵守角色规范方面还存在着一定的差距，而别人已不再用学生的眼光来看待你，而是按能独立承担职业义务的标准来要求你。

3. 眼高手低的自傲心理

有些毕业生常以文凭、学位或毕业于名校而自傲。自以为接受了正规教育，已经学到了不少知识，是个人才，因此轻视实践，放不下架子，只想从事高层次的工作，看不起基层工作和基层工作人员，甚至认为一个堂堂的大学毕业生干一些不起眼的事是大材小用、有失身份。表现出不踏实的浮躁作风和不稳定的情绪，不能深入工作内部了解工作性质和规范要求。缺乏敬业精神，不能深入了解本职工作的性质、职责范围和工作技巧。大学生如果不能静下心来踏踏实实地学习、工作，不管什么样的单位都不适合。这种心理产生的后果就是眼高手低，在实际工作中表现为大事做不了、小事不愿做，从而很难完成角色转换。

4. 消极退缩的自卑心理

有些毕业生面对新的工作环境和生疏的人际关系，缺乏应有的自信，在工作中放不开手脚，特别是在知识分子密集的工作单位，看到别人工作经验丰富，驾轻就熟，相比之下觉得自己这也不行，那也不行，胆小畏缩，不思进取，甘居人后。产生不求有功但求无过的消极心理，这不利于自己聪明才智的正常发挥。

（六）实现角色转换

从学生时代过渡到获取工作报酬的工作状态，实际上就开始了一个人的职业生涯，是人在一生中一个新的阶段的开始。从学校毕业以后初次进入工作岗位，对自身角色转变不具有充分的认识，有时是与他人相处时不注意自己应有的态度；有时是自己的习惯不自觉地表现使然，但可能会出现一些自己也莫名其妙的状况，甚至不知因何种原因而导致的后果。长此以往，会产生诸多不理解、不适应的问题，有时会发展到不可收拾的地步，这些问题产生的根本原因就是对就业后参加工作的心理准备不足，所以，从学校毕业到工作岗位需要有一个心理调整的过程，才能顺利完成这个过渡。

1. 从学生时代进入职业工作状态的心理准备

学生是受教育者，承担的是学习任务，不需要承担任何职业方面的社会责任和义务，在这个社会角色转化的过程中，最重要的是，明确自己再不是一个受人关照的学生，不再是一个只接受他人帮助和照顾的“孩子”。

在毕业前这个时期，应开始思考和认清自己将来打算扮演的社会角色，预计未来的职业，逐渐形成自己的思想意识和世界观。在行动上，要积蓄力量准备走自己的路，培养独立的意志，并慢慢确认自己独立的身份。要逐渐学会自己拿主意，学会决定自己应该做什么和怎样去做，学会思考职业前景与所从事职业的关系，为将来的发展做准备。这方面成熟与幼稚的分界就是思考的内容与方式的区别。

刚刚参加工作的人，对岗位工作性质只有一般性的了解。单位或部门负责人对新参加工作的人会介绍一些注意事项与工作岗位的安全条例等，有时还针对工作性质举办短期培训班，使新参加工作的人较快地进入角色，较多地了解他所在部门的工作性质和岗位职责。尽管如此，初次参加工作也必须做好充分的心理准备，才能在未来的职业创造与发展中，面对各种复杂情况与可能发生的问题，使自己立于主动地位。

从学生时代进入从事职业的工作状态，应做好以下几个方面的准备工作。

（1）克服依赖性，增强主动性。

（2）提高职业道德，增强职业义务感、责任感。

（3）敢于面对困难，具有克服困难和正确对待挫折的勇气。

（4）制订现实有效的职业生涯规划。

（5）勇敢面对每一种考验。

（6）正确对待每一次选择。

（7）克服个性上的不足。

（8）合理调适情绪。

2. 自我调整，尽快适应新的工作环境

大学生上岗伊始，一定要充分认清自己的角色性质、位置、职责范围，明确自己的工作内容、工作特点、工作方法、社会对这一角色的期望等。只有这样才能明确在工作中怎样去做、做些什么、怎样做好等。一般用人单位会通过举办岗前培训班的方式来对新员工进行培训。除此以外，你还可以通过主动与主管领导交谈，向老员工请教，阅读有关规定、岗位职责规范等，尽快熟悉自己的角色。

大学生走上工作岗位后，要积极进行自我调整，尽快适应新的工作环境，在竞争中生存、发展，从而实现自己的人生价值。具体来说，应该从以下几个方面做起。（1）树立良好的第一印象。（2）虚心求教。（3）严格守时。（4）主动勤快。（5）安心本职。（6）勤学好问。（7）积极参与工作。（8）学会忍耐。（9）立足现实，增强独立意识。

3. 正确处理好与领导和同事的关系

（1）处理好与领导的关系。在工作中重要的人际关系主要是与领导和同事之间的关系。上下级之间的关系，在工作上是管理与被管理的关系。在职场中，毕业生要学会尊重与服从领导。受雇于他人，为他人工作的人假如总是与上司的意见相左，他的工作就不可能顺利做好。上司之所以是上司一定会有他的优势，领导必须为他的所有命令承担责任，因此你要相信他的命令有一定的理由。

(2) 正确处理好与同事的关系。人的工作与生活不是孤立的，总是要同其他人打交道和共处，所以在一定程度上说，人际关系可以产生积极效益，也可能在职业工作中造成难以扭转的困境。对于这一点，不少人还没有充分和足够的认识，在现代社会中，人们之间相互了解、激励、竞争、协作以及利益共享，风险共担的合作意识与能力，是事业成功的重要条件。

4. 不断更新、“自我充电”，加强综合素质

随着社会和科技的高速发展，知识更新的周期不断缩短，青年学生应为适应不同的职业需求打下坚实的“硬件”基础，提高自己的“应变弹性”。调整学习态度，从知识结构上去适应新的工作环境。大学毕业生到了工作单位后，在工作安排上，不可能每个人都会严格地专业对口，许多企业需要的是“全才”。为了适应工作的要求，毕业生需要不断地学习，及时补充业务知识的不足。一般来说，毕业生到用人单位后，都要进行岗前培训，由于我国高等教育的某些专业设置不能适应市场需求，一些用人单位还要对毕业生进行专业培训，毕业生应该调整学习态度，利用单位岗前培训教育的机会，尽快熟悉规章制度、用人理念、技术特点等，尽快适应新的工作环境，更好地融入职业团队中。

5. 合理流动，促进角色转换

个人的职业岗位是相对稳定的，许多人第一次选择的职业可能就是终身职业。但在社会主义市场经济体制的新形势下，社会分配角色逐渐减少，职业流动也越来越频繁。当发现自己不适应在原岗位上发展时，也可以另辟蹊径，转换职业，寻求新的目标和新的成才道路。不适于某个单位，可能有自身的原因，也可能有单位本身或领导的问题。但从众心理、“这山望着那山高”是不行的，会给社会造成一定的损失，对个人的职业适应和发展也十分不利。

第三节　资源探索

职业规划的过程是一个人与环境不断互动的过程，也是对个体资源和环境资源不断发现、挖掘和利用的过程。理想的职业生涯建立在对个体的优势和环境资源的充分利用基础上。本节将资源分为个体资源、家庭资源和社会资源等三个方面来论述。

一、个体资源

（一）自我潜能

1. 自我潜能的发掘

众多的个体资源中，自我潜能是最为核心和内在的资源。加德纳的多元智能理论中

有一种智能叫自我反省智能，是自我认识的钥匙，决定着一个人对自己的认识，支配着一个人时间、精力的分配，影响着自己未来发展的方向。

一个人对自我潜能的挖掘过程犹如寻宝，通过对个人经历的回顾、对当下的审视以及对未来的展望，个体可以整合内在的资源，增强对于自我的确认。《爱丽丝梦游仙境》中当迷路的爱丽丝遇到柴郡猫，柴郡猫对她说，你必须知道你想成为什么样的人，你必须先找到自己。然后再去寻找走出去的路就水到渠成了。了解自己，完成对自我的确认，也是生涯规划的重要前提。

你可以通过潜能探索活动，来发展从潜能到生涯行动的能力；你也可以通过“我的生命线”活动，对自己的生命事件进行梳理，发现自己已有的能力。

潜能探索：从探索到行动 4 人一个小组，围绕自我潜能进行讨论分享。

(1) 我最突出的 3 种自我潜能是什么。

(2) 我的依据是什么（选择一个能够代表该潜能的事例）。

(3) 我将该潜能转化为生涯行动的计划是什么。

(4) 通过小组讨论，你得到了什么启发?

我的生命线

准备一张大白纸和两支笔（一支自己喜欢的彩笔，一支黑色笔）。首先在这张大白纸中部画一条横线，横线左端写上 0 岁，右端写上自己现在的年龄，如图 2—3 所示。

认真地回忆你已走过的生命历程，从记事起有哪些事情让你开心和骄傲，或者让你感受到有意义和有成就感。

按照时间顺序，参照图 2—3，在你的生命线上找到这些事情发生的时间点，根据这件事对你影响的程度，在上方标记出来，在旁边写下是什么事情，并用平滑的曲线把这些点连起来。

在横线下方、事件对应的地方，写下你从这件事情中发现了自己的什么能力。

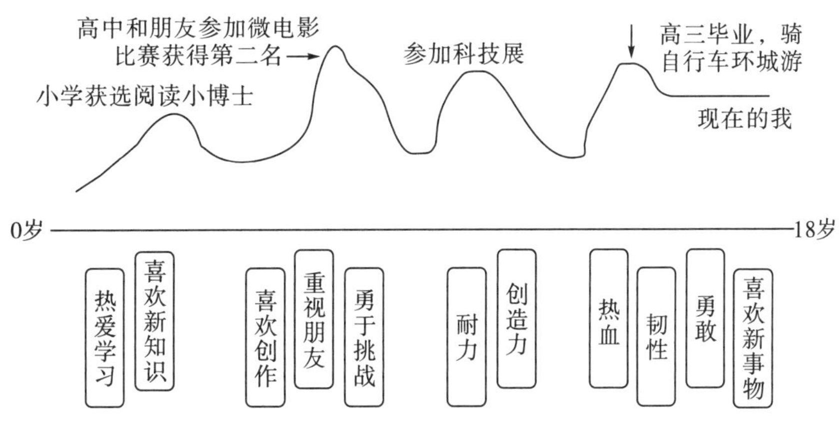

图 2—3　生命线生涯故事示例

你可以与信任的朋友一起分享这个练习，不同的人对待同样的事情会有完全不同的看法，他们的反馈也会让你有不同的收获。

2. 自我潜能的确认

自我认同感的建立过程也是对自我潜能不断确认和整合的过程。1958年美国心理学家艾里克森认为青年阶段（12—18岁）的发展任务是发展自我的同一性，建立稳定的自我认同感。自我认同感是一个复杂的内部状态，它包括我们的个体感、唯一感、完整感以及过去与未来的连续性。自我认同感是一种关于自己是谁，在社会上应该占什么样的地位，将来准备成为什么样的人以及怎样努力成为理想中的人等的感觉。

自我认同感的形成是青少年时期不断探索和承诺的结果。通过探索和承诺，个体可以在以后重要的认同领域（如职业、性别、性格、爱好、价值观等）中获得承诺和决策能力。郑涌对我国大学生的研究发现，自我认同感不足的领域主要是职业选择、人际关系、学业、品德及家庭关系。自我认同可以为个体提供过去的连续感和未来的方向感；自我认同可以帮助个体处理现实自我和理想自我的差距；自我认同可以增强个体的信心和力量。

人们可以借助各种途径增强自我认同感。其中，镜像自我是从他人视角来了解自己是一个什么样的人。镜像自我的概念最早是由精神分析师拉康•雅克提出的。他认为，我们时常通过观察他人对自己行为的反应而形成对自己的评价。每个人对于别人来说犹如一面镜子。你可以借助身边的人，了解你在学习、交往和生涯等不同领域的潜能。

（二）职业优势

琳琳是一个很有开放思维和规划意识的经济管理专业应届毕业生，她在大二下学期时与计算机专业的师姐搭档，参加了“互联网+”大赛，在校内赛中拿到了三等奖。在准备大赛的过程中，琳琳接触到学校的许多职业资源，与众多热情、有想法、有行动力的队友们一起接受创新创业的培训，大大增长了见识，拓展了视野，积累了丰富的策划与实施经验，以及在实施过程中发现问题和解决问题的能力。在大三阶段的专业实习时，这段经历为她加分不少，帮助她在众多的竞争选手中得到去心仪单位实习的机会。

琳琳的职业优势帮她在职业发展道路上获得了更好的机会，职业优势是一个人可以运用的优势个体资源，也是可以有意识地培养的。

二、家庭资源

每个家庭里都蕴藏着不可替代的精神资源和独特的物质资源。家风家训与父母的教养方式奠定了子女生涯发展的品格基础和行为处事的风格，家庭的职业资源也潜移默化地影响着子女的职业选择。

（一）家风家训

家庭作为孩子的第一所学校，对个人的成长发挥着巨大的影响。

“修身，齐家，才能治国平天下”，在中华传统文化中，家风敦厚尤显重要。如果一个人从小就受良好家风的熏陶，那么在生活、处事上则有“法”可依，坚守内心。《梁启超家书》《曾国藩家书》《颜氏家训》是我国的家教范本。曾国藩曾留下十六字箴言家风“家俭则兴，人勤则健；能勤能俭，永不贫贱”，“其勤奋、俭朴、求学、务实”的家训家风一直为曾家后人所传承。

家风是一种综合的教育力量，它是思想、生活习惯、情感、态度、精神、情趣及其他心理因素等多种成分的综合体，是一个家庭的精神财富。家风是一种润物细无声的力量，在日常的生活中潜移默化地滋润着人们的心灵，塑造着人们的品格。良好的家风则是一个人成长的优质土壤，在一位优秀大学生的身上，能折射出优良家风对他的影响。

你的家风家训是什么？(1) 在你的印象中，你的父母或家族长辈最常教导你的话是什么？(2) 这些教导在长辈们身上是如何得以体现的？(3) 这些家风家训对你有哪些影响？

（二）父母的教养方式

父母是孩子接触社会、认识世界的第一扇门，也是孩子认识各种职业、具备初步职业观念的第一任老师。蔡元培曾在《中国人的修养》里写道："家庭者，人生最初之学校也。一生之品性，所谓百变不离其宗者，大抵胚胎于家庭中。"《礼记·大学》有云："古之欲明明德于天下者，先治其国；欲治其国者，先齐其家；欲齐其家者，先修其身；欲修其身者，先正其心。"父母对孩子的影响潜移默化，不可估量。

父母通过对子女的教养，将社会的价值观念、行为方式、态度体系及社会道德规范传递给儿童。1978 年，美国心理学家戴安娜·鲍姆林德将父母教养方式分为两个维度：其一是父母对待孩子的情感态度，即接受与拒绝维度；其二是父母对孩子有要求和控制程度，即控制与容许维度。通过这两个维度的组合，分成了权威型、专制型、纵容型和冷漠型 4 种不同的家庭教养方式，如图 2-4 所示。接受-拒绝维度实际上反映了父母与孩子的情感关系，控制-容许维度反映了父母对孩子的控制。

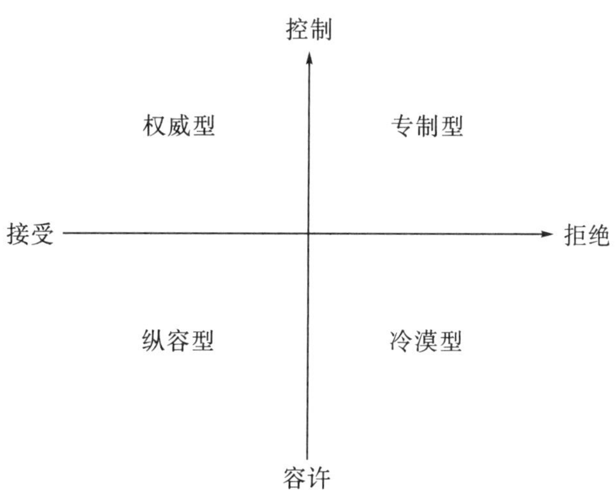

图 2-4　不同教养方式的划分

不同的父母对孩子采取不同的教养模式，自然会培养出性格和处事方式截然不同的孩子。不可否认，每种教养方式都有其局限性，但也有其资源所在。用资源取向的眼光来看待，每一种教养方式都为孩子提供了不同的成长空间，见表 2-8。

表 2-8　不同教养方式的影响

教养方式	维度类型	可能的资源
权威型	接受+控制	更加自信、自立
专制型	拒绝+控制	更擅长适应学校和社会的规则
纵容型	接受+容许	更会表达自己的需要
冷漠型	拒绝+容许	自立和自我管理能力更强

（1）权威型教养方式。父母对孩子有适当的鼓励和惩罚，让孩子有机会自己做决定，这样的孩子可能更加自信、自立。

（2）专制型教养方式。父母对孩子的管理较多，传递给孩子明确的社会规则，这样的孩子可能更擅长适应学校和社会的规则。

（3）纵容型教养方式。父母对孩子有求必应，孩子在爱的包围中长大，这样的孩子可能更会表达自己的需要。

（4）冷漠型教养方式。父母对孩子的干预较少，孩子很早学会自己承担，这样的孩子可能自立和自我管理能力更强。

练习：家庭教养方式自我检测。

（1）对照上面的介绍，你判断自己的家庭教养方式更符合哪一种？

（2）这种家庭教养方式带给你的资源有哪些？

（三）家庭的职业资源

1. 职业的代际传承

系统家庭治疗学派认为，任何人、任何问题都不可能在真空中存在，而都是在一个相互作用的系统中存在的，这种最基本的相互作用系统就是家庭系统。家庭成员的职业选择有时候也呈现出一定的代际传承性，比如人们常说的书香门第、医学世家、家族企业等。

国外的相关研究表明，父母的职业在一定程度上对子女职业有着直接和间接的影响，无论是对于子女职业的获得，还是职业生涯的发展，都是重要的影响因素。

2. 生涯家谱图

系统家庭治疗学派用家谱图形象地将代际传承的影响形象地表达出来，在生涯发展与规划领域中，也可以创造性地使用这个工具。家谱的基本形式是绘出三代的家庭成员结构，然后记录成员之间的基本数据与相互之间的关系。生涯家谱看重双亲与家族成员对一个人生涯发展与生涯选择的影响。

生涯家谱图的实施步骤如下。

（1）绘制包括自己在内的至少三代家庭成员的结构图。

（2）添加每位成员的年龄、职业角色、教育背景。

（3）探索家族职业对于个人生涯发展的影响。

对于生涯家谱图的探索，可以参考以下问题进行探索。

（1）你看到自己的生涯家谱图想到什么？联想到家里的哪些人和哪些事？

（2）你的家庭成员从事最多的职业是什么？

（3）你的家庭有没有特别看重某些职业条件？

（4）你的家庭有没有特别不重视某些职业条件，为什么？

（5）你的理想职业是否有受到家族某个成员职业的影响？如果有，影响体现在哪些方面？

（6）你的家庭成员对他们的职业是否胜任以及是否满意，这些对你的职业选择、信心有什么影响？

（7）你的家庭对于学习、工作与休闲三个方面的看法如何？目前的比例是否恰当？

（8）你看到自己的生涯家谱图，有哪些启发？

图 2-5 所示为贾道的生涯家谱图。贾道对自己的生涯家谱图进行了绘制，发现自己的家族对于教师这个职业有一定的偏好。父母工作虽然辛苦，但经常对于自己教出的学生考到某某大学很自豪，对有寒暑假的工作生活节奏也很满意。小时候爷爷就教授自己各种知识，养成了贾道热爱学习的习惯。虽然对未来是否会从事教师职业还没确定，但贾道对于这个行业的确很熟悉并有好感。

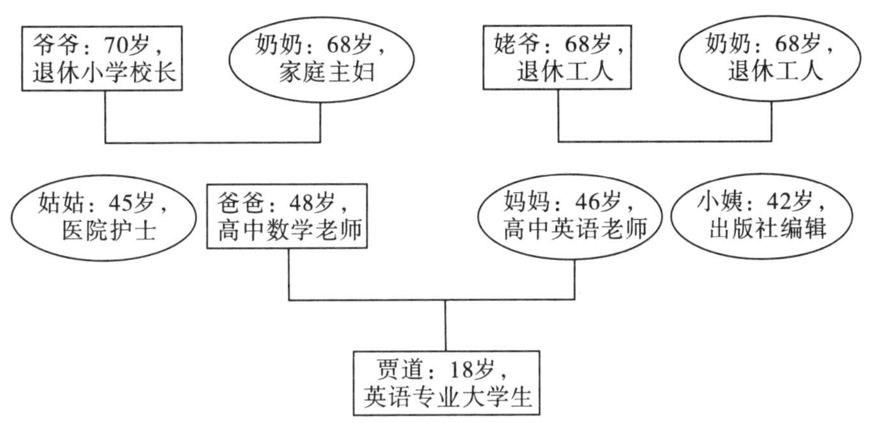

图 2-5　贾道的生涯家谱图

课堂练习：绘制你的生涯家谱图

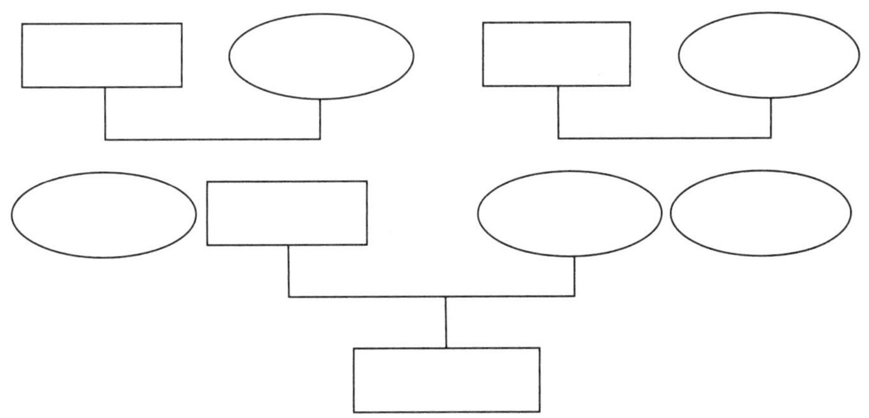

三、社会资源

（一）社会资源

在进行职业生涯规划的过程中，社会资源是不可忽视的。时代变迁对个体发展提出了挑战，同时也提供了机遇。下面从当前中国发展新貌、青年专项政策以及当代青年的机遇角度解读如何用好社会资源。

1. 当前中国发展新貌

我国社会主要矛盾已经转化为人民日益增长的美好生活需要和不平衡不充分的发展之间的矛盾。我国已从生产力落后的国家变成世界经济大国，从物质条件的数量满足到追求品质，从满足衣食住行的基本需求到追求更加充分的全面发展。主要矛盾的转变将会推动一系列政策措施、工作重点的转变，意义重大，这也为青年人提供了发挥自己才能的空间，为青年人投身于国家发展的伟大事业提供了机会和方向。

2021 年 7 月 1 日，习近平总书记在庆祝中国共产党成立 100 周年大会上庄严宣告："经过全党全国各族人民持续奋斗，我们实现了第一个百年奋斗目标，在中华大地上全面建成了小康社会，历史性地解决了绝对贫困问题，正在意气风发向着全面建成社会主义现代化强国的第二个百年奋斗目标迈进。"从 2020 年到 21 世纪中叶，是开启全面建设社会主义现代化国家的新征程，分两个阶段。第一个阶段，从 2020 年到 2035 年，在全面建成小康社会的基础上，再奋斗 15 年，基本实现社会主义现代化。第二个阶段，从 2035 年到 21 世纪中叶，在基本实现现代化的基础上，再奋斗 15 年，把我国建成富强民主文明和谐美丽的社会主义现代化强国。

经济发展方面，我国经济保持中高速增长，开放型经济新体制逐步健全。经济结构不断优化，数字经济等新兴产业蓬勃发展，高铁、公路、桥梁、港口、机场等基础设施建设快速推进；农业现代化稳步推进，城镇化率逐年提高，区域发展协调性增强，"一带一路"建设、京津冀协同发展、长江经济带发展成效显著。创新驱动发展战略大力实施，创新型国家建设成果丰硕，天宫、蛟龙、天眼、悟空、墨子、大飞机等重大科技成果相继问世。

2. 专项政策为青年发展保驾护航

中共中央、国务院印发《中长期青年发展规划（2016—2025 年）》，这是我国第一次专门面向青年群体制订和出台的规划。青年发展规划是以青年群体作为规划目标的政府专项规划，中长期青年发展规划明确将青年年龄明确界定为 14—35 岁，这一年龄段的社会群体集中地呈现出青年期"过渡性"的本质特征。规划从青年思想道德、青年教育、青年健康、青年婚恋、青年就业创业、青年文化、青年社会融入与社会参与、维护青少年合法权益、预防青少年违法犯罪、青年社会保障 10 个领域提出政策举措，完整描绘了各方力量共同促进青年发展的蓝图。其中，规划中涉及很多与大学生职业发展联系密切的内容，如强化青年的社会实践教育，促进青年终身学习，培育青年人才队伍，推动完善促进青年就业创业政策体系，加强青年就业服务，推动青年投身创业实践，促进青年更好实现社会融入等。

3. 当代青年的七大机遇

中国共产党第十九次全国代表大会报告对当前青年人面临的新机遇给出了全面的阐述，归纳为以下七个方面。

（1）新舞台：京津冀协同发展、长江经济带发展、粤港澳大湾区城市群发展。

（2）积极促进高校毕业生就业创业：提供全方位公共就业服务，促进高校毕业生等青年群体多渠道就业创业。

（3）未来经济转型升级呈现新业态：加快建设制造强国，加快发展先进制造业，推动互联网、大数据、人工智能和实体经济深度融合，在中高端消费、创新引领、绿色低碳、共享经济、现代供应链、人力资本服务领域培育新增长点、形成新动能。

（4）打破体制弊端：破除妨碍劳动力、人才社会性流动的体制机制弊端，使人人都有通过辛勤劳动实现自身发展的机会。

（5）重视科技人才和创新团队：培养造就一大批具有国际水平的战略科技人才、科技领军人才、青年科技人才和高水平创新团队。

（6）鼓励引导人才流动：鼓励人才向边远贫困地区、边疆民族地区、革命老区和基层一线流动。

（7）新机会：实施乡村振兴战略，建立健全城乡触合发展体制机制和政策体制，加快推进农业农村现代化。

青年兴则国家兴，青年强则国家强。新时代为青年提供了施展才华的广阔舞台。当代大学的人生黄金时期与“两个一百年”奋斗目标的实现相吻合，是这一历史进程的见证者，更是参与者和创造者。

中国的发展日新月异，强国之梦不再遥远，当今的广大学生处于空前的好时代，在众多挑战面前，是不是可以做到从容不迫？在众多选择面前，是否可以了解自己的内心所向？在众多机遇面前，是否可以牢牢把握？这又回到了本质：你是否已经做好准备。

（二）学校资源

晓晓在学院的学生会培训部担任部长，在校期间多次邀请已经毕业的师兄师姐来校开展讲座，她不凡的见识和踏实稳健的工作风格给大家留下了深刻的印象。专业实习时她通过师兄师姐的举荐，顺利地获得了一个内推的名额。所谓“内推”是指通过人脉，直接把简历交给公司人力资源部门的负责人，效果通常比自己通过招聘平台投简历要好得多。

学校除了是社会系统的一部分，本身也是一个小社会，正如不同的高校有着自己的校风、校训和文化传承，有着自己独特的资源。虽然学校的资源是不受个体控制的，个体对学校资源的运用则体现的是个体的主观能动性。对于学校资源的主动搜寻和运用也体现了个体的职业素质。

学校内部的教学科研实力和实验室水平建设等软硬件建设是学校必不可少的内部资源，此外，校外实习、联合培养以及校友资源等都是学校资源的重要组成部分。

1. 校外实习

校外实习是高校学生参加校外实习和社会实践的重要途径。通常高校会与一些校外企业签订实习协议，为本校学生的专业实习提供方便。有些实习基地是学校层面的，有些是学院层面的，大学生可以主动去对接这些资源，从中选择适合自己的。

2. 联合培养

为了更好地培养符合时代要求的人才，很多高校开始与国内高校及国外高校开展联合培养项目，即双方或者多方一起培养的教育模式，这种新的培养模式不仅应用在本科教育中，在专科教育阶段也开始实施。开展形式包括中外联合培养、国内高校联合培养、高校－科研院所联合培养、高校－企业联合培养等。联合培养的模式可以使学生接触到更多元、更丰富的教育，提高学生的创造性思维，开阔视野，对未来的发展大有益处。

3. 校友资源

校友资源是一种无形的资源，可以是曾经在学校学习过的各种层次和各种类别的学生，以及在学校工作过的教授、兼职教授和教职员工等人员。在美国排名前 100 位的公立和私立大学中，校友占据了校董事会的 63%，也就是说校友参与了学校的建设、发展与管理。在大学生的成才成长、就业创业中，校友可以起到启发、引领、支持的作用。

三、人脉资源

1.“六度分隔”理论

1967 年，美国哈佛大学的心理学教授为了描绘一个联结人与社区的人际联系网，做过一次连锁性实验，结果发现了“六度分隔”现象。六度分隔（Six Degrees of Separation）现象又称为“小世界现象”（Small World Phenomenon），可通俗地阐述为：“你和任何一个陌生人之间所间隔的人不会超过 6 个，也就是说，最多通过 6 个人你就能够认识任何一个陌生人。”2001 年，哥伦比亚大学社会学系的登肯・瓦兹的研究验证了“六度分隔”理论。这对人们的启示是，你可以以熟悉的人为基础，进而拓展自己的人脉资源。

人脉通常是指人际关系，或者指由人与人之间相互联系而构成的网络，其形状像血脉、山脉一样，纵横交错。很多人用其一生来寻觅志同道合的知己，以期成就大事业。也有人说，现在的你与明年的你在境遇上的差异仅仅在于你遇到的人和你读过的书。由此可见，人脉以及人脉圈对于一个人的生活、学习和工作有着巨大助益和影响力，是一种极其宝贵的特殊资源。

2. 人脉的分类

人脉按照联系强度和实际效果来分，可以分为强关系和弱关系。强关系是指日常联系紧密，能够分享有用信息和观点，提供实质性帮助的圈里人；弱关系是指日常联系较少，互动不频繁因而对日常生活的影响较弱的圈外人，也就是所谓的泛泛之交，如图 2－6 所示。

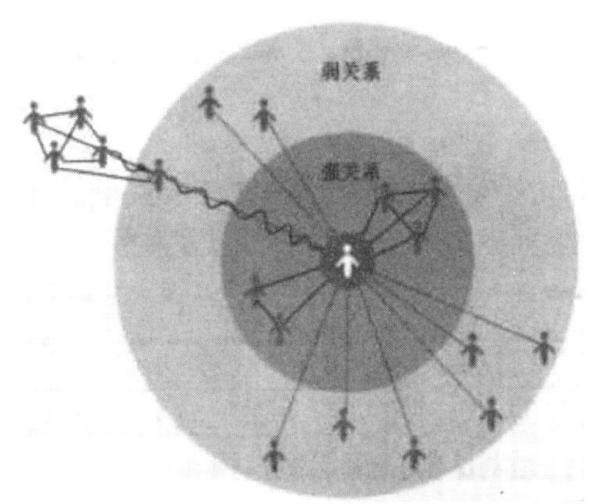

图 2－6 人脉关系网络

但有时候，圈外的弱关系也能发挥巨大的影响。中国的学者通过研究中国社会发现，弱关系在中国远不如强关系重要。但美国的研究却表明弱关系更重要，认为弱关系会带来异质性信息（由于他们往往身处的环境与你不同，能提供你无法掌握的信息），例如，你的大学教授，他们与你的关系一般不会太亲密，但是你从他那里获取的信息往往很有价值。考虑到文化背景的差异，关系的强度与影响也不能完全一概而论。

人脉按照形成过程来分，可以分为：血缘人脉、地缘人脉、学缘人脉、事缘人脉、客缘人脉、随缘人脉等。

（1）血缘人脉。

血缘人脉是指由家族、宗族、种族形成的人脉关系。例如，华华的叔伯是一名大学老师，在华华大学选专业的时候给予了她很多有价值的参考意见。

（2）地缘人脉。

地缘人脉是指因居住地域形成的人脉关系，最典型的就是老乡关系。例如，小强是比小毛早入学的老乡，关于大学的困惑可以给小毛很多指点。

（3）学缘人脉。

学缘人脉是指因共同学习而产生的人脉关系。学缘人脉不仅局限于小学、中学、大学的同学关系，随着人们现代交际意识的提高，各种各样的短期培训班甚至会议中，也蕴涵着十分丰富的人脉资源。例如，林雪、王里和赵明是高中同学，大学又在同一个城市，3 人的联系一直很密切，在学业、生活和未来发展上都是彼此很好的支持资源。

（4）事缘人脉。

事缘人脉是指因共同工作或处理事务而产生的人脉关系。事缘人脉不仅仅局限于工作中的同事或上下级，一段短暂的共事经历也能形成良好的人脉关系。例如，社团达人孙飞有许多不同专业的朋友，社团有项目时大家一起做事，日常生活中还可以一起畅谈，其中有几位特别投缘的，大家可以认真严肃地谈未来、谈梦想。

（5）客缘人脉。

客缘人脉是指因工作中与各类职场人打交道而形成的人脉关系。例如，陈西在专业实习时结识了一个人力资源的主管，对方很欣赏陈西的学识和情怀，不仅帮助他争取到该单位的录取，还对他的未来规划进行了分析，给了他很大启发。

（6）随缘人脉。

随缘人脉是指因偶然事件产生的人脉关系。一次短暂的聚会、一次偶然的邂逅，你的人生或事业就可能从此与众不同。例如，林雄在回家的火车上遇到了一对准备回二线城市就业的夫妻，与对方的交谈让林雄了解到二三线城市已经出台了很多人才优惠政策，她内心的天平向毕业后回家就业更倾斜了一些。

3. 人脉的建立与经营

在大学建立人脉关系是建立自己人脉网的重要一步，大学是一个小社会，你会遇到各种各样、有着不一样背景的人，建立人脉关系比较方便。人脉经营包含两部分内容：一是对人脉的日常维护；二是对人脉的深层次挖掘和进一步拓展。二者彼此关联，相互依存，日常维护是为了深层次挖掘和进一步拓展，深层次挖掘和进一步拓展又离不开日常维护。关于人脉的建立和经营，需要注意以下三个方面。

（1）扩展朋友圈。

一个没有自信的人，舒适圈（Comfort Zone，在不同场合中感觉到自在的范围）很小，总是怕被拒绝，因此不愿主动走出去与人交往，更不用说要拓展人脉了。

（2）提升你的价值。

建立人脉首先需要寻找并提升自己的价值，然后把自己的价值传递给身边的朋友，以促成更多信息和价值的交流，这就是建立强有力的人脉关系的基本逻辑。在盘点人脉关系前，冷静地问问自己：你对别人有用吗？我能给他人提供哪些价值？你越有价值，你就越容易建立坚固的人脉关系。

（3）学会互利互惠。

人际关系基本上是一种互利互惠关系。一个人之所以同另一个人交往、建立联系，很大程度上是能从对方获取所需。交往的长期性与稳定性，取决于这一交往能否使双方各取所需、各求所需。即使是纯粹的精神交往，双方也都须有足够的能力为彼此提供精神的充分交流和沟通，以形成共鸣之势，这样才能不断巩固与深化交谊。

讨论：我的自我价值探索。

（1）“那些能帮到你的人，不是你的人脉，只有那些你能帮到的人，才是你的人脉。”你是怎样理解这句话的？

（2）在人脉网络中，你有哪些价值可以传递给他人？

（3）你是怎样经营你的人脉的？你有哪些成功经验？

【思考与讨论】

1. 霍兰德的兴趣类型有哪些？
2. 如果我不知道自己有什么兴趣，我可以采用哪些方法来探索自己的兴趣呢？
3. 性格探索的方法有哪些？
4. 什么是价值观？探索价值观的方法有哪些？
5. 价值观在职业生涯规划中的作用如何？

【学习资料】

1. 程杜明：《你的船 你的海》，新华出版社2007年版。

2. 理查德·尼尔森·鲍里斯：《你的降落伞是什么颜色》，陈玮等译，中信出版社2002年版。

3. 佛罗伦萨·妮蒂雅：《性格》，江雅苓译，经济日报出版社2001年版。

第三章　职业决策

【学习目标】

1. 知识目标：职业决策的含义、类型及影响因素。

2. 能力目标：能够运用职业决策基本原则和方法对自己或同学进行分析，给出合理的职业决策。

3. 素质目标：进行深入的自省和职业探索，不断完善和促进自己的职业价值观倾向趋于成熟和稳定，培养学生与经济社会发展需要相适应的职业价值观。

第一节　职业决策概述

【任务描述】

新冠疫情给部分行业带来了很大的影响。例如，旅游业不再像以前那样火爆，餐饮业也受到一定的影响。小刚是高职食品营养与检测专业的一年级学生，正为未来的发展方向发愁——毕业后进入餐饮业工作，还是通过专升本换个专业发展？

【任务实现】

请同学们帮小刚分析，他该怎么办呢？下面一起来听听老师的分析和专家的指点。

【老师分析】

小刚当前高职一年级，还有两年才毕业。如果选择升学，那么五六年后才大学毕业，不用急着现在做职业决策，也不用过早地追求确定性，而是可以在加强自我认知、职业世界认知的同时，基于行业发展随时调整自己的职业生涯规划。

另外，要站在更高、更长远的维度，用动态发展的眼光看待问题，疫情过后中国餐饮行业会出现报复性反弹，资金较为充裕、供应链系统完善、经营良好的餐饮企业将迎来发展新机遇，这些都是挑战带来的机遇。

【专家指点】

小刚同学关注大环境对行业的影响，这很不错。新冠疫情确实给旅游业、餐饮业带来了不小的影响，但笔者认为这些影响不会一直持续下去。当疫情得到有效控制，当人们可以自由出行时，旅游业、餐饮业的发展值得期待。

我们当前正处于“多变”的时代，如果仅依据当前的大环境做职业决策，未免有些草率。职业生涯规划，需要在探索自身优势的基础上，结合外部环境，做出契合自己个人发展的方向性战略，这个战略本身是动态变化的。

对小刚同学来说，首要任务是踏实学好专业知识与技能，明确自己对所学专业的兴趣程度，加强自我认知，并留意外在的大环境，了解行业发展，多与在目标行业工作的家人、学长等沟通，以便今后更好地做职业决策。这样的决策过程，才是多维度的，也更客观。

面对新冠病毒，增强个人身体素质、养成良好的卫生习惯非常重要。其中，“如何吃得有营养”很有讲究。过去几个月，有人因感染奥密克戎病毒而去方舱医院隔离，并反馈“方舱的伙食不错，想必在营养方面是有考量的”，这正好体现出营养膳食的重要性。

从这个角度看，小刚同学所学专业方向——中餐烹饪与营养膳食的“好处”就凸显了出来。因此，小刚同学可以由此打开思路，关注大健康行业，扩大求职范围。例如，在营养膳食方面学得好，具有一定的专业能力，那么除了餐饮店、酒店外，还可以投身健康咨询、健身、医疗等行业。

【必备知识】

一、职业决策的含义

职业决策（Career decision making）是个体在职业选择和发展过程中抉择的活动。职业决策是一个持续的过程，从幼儿期开始，贯穿一生。然而，职业决策有时是一个阶段性的任务，在不同的阶段有不同的表现。每一个职业决策都是非常重要的，尤其是学生时期的第一个决策，它可能决定一生的职业方向。

根据舒伯的职业发展理论（Super，1976），大多数高职学生正处于职业探索期，经历着从校园到社会的转变，个人探索着可能的职业选择，试图去匹配一个人的职业选择与一个人通过学校教育，休闲活动和工作理解的职业和个人的兴趣和能力，在这一阶段开始时，个人倾向于做出各种各样的职业选择。职业成熟度能用于评价所选的职业是不是符合个人专业发展阶段的能力和目标（Betz &N.，2006），是人们是否能够做出正确的职业决策，以及决策所需的意识和决策是否随着时间的推移而变得现实和一致。

二、职业决策的类型

对职业决策的分类有侧重于一般风格的，也有侧重于具体策略的，无论将职业决策视为风格还是策略，公认最简练的一种分类是 Harren（1979）的三分法：即理智型

（rational）、直觉型（intuitive）及依赖型（dependent）。

理智型以周全的探求，对选择的逻辑性评估为特征。理智型的决策者具备深思熟虑、分析、逻辑的特性。这类决策者会评估决策的长期效用并以事实为基础做出决策。理智型决策风格是比较受到推崇的决策方式，强调综合全面地收集信息、理智的思考和冷静的分析判断，是其他决策风格的个体需要培养的一种良好的思考习惯。但理智型的决策风格也并不是理想的、完美的决策方式，即使采用系统的、逻辑的方式，也会出现因为害怕承担决策的后果而不能整合自己和重要他人观点的困扰。

直觉型以依赖直觉和感觉为特征，比较关注内心的感受。直觉型的决策风格以自我判断为导向，在信息有限时能够快速做出决策。当发现错误时能迅速改变决策。由于以个人直觉而不是理性分析为基础，这类决策发生错误的可能性较大，因此，易造成决策不确定性，容易丧失对直觉型决策者的信心。

依赖型以寻求他人的指导和建议为特征。依赖型的决策者往往不能够承担自己做决策的责任，允许他人参与决策并共同分享决策成果，会受到他人的正面评价，但也可能因为简单地模仿他人的行为导致负面的反应。依赖型的决策者需要理解生活中重要他人对自己的影响程度。

三、职业决策的影响因素

职业决策对大学生顺利就业及未来职业发展具有根本性和长远性的影响，高职学生的个人职业价值观、家庭因素、专业对口、社会因素、工作地域、工资待遇、朋辈影响是择业意向差异的重要影响因素。

（一）个人职业价值观在职业决策中的作用

职业价值观指人生目标和人生态度在职业选择方面的具体表现，也就是一个人对职业的认识和态度以及他对职业目标的追求和向往，它是一种具有明确的目的性、自觉性和坚定性的职业选择的态度和行为，对一个人职业目标和择业动机起着决定性的作用，如果能够根据自己的个人兴趣爱好来选择适合自己的职业，这种职业价值观对个人的职业生涯影响巨大，大学学习期间多培养个人兴趣爱好，处理好个人职业价值观与个人兴趣特长的关系。

（二）家庭因素对职业决策的影响

影响个人生涯发展，职业选择的一个重要因素是家庭。家庭在个人的职业选择上的影响非常大，个人在进入职业之前父母、亲属对各个职业的看法以及父母对孩子的期望往往会潜移默化地影响孩子对职业的看法。产生对某种职业的特定看法，家长、亲戚朋友对大学毕业生毕业后的就业观念和期望会产生重要的影响。家长的期望对职业决策有非常大的影响，家庭背景、工作地的远近等都会对职业决策有着影响。

（三）专业对口对职业决策的影响

部分学生在高考选择志愿时，没被心仪的专业录取后被调剂到现学专业，普遍对专业不感兴趣，导致专业思想不稳定。所以在做职业决策时，他们大部分选择毕业后立即改行。学生选择专业进入学校后，就要加强自己专业的职业学习，对自己的职业有一个全新的认识，以提升自己的职业决策能力。

（四）社会因素对职业决策的影响

社会因素包括社会职业制度、国家职业政策法规、社会经济状况和社会职业评价等多方面因素，对个体职业选择起着潜移默化的影响。一般来说，学生职业选择受自身所学专业和职业指导水平的影响。学校是个体从自然人向社会人过渡的中间环节。学生可在学校期间，通过钻研学习专业知识和积极参加实践获得，增强个人社会综合素质，以提升自己的职业决策能力。

（五）学习教育对职业决策的影响

在大学期间培养学生与经济社会发展需要相适应的职业决策，是学校教育的基本任务之一。一般学校都会在强化专业知识技能的同时，有目的、有计划、有组织地教育和引导大学生系统地参加社会实践，推动大学生积极主动地进行职业探索，为其职业决策创造有利条件。

大学的专业学习内容都是为培养适应某个行业或产业发展人才需求而设定的，因此在专业学习以及教学实习实训之中，一般都会涉及专业知识在生产和生活中的实际应用，不可或缺地会联系到某些产业发展、行业现状、技术应用、典型人物等与职业密切相关的知识信息。教师在教学或指导学生实习实训的过程中，一般也会有意识地针对学生的各种问题和迷惑，根据自己的人生经验以及对行业、职业的认识和评价，在潜移默化之间实施价值引导和科学的职业决策。

（六）工作地域对职业决策的影响

工作地域主要涉及职业的自然环境、生活条件、民情风俗和地区政策等因素，包括职业所在地城乡地区差异、不同的工作地点、位置和环境等。个体在职业选择过程中往往会考虑到工作地域对其的影响。因此，工作地域是在选择职业时很多年轻人关注的一个重要因素。东部沿海经济发达地区，就业机会多，竞争压力大。中西部地区在人才招聘方面有一定的政策倾斜和扶持，如解决人事编制，户口，增加工资等。

（七）工资待遇对职业决策的影响

职业带来的工资收入水平和福利待遇等，是大学生进行职业选择时优先考虑的重要因素。从现实意义来说，大部分人对工资水平要求较高，但却没有结合自身实际情况，从而在就业过程中遇到许多的麻烦。同学们在大学能够结合自身情况，做出科学的职业决策。

（八）朋辈影响对职业决策的影响

大学生的生涯发展也会因为“重要他人”而发生转折，这些“重要他人”中包括父母、配偶、朋友、师长、同事等，而朋友、同学、兄弟姐妹等朋辈群体的影响则更为直接和明显。

大学生在朋辈群体活动以及与朋辈之间的交往中，不仅可以获得丰富的社会信息，促进知识与能力的提升，也会帮助大学生积累社会经验。在此过程中，朋辈群体的归属感也进一步增强，在毕业生就业时，如果有师兄师姐代表用人单位回母校招聘人才，往往会取得极其良好的招聘效果，其中就有朋辈之间的职业决策容易互相影响和认同的原因。

第二节　职业决策的基本原则

【任务描述】

王林高考后被历史学专业录取，但是他一直喜欢诗歌创作，于是在大学第一学期结束后转专业学习了文学。在文学专业的学习中他如鱼得水，大学期间就完成了厚厚的三本诗集，还举办了自己的原创诗歌朗诵会。毕业后他签约到一家国企单位做行政工作，待遇丰厚而且晋升与发展空间也很好。很多同学和朋友都认为他的工作很好，为自己的职业人生发展开了个好头。正当大家都以为王林要在这家国企按照既定的职业发展轨迹谋求进步和发展的时候，他却出乎意料地辞了职，重新应聘到一家杂志社，做起了自己钟爱的文字编辑工作，并在工作之余继续坚持诗歌创作。用他的话说，“做编辑挣得少点，但我每天都很开心”。

【任务实现】

从这一真实案例可以看出，王林之所以从国企的行政管理工作岗位辞职重新应聘到杂志社做编辑工作，直接原因是后一个职业符合自己的兴趣爱好，更加有利于发挥自身特长，兴趣爱好是职业决策的一个基本原则。请同学 5 个人为一组，分组进行讨论，职业决策遵循的基本原则有哪些?

【必备知识】

一、职业决策的基本原则

（一）社会需求原则

随着改革开放的深入推进和经济社会的繁荣发展，社会主义市场经济体制逐步完善，市场在社会方方面面的资源配置中已经居于主导地位。在这样的背景之下，相应的高校毕业生就业制度改革稳步推进，已经实行政府调控，市场导向，学校推荐毕业生和用人单位双向选择自主择业的新机制。这种新的就业机制对大学生职业决策产生了积极影响。他们可以自由选择与自己的专业、兴趣和特长相适应的岗位。但是在就业形势较为严峻，就业环境还需进一步改善的情况下，大学生求职择业的压力和难度也与日俱增。国家机关和企事业单位用人机制也在变革，更多的用人单位对人才的需求也由过去的重学历文凭转向重实用技能和综合素质。因此，为了在激烈的竞争中胜出，大学生必须从观念、能力、行动上自觉适应社会变化，提高求职择业的主动性和积极性。

（二）兴趣发展原则

兴趣和爱好在大学生职业价值观的形成过程中具有前置性影响。大学生选择什么专业来学习和未来从事什么样的职业，往往是职业兴趣和职业价值观双重作用的结果。如果一个人的工作内容和工作环境与其职业兴趣倾向类型匹配一致，也就是说工作中所做的是自己感兴趣的事情，那么必然就容易从中获得内心的愉悦和满足，也最有可能使自己的才能充分发挥并获得更好的发展机会。霍兰德提出的具有广泛社会影响的职业兴趣理论认为，人格和兴趣与职业密切相关，兴趣是人们从事职业活动的巨大动力，符合人的职业兴趣的职业，可以提高其工作的积极性，且人们的职业兴趣与自己的人格类型之间存在很高的相关性。

职业兴趣是人的爱好兴趣在职业问题上的反应，是人们不同的心理品质对职业属性的多样、复杂的反映。现代社会发展日新月异，新职业不断涌现，职业分类与社会分工一样越来越细，各种职业之间相互差异也越来越明显。不同的职业及其自身属性，对人的素质、能力、专长和行为规范等要求各不相同，因此对不同人的吸引情况也必然会大相径庭。随着职业兴趣理论的推广和应用，人职匹配日益成为现代人力资源管理中的重要原则之一，既要将合适的人放在合适的岗位上，在人力资源与职位岗位的匹配过程之中，充分发挥兴趣对人的工作积极性和职业发展的推动作用。

职业兴趣理论的提出，充分肯定了兴趣在人们职业活动中的重要作用。同时也提示，人们在认识、评价和选择职业时，一般都会有意无意地从自身的兴趣出发。因此，职业兴趣会在潜移默化之中影响人的职业价值观，并进而在个体的求职择业过程中对职业认知、选择和决策产生影响作用。

（三）能力胜任和发展原则

能力素质，指的是在完成具体任务时，或在日常工作和生活情境中，人的心智与行为表现。1973 年，心理学家麦克利兰在《美国心理学家》杂志上发表《测量能力特征而非智力》，认为从第一手材料直接发掘的、真正影响工作业绩的个人条件和行为特征就是能力素质。能力素质是人能够得以生存的先决条件之一。并在高度和广度上决定人的认知、体验和成就。在自身能力素质基础上的职业价值观倾向，才是客观实际并有望实现的。

跟青少年职业发展关系紧密的能力，主要是通用职业能力和专业胜任能力两种能力素质。通用职业能力是人从事职业活动所需要的基本能力，包括：学习能力、适应能力、团队协作能力、人际交往能力、决策能力、创新能力、执行能力、信息处理能力等。专业胜任能力指的是具备从事特定专业性工作的能力，可分为专业理论能力与专业应用技能。任何一种职业都需要所从事的人具备一定的综合能力素质，只有这样，才能真正地做好这项工作。一般来讲只有对自己能力可及的职业，才会有更多的认知和实践的机会，从而对其进行客观实际认识和评价。

一个人愿意将更多的时间与精力投入到专业学习和实践之中，随着时间的推移必然会强化了自己的专业技能。如此良性循环，伴随着个体专业技能的提升，对其可能走进的职业世界和发展前景越来越了解，从而在求职择业时目标性更强，也就是说其职业决策倾向更清晰、更稳定。专业技能强或有一技之长的人在选择工作时，往往愿意选择与专业技能联系紧密的职业，看重职业本身对自我成长和专业技能提升的作用。

另一个是在大学生就业入职后，个人的技能特长会与职业发展之间形成良性循环。如果个体技能强、特长突出，能较快适应职业和岗位工作，并能通过专业技能的不断提升获得更多、更好的发展机会，则个体的自信心和主动性都会获得增强，对职业的认同感也会越来越高，对自己所从事的职业认同度越高，则越有利于个人专注于本职工作，从而使自己的能力和特长得到更好的发挥，也就开启了职业发展的良性循环模式。相反，如果因为专业技能不足而造成自信力下降，不能很好地适应本职工作，必然会影响到个体对于职业的认同。如果陷入“技能不足—效率低下—发展不畅”的恶性循环，这样也就会使个体对最初的职业选择产生怀疑，进而对职业决策选择产生动摇。

【案例分析】

刘乐乐读大学时是学院的“风云人物”，不仅担任学校学生会副主席、班级团支部书记、社团会长等主要职务，还经常在学校的各种活动与比赛中获得荣誉。毕业之际，同宿舍的其他五人基本都有了自己的就业意向，有参加“西部计划”的、有签约本地公司企业的、有考取“大学生村官”的，只有刘乐乐迟迟未定。他一直在参加大大小小的招聘会，其间也不乏各种薪酬待遇都非常好的单位给他抛来橄榄枝，但刘乐乐都不为所动。直到毕业前一个月左右，他才签约了本市的一家国企。让同学和老师都大为意外的是，其实这家企业从很多方面来说都比不上曾经有意招聘他的前几家单位。一年后，刘乐乐依靠自己的综合素质努力工作，在分公司担任了部门主管。两年后，被调到总公司担任总裁助理，发展前景豁然开朗。

【案例思考】

刘乐乐在求职择业过程中，他求职及工作中的优势是什么？

（四）利益整合原则

利益整合是指员工利益与组织利益的整合。这种整合不是牺牲员工的利益，而是处理好员工个人发展和组织发展的关系，寻找个人发展与组织发展的结合点。每个个体都是在一定的组织环境与社会环境中学习发展的，因此，个体必须认可组织的目的和价值观，并把他的价值观、知识和努力集中于组织的需要和机会上。

（五）动态目标原则

大学生职业生涯规划是动态化的，当今社会存在的很多不确定因素会影响到学生的生涯规划和决策，学生在学习发展过程中会与原来制定的职业生涯目标出现偏差，这就要求大学生对规划的策略措施以及生涯目标做必要的反馈或调整，以保证最终人生目标的完美实现。大学生要自我再发现、再认识，有效执行职业生涯规划的反馈修正，以一定的时间间隔为期限，定期做反馈评估和修正。确保个人职业生涯规划的有效性，强化生涯管理的长期性和连续性，最后强调职业生涯规划贯穿个体一生的全过程。

根据《大学生职业生涯规划动态修正卡》的概念，大学生职业生涯规划的动态修正卡内容分为六个部分：(1) 个人基本信息。包括学生的姓名、性别、出生年月、照片、自我介绍、兴趣爱好、性格类型等。这些内容大多数由学生自己撰写并上传，可修改。(2) 职业目标。学生根据专业职业测评工具给出的测评结果，在职业就业指导部门和教师的帮助下，制定出自己的阶段性规划安排表，确保在未来学习和实践中始终能培养就业择业所需要的各种能力。(3) 实施方案。即由规划的实施者根据第二部分的各阶段目标，给出具体的实施方案。(4) 支撑材料。即由规划实施者自己上传与目标实施相关的支撑材料，包括学习情况（成绩单）、活动经历（活动照片）、获奖情况（荣誉证书）等。(5) 反馈评估。这部分内容由学生和指导教师共同完成。在一个阶段（如一学期）之后，教师对学生的《大学生职业生涯规划动态修正卡》进行检查，对该生本阶段目标与其实现情况进行比较，然后返还给学生，指导其反馈修正。(6) 专家意见。即由拥有职业指导资格的专家对规划实施者的动态修正内容进行评定，给出指导意见。

第三节　职业决策的方法

【任务描述】

小王，22 岁，女，某专科院校护理学专业三年级学生，独生子女，家住四川某远郊农村，父母务农，文化水平低，家庭经济条件一般，2021 年 7 月毕业。小王大三实习期间报考了 2021 年的专升本（护理学专业），自述由于实习太忙准备不足落榜了。临近毕业，小王对边工作边二战专升本还是全脱产二战专升本产生了迷茫。一方面，一边从事护士工作一边二战专升本的同学也很多，想像他们一样尽快就业缓解家庭经济压力；另一方面，对第一次专升本落榜不甘心，自我归因于实习压力太大，没有充足时间备考，担心若工作的话，还是会影响备考，生怕再次落榜。小王非常纠结，晚上也影响睡眠，白天学习效率低下，于是找到规划师寻求帮助。

【任务实现】

请同学们 5 人一组，每组选择使用职业决策方法：SWOT 分析法、“5W”法则、平衡单分析法的一种帮助小王同学做职业决策。

（1）帮助小王明确自己的职业价值观。

（2）帮助小王进行职业探索。

（3）帮助小王建立科学的职业生涯规划。

【必备知识】

一、SWOT 分析法

SWOT 分析法，即态势分析，其中，优势（Strengths）和劣势（Weaknesses）是内部因素，主要用来分析内部条件。机会（Opportunities）和威胁（Threats）是外部因素，主要用来分析外部条件。最初用于企业发展战略研究与竞争分析，即将与研究对象密切相关的各种主要内部优势、劣势和外部的机会、威胁等，通过调查列举出来，并依照矩阵形式排列，然后用系统分析思想，把各种因素相互匹配起来加以分析，从中得出一系列相应的结论，而结论通常带有一定的决策性。

在职业规划中，借鉴并运用 SWOT 分析，可以帮助学生正确地认识自身的个性特征，评估自身的优势与劣势，客观地分析所处职业环境现有与潜在的机会与威胁，找到对自己有利的、值得发扬的因素，以及需要避开或提高的方面，客观地评估自己，明确职业发展方向，从而为职业生涯决策做出正确选择。

（一）职业规划中运用 SWOT 分析法的步骤

1. 评估自身的优势与劣势

职业规划中，充分发挥高职学生动手能力强、适应能力强的特点，激发自我潜能，发挥特长，突出优势，通过职业生涯规划及不断努力探索，最终形成深耕学业、选对行业、拓展专业、开创事业的职业生涯目标。职业生涯设计的前提是充分认识自己；了解自身的优势与劣势；评估个人目标与现实之间的差距；认识自身的个性特质、现有与潜在的资源优势，审视自己的价值进行定位并使其持续增值；结合职业定位，搜索或发现新的或有潜力的职业机会；采取可行的步骤与措施，增强职业竞争力，实现职业理想和目标。SWOT 分析法是职业决策中实用而有效的方法，通过 SWOT 分析，可以发现自身优势，并以此作为个人深层次挖掘的动力之源和魅力闪光点，形成职业生涯设计的有力支撑。

2. 找出存在的机会与威胁

对机会和威胁进行客观分析将有助于认清形势，做出正确的职业抉择。有必要对学习环境、专业前景，以及就业形势等外部因素进行正确的分析，评估其机会和威胁。机会和威胁均来自外部环境，来自社会、经济发展趋势、所从事行业的发展状况及前景、在本行业中的地位与发展趋势、所面对的市场状况及职业中的人际关系等。有的是职业发展过程中的机缘，有的则是障碍，要善于寻找机缘，规避危机，找出这些外界因素对成功地找到一份适合自己的工作是非常重要的。除了机遇，可能还会面对各种各样的挑战和威胁，这是无法控制的外部因素，但是可以弱化它的影响，是可能遇到的挑战，通过努力把挑战转化为一种内在的动力，避免不利影响，在困境中脱颖而出，寻求发展和成功。

3. 列出职业目标和职业定位

运用 SWOT 分析进行职业定位，使职业生涯规划更适合自己的需求，并做到有章可循，更加科学。仔细地对自己做一个 SWOT 分析评估，列出今后最可能的 3～4 个职业生涯目标，以及为实现每一个职业生涯目标自身的长处和短处以及机遇和威胁，必须竭尽所能地发挥出自己的优势，使之与行业提供的工作机会完满匹配，进而从中选择一个最适合自己的定位。

4. 做好职业生涯的动态调整

职业生涯规划是一个动态的过程，要根据实施结果的情况与变化进行及时的评估与修正。由于社会环境不断变化，个人知识、兴趣和阅历的不断增加，个人的职业选择、价值观、人生观和才能等都会随之改变。此时，职业生涯定位需要进行重新评估，即职业生涯定位的动态调适。一个人的职业生涯是一个漫长的过程。也许一生只从事一种职业，也许一生中从事多种职业，但每个人都希望找到一个相对稳定、适合自己的职业。影响个人职业生涯定位改变的因素很多，很多情况有时是无法预知的，这就需要根据外部环境以及自身能力、爱好等方面的变化随时进行职业生涯定位的调整、修改和完善。

综上，SWOT 分析具体为五个步骤：第一步，将候选职业群按职业、行业、岗位类型区分，并列出各细分候选职位的具体要求与特点；第二步，针对各候选职位的要求与特点，列出对应的 SWOT 矩阵，包括内部因素（优势、劣势）和外部因素（机遇、威胁）；第三步，为各子因素赋值。赋值时，内部因素主要根据候选职位要求与个体职业素质为基准，外部因素主要根据候选职位竞争程度和个体对候选职位环境的价值偏好为基准，优势、机遇为正值，劣势、威胁为负值；第四步，根据个体职业目标、价值取向和发展阶段，为各候选职位赋予权重，并计算各候选职位得分；第五步，比较各候选职位得分，最终做出职业决策。

【案例分析】

职业生涯决策

张威是一名职业院校三年级的学生，学的是应用电子技术专业。毕业在即，他开始考虑未来的发展方向问题。由于家庭经济条件不太好，张威希望能早点工作，为家里分担经济压力。在校三年来他一直学习很认真，基本功扎实，相信自己可以找到一个不错的工作。但是张威的父母则认为，当今社会竞争压力大，有更多的知识和更高的学历才能提高自己未来就业竞争力，因此鼓励张威考取本科继续学习。而最近，张威的两个好朋友找到他谈了很久，希望能说服张威参加他们的创业团队，准备自主创业，经营一个属于自己的家用电器维修店。

【案例思考】

请同学们思考高职生对职业生涯规划进行决策时，需要个人对现状有一个清楚的了解和把握，更需要对自我的系统认识进行有效的分析和评估，从而为准确定位和正确选择奠定坚实的基础，做出科学合理的决策。

二、"5W"法则

一个决策越是重要，决策的难度就越大，无论大事小事，想要做出正确的决策，没有科学的方法是不行的。没有科学、严谨的选择与决策程序，哪怕决策小事情也会出现失误。职业生涯决策是人生中所面临的最为重要的决策之一。很多职业咨询机构和心理专家在职业咨询、规划时通常借鉴欧美职业生涯规划系统，采用五个"WHAT"的归零思考模式，从提出"你是谁"的问题开始，一路追问下去，一共是五个问题。回答这五个问题，找到它们最大的共同点，也就有了自己的决策依据。

五个"WHAT"的归零思考的模式是许多职业咨询机构和心理学专家进行职业咨询和职业规划时常常采用的一种方法，即：（1）What are you? ——"我是谁?"；（2）What you want? ——"我想干什么?"；（3）What can you do? ——"我能干什么?"；（4）What can support you? ——"环境支持或允许我干什么?"；（5）What can you be in the end? ——"自己的最终目标是什么?"。

1. What are you? ——"我是谁?"

"what are you?"我是谁？在这一项目中，请根据自身特点列出自己的优点和缺点，找出自身存在的优势和不足。这个看似很简单的问题，但是真正被问起的时候，往往很多人都很难回答。对于高职学生更是如此，每个大学生都应该对自己进行一次深刻的反思，有一个比较清晰的认识，把自己优缺点一一列出来，从中分析自己在以后的职业中可能存在的优势与劣势。针对多学专业，与其他专业相比，可能存在的优势就是基本上都有自己的一项比较有竞争力的特长，技能方面都相对较好。因此，面对自己的优势与劣势，不同专业大学生应该正确审视和评估自己，在继续发挥自己专业技能的基础上，重视自己的专业知识和实践能力的培养，全面提升自身的综合素质。简单地说，就是优势继续发扬，劣势逐步改进。

2. What you want? ——"我想干什么?"

"what do you want?"我想干什么？这一项目中要列出自己对职业发展的心理趋向，每个人在不同阶段的想法和目标并不完全一致，有时候甚至是完全对立，但随着年龄的发展和经历的增多而逐渐稳固，并最终锁定自己的终生理想。

这是对个人职业发展的一个心理趋向的检验。每个人在不同阶段的兴趣和目标并不一定完全相同，但作为学生来说，有些人想要做教师，有些人想自己创业，还有的人想要做公务员等。因此，不同专业的大学生在大学阶段就应该逐步明确自己真正想要的，并最终确定自己的终生理想和奋斗目标，继而为实现自己的目标制订合理的职业生涯规划。

3. What can you do? ——“我能干什么?”

“what can you do?”我能干什么?这一项目中，要求个人对自己的能力与潜力进行全面的总结，一个人的职业定位最根本的还是归于他的能力，职业发展空间的大小则取决于潜力。

这一点是对自己能力与潜力的全面总结。一个人职业的定位最终还要归结于他自身的能力，而其职业发展空间的大小则取决于自己的潜力。对于不同专业大学生潜力的了解，应该从几个方面着手去认识，如对事的兴趣、做事的韧性、临时的判断力以及知识结构是否全面等。作为高职院校的大学生，应该给自己一个准确的“职业定位”，尽快找准自己真正适合的职业，大学三年是职业发展的探索期，在择业方面容易迷茫，更需要有一个适合的正确职业定位。大学生职业定位要结合自己的性格、兴趣、价值观、能力等综合信息进行分析考虑，找准自己究竟能做什么。

4. What can support you? ——“环境支持或允许我干什么?”

“what can support you?”环境支持或者允许我干什么?包括客观和人为主观两个方面。客观环境主要包括本地各种状态，如经济发展、人事政策、企业制度、职业空间等。人为主观环境包括同事关系、领导关系、亲戚关系等。大学生就要充分分析自己所面临的环境给自己带来的机遇和挑战，才能最终确定自己的目标，从而制订合理的规划。

5. “What can you be in the end?”自己最终的职业目标是什么?

大学生对于上述四点进行综合分析考虑，明确自己真正想要做的，自己适合做的，以及环境所支持自己能够做的，还要从以下几个方面不断完善自己。

首先，要注重多方面的专业基础知识和专业技能；其次，要提高大学生的社会实践经验；最后，要提升大学生自身的综合素质。

通过不断地认识自我，完善自我，了解环境，大学生就逐步确定了自己的职业目标，最终制订自己的职业生涯规划。

【案例分析】

陈同学，男，21岁，某学院即将毕业的大三专科学生，就读于机电一体化技术专业。于2015年3月6日上午主动到学院咨询中心寻求帮助。他衣着整洁、思维清晰、语言表达基本流利。

自述：老师，您好！我今年即将毕业，但对于自己的未来依然感到很迷茫，不知如何规划自己的人生，为此我感到很焦虑和烦躁，希望能够得到老师帮助，以解决我的困惑。我出生在一个普通的工人家庭，父亲在一家电力公司上班，母亲是一位小学教师，家庭说不上富裕，但父母都是能干、能吃苦之人，日子还算过得去。上大学前，我的生活基本上都由父母安排，遇到什么事都是由父母做主，除了学习，从不为任何事情操心。高考时，我听从了父亲的建议，填报了电气电子工程专业，并被顺利录取，但我并不喜欢这个专业，选这个专业，父母说是好就业，我也因此默认了。高职三年，我基本上都是玩过来的，只要不挂科就行了。大学期间，我也参加了学生会和一些社团组织，但感觉似乎一无所获。自己专业既不精，又无特长，大学浑浑噩噩就过来了。对于未来，我不敢想象。即将毕业，身边的同学忙着考公务员或者找工作，甚至有的已签约找到了就业单位。现在，我还不知道自己要干什么，每天在宿舍里上网玩游戏。为此，我感到很烦闷和焦虑，不知道自己该选择什么发展方向。希望通过咨询，能够找到自己的人生方向，对自己的未来不再迷茫。

【案例思考】

请用“5W”法则分析，帮助陈同学进行职业生涯决策，帮助他认识自我，完善自我，了解环境，使陈同学逐步确定自己的职业目标，最终制订他的职业生涯规划。

三、平衡单分析法

科学决策方法就是使用生涯决策工具——生涯决策平衡单。生涯决策平衡单是一种很通用的决策工具，避免在决策过程中出现盲目、从众、宿命论等现象，通过对所具备的信息进行赋值列表，做出理智的决策。现有生涯决策平衡单能够帮助我们通过对现有因素赋值量化，把面临的选择进行数值化，这样可以帮助我们更有条理地客观看待每一个选项。

平衡单法是将重大事件的决策方向集中到四个主题上，即自我物质方面的得失，他人物质方面的得失，自我精神方面的得失，他人精神方面的得失。通过平衡单法，大学生能够系统地分析每一个选项，根据每一个选项对自身影响的大小进行加权，再根据加权后的计分排出各个选项的优先顺序，执行最优先的选项。

第一步，列出可能的职业选项。大学生首先要在职业生涯决策平衡单表中列出有意向的 3～5 个职业选项见表 3－1。

第二步，判断各个职业选项的利弊得失。平衡单表中的利弊得失主要集中在四个方面，即自我物质方面的得失、他人物质方面的得失、个人精神方面的得失、他人精神方面的得失。具体考虑因素可以因个体情况不同而异。大学生要根据不同职业选项的利弊得失，为其赋值，通常以“＋5”至“－5”的十一点量表（＋5，＋4，＋3，＋2，＋1，0，－1，－2，－3，－4，－5）来赋值。

第三步，各项考虑因素的加权计分。各个考虑因素对大学生的影响会因其所处环境的不同而不同，同样的考虑因素在不同情境下对大学生的重要性也是不同的。因此，在详细列出各个考虑因素之后，要进行加权计分。

第四步，计算出各个职业选项的得分。大学生要逐一计算出各个职业选项在每一考虑因素上的加权计分与累计计分，计算出各个职业选项的总分。

第五步，排定各个职业选项的顺序。大学生可以依据各职业选项在总分上的高低，排定优先次序并以此作为职业生涯决策的依据。

表 3－1　职业生涯决策平衡单表

<table>
<tr><td colspan="2" rowspan="2">考虑因素</td><td>权重分值</td><td colspan="2">选择一</td><td colspan="2">选择二</td><td colspan="2">选择三</td></tr>
<tr><td></td><td>得＋</td><td>失－</td><td>得＋</td><td>失－</td><td>得＋</td><td>失－</td></tr>
<tr><td rowspan="9">个人物质方面的得失</td><td>1. 收入</td><td></td><td></td><td></td><td></td><td></td><td></td><td></td></tr>
<tr><td>2. 工作的难易程度</td><td></td><td></td><td></td><td></td><td></td><td></td><td></td></tr>
<tr><td>3. 升迁的机会</td><td></td><td></td><td></td><td></td><td></td><td></td><td></td></tr>
<tr><td>4. 工作环境的安全</td><td></td><td></td><td></td><td></td><td></td><td></td><td></td></tr>
<tr><td>5. 休闲的时间</td><td></td><td></td><td></td><td></td><td></td><td></td><td></td></tr>
<tr><td>6. 选择工作任务的自由度</td><td></td><td></td><td></td><td></td><td></td><td></td><td></td></tr>
<tr><td>7. 对健康的影响</td><td></td><td></td><td></td><td></td><td></td><td></td><td></td></tr>
<tr><td>8. 就业机会</td><td></td><td></td><td></td><td></td><td></td><td></td><td></td></tr>
<tr><td>9. 其他（如工作接触的人群类型等）</td><td></td><td></td><td></td><td></td><td></td><td></td><td></td></tr>
<tr><td rowspan="6">他人物质方面的得失</td><td>1. 家庭经济收入</td><td></td><td></td><td></td><td></td><td></td><td></td><td></td></tr>
<tr><td>2. 家庭社会地位</td><td></td><td></td><td></td><td></td><td></td><td></td><td></td></tr>
<tr><td>3. 与家人相处的时间</td><td></td><td></td><td></td><td></td><td></td><td></td><td></td></tr>
<tr><td>4. 家庭环境类型</td><td></td><td></td><td></td><td></td><td></td><td></td><td></td></tr>
<tr><td>5. 可协调组织或团体</td><td></td><td></td><td></td><td></td><td></td><td></td><td></td></tr>
<tr><td>6. 其他（如家庭可享福利等）</td><td></td><td></td><td></td><td></td><td></td><td></td><td></td></tr>
<tr><td rowspan="8">个人精神方面的得失</td><td>1. 生活方式的改变</td><td></td><td></td><td></td><td></td><td></td><td></td><td></td></tr>
<tr><td>2. 成就感</td><td></td><td></td><td></td><td></td><td></td><td></td><td></td></tr>
<tr><td>3. 自我实现的程度</td><td></td><td></td><td></td><td></td><td></td><td></td><td></td></tr>
<tr><td>4. 兴趣的满足</td><td></td><td></td><td></td><td></td><td></td><td></td><td></td></tr>
<tr><td>5. 工作的创造性和挑战性</td><td></td><td></td><td></td><td></td><td></td><td></td><td></td></tr>
<tr><td>6. 社会声望的提高</td><td></td><td></td><td></td><td></td><td></td><td></td><td></td></tr>
<tr><td>7. 达成长远生活目标的机会</td><td></td><td></td><td></td><td></td><td></td><td></td><td></td></tr>
<tr><td>8. 其他</td><td></td><td></td><td></td><td></td><td></td><td></td><td></td></tr>
<tr><td rowspan="5">他人精神方面的得失</td><td>1. 父母</td><td></td><td></td><td></td><td></td><td></td><td></td><td></td></tr>
<tr><td>2. 配偶</td><td></td><td></td><td></td><td></td><td></td><td></td><td></td></tr>
<tr><td>3. 朋友</td><td></td><td></td><td></td><td></td><td></td><td></td><td></td></tr>
<tr><td>4. 师长</td><td></td><td></td><td></td><td></td><td></td><td></td><td></td></tr>
<tr><td>5. 同事</td><td></td><td></td><td></td><td></td><td></td><td></td><td></td></tr>
</table>

第四章　撰写自己的职业生涯规划书

【学习目标】

1. 知识目标：了解职业生涯规划的内涵，掌握职业生涯规划的特点和原则。

2. 能力目标：能够运用所学职业生涯规划相关知识，为自己制定一份未来 5 年的职业生涯规划书。

3. 素质目标：通过评价自我、分析内外部环境，形成自己的职业目标，增强职业意识，形成正确的职业观。

第一节　职业生涯规划的基本原则

【任务目标】

1. 知识目标：了解职业生涯规划的基本原则，准确掌握职业生涯规划基本原则的内涵。

2. 能力目标：在职业生涯规划时能够准确把握职业生涯规划的基本原则。

3. 素质目标：通过学习，锻炼学生的创新思维，让学生学会系统思考问题。

【案例导学】

陈晨的职业准备

陈晨是某高职院校大一学生，学习的是机电一体化专业。他想毕业后在某制造企业从事海外市场产品技术支持的职位，经过对市场的调研，他了解到这类型职位的要求是：掌握机电产品研发、应用、售后等基础理论知识；具备典型机电产品操作能力、英语口语交际能力；同时需要一定的企业产品开发或实习的实践经验。

于是，陈晨在他剩余的大学时间里，着手培养相关职业素质，考取英语六级，掌握机电产品设计、应用和售后相关的理论知识，利用假期进入一些名企实习积累经验，参加社团活动培养自己的组织能力和沟通能力等。等到毕业的时候，他去该公司面试，面试人员问他："你为这个职业做了什么样的准备?"陈晨详细陈述了自我职业生涯发展规划，还指出了该职位的特点，最后他如愿地进入该企业从事他所期望的职位，实现“人职匹配”。

目前，科技的高速发展使工作专精化。如果对工作世界未有明确认知，将无法了解工作的意义，对未来工作更加无从选择。职业认知是生涯发展的首要任务，大学生应认识与试探各种职业工作，培养从事相关职业工作的基本能力；根据个人兴趣与能力，完善职业所需的知识与技术，使个人素质适应于工作世界。

【认知学习】

一、系统性原则

系统性原则也称为整体性原则，它要求把决策对象视为一个系统，以系统整体目标的优化为准绳，协调系统中各分系统的相互关系，使系统完整、平衡。因此，在进行职业生涯规划决策时，应该将涉及的各个因素的特性放到大系统的整体中去权衡，以整体系统的总目标来协调各个方面的目标，从而避免考虑不全面造成损失。

二、主体性原则

主体性原则是指同学们在开展职业生涯规划活动时，应充分尊重职业生涯规划对象的主体地位，注意调动同学们自我职业生涯规划的积极性以实现人才培养目标为行为准则。作为主体的学生在教师的引导下进行职业生涯规划，具体表现为“我”性、自主性、能动性和创造性。在职业生涯规划过程中，学生的主体性主要体现在两个方面，“期望视野”和“需要与追求”。根据美国心理学家阿特金森的期望价值理论，学生在开始职业生涯规划之前，会根据其对职业生涯规划任务成功可能性的期待及任务所赋予的价值决定个体的学习动机，这就形成了学生主体的“期望视野”。学生主体具备职业生涯规划的动机后，对个体感到“缺乏”而力求获得满足，或是在职业生涯规划动机的驱动下对职业生涯规划内容进行设计，这是学生主体“需要与追求”的表现。

三、动态性原则

构成职业生涯的内部个人要素和外部环境要素是变化和发展的，而且是相互关联的，要素之间既相互联系又相互制约。因此，一个人的职业生涯不仅要受到本身条件的限制和制约，还要受到其他相关因素的影响和制约，并随着时间、地点以及人们的不同努力程度而发生变化。因此，个人的职业生涯规划也应当是动态的，要定时地，以及内外部因素发生重大变化时，适当对个人职业生涯规划做出调整，以适应内外部因素的变化。

【案例分析】

吕蒙的问题

吕蒙，某高职院校大一学生，会计学专业。她出生于知识分子家庭，后来考上国内某知名高职院校会计学专业。

吕蒙越来越发现自己并不喜欢会计专业，将来也不想从事会计行业，她去了职业咨询师那里咨询。在咨询师的引导下，她说："我妈妈是一家大公司的会计，她认为会计这个职业很稳定，收入也比较高，而且年纪大了也不会被淘汰，属于'越老越吃香'的职业。当时，我对专业不是很了解，所以就听妈妈的意见。上大学之后，我才发现自己并不喜欢这个专业。"

上大学以后，随着对专业知识学习的深入，以及对日后就业方向和职业发展道路的了解，吕蒙越来越发现，从事本专业的工作不是自己想要的生活，自己未来的职业道路似乎要局限于财务、会计师等工作了。想到这儿，她开始焦虑起来，一种强烈的转行愿望开始在她头脑中弥漫开来。

职业咨询师对吕蒙进行了测评，然后告诉她：职业规划并不是绝对的，要根据社会环境的发展变化以及对自我和职业了解程度的变化而调整和发展。任何职业和个人都不可能100%的匹配。我们做职业规划，不是把自己限制在一个很小的职业范围之内，而是要开阔视野，充分了解自我和职业，还要在积极的行动中根据现实情况不断调整和修正自己的职业方向，最终达到选择理想职业道路的目标。

【案例思考】

1. 吕蒙为什么会在自己不喜欢的专业上浪费了那么多的时间？
2. 吕蒙应该如何去做才能改变目前这种情况？
3. 你是不是像吕蒙一样，缺乏对职业生涯规划的动态管理呢？

四、前瞻性原则

如何找到一份满意的工作，不至于让自己在巨大的市场竞争中淘汰呢？这就要求我们在求职的过程中，需要有对于工作的前瞻性，也就是说，你选择的这个职业，应该是具备的有广阔的发展前景的，这样的工作才能够被称作是一份满意的工作。

职业规划是对职业生涯乃至人生进行持续的、系统地计划的过程，而前瞻意识的核心在于人的活动的可预测性。作为职业院校在校生，在职业生涯规划时，关键要有前瞻性，以成长性强的职业作为自己的目标。归纳起来，前瞻性体现在以下两个关键当口。

1. 选择职业时

在选择职业时尽量选择有发展潜力的职业，不要拼命追逐那些已经炙手可热的职业。成长性强的职业应具备两个条件，第一，在市场上，与该职业相关的人才供不应求。第二，提供相关职位的企业，发展态势大多蒸蒸日上，在政策方面拥有不少利好消息。具备这两个条件的职业，势必需要大量从业人员，出现"求贤若渴"之势，很可能是下一个"热门"。

2. 选择行业时

选择行业时可做一番调查分析，包括社会热点职业的分布、自己所选择的行业在当前与未来社会中的地位、社会发展趋势对行业的影响等。分析一下自己的人脉资源，包括在从事选定职业的过程中将同哪些人交往，这些人都属于哪些行业等，然后根据实际情况选择有利于自己成长的行业。

五、创新性原则

职业生涯规划，并不是指制定一套规章程序，让自己循规蹈矩、按部就班地完成，而是发挥人的“创造性”，在确定职业生涯目标时就应得到体现。还应当看到，一个人职业生涯的成功，不仅仅是职务上的提升，还包括工作内容的转换或增加、责任范围的扩大、创造性的增强等内在质量的变化，是要让自己发挥自己的能力和潜能，达到自我实现，创造组织效益的目的。

【任务实践】

一、任务描述

小刚完成了职业生涯认知，明确了自己作为公民和大学生的角色认知和自己将来从事职业的认知，形成了自己的价值体系；他也完成了自己的潜力挖掘，并从各个角度了解了自己。接下来，他将挖掘职业生涯规划中要把握的原则，以便他更好地完成自己的职业生涯规划。

二、任务实现

Step 1　3～5 人一个小组，在 10 分钟以内，以“职业生涯规划的基本原则”为主题，每个小组绘制一幅思维导图。

Step 2　以小组为单位进行结果展示。

第一组：

第二组：

第三组：

……

Step 3　一分钟小结。

做完这部分任务后，你有什么感触和启发吗？请列出对你影响最深刻的三点。

(1)

(2)

(3)

【任务问题】

(1) 职业生涯规划时要把握哪些基本原则？

(2) 职业生涯规划为什么需要动态管理？

【知识链接】

奋斗是青春最亮眼的底色

晏斌，中共党员，湖南某高职院校数控0602班毕业生，现任职株洲九方装备股份有限公司设备基建部，2019年“全国五一劳动奖章”获得者，曾获湖南省劳动模范、省“五一劳动奖章”、省“技术能手”等诸多荣誉。2009年7月参加工作的他，用10年的努力和拼搏，走出一条坚毅不凡的匠心筑梦之路。

晏斌是湖南娄底新化人，父母一辈子在大山里务农，家庭经济条件拮据，山野林间的韧性造就了他肯吃苦的性格。在数控技术专业学习期间，晏斌热爱学习，踏实勤奋，虽然每个月只有不到500元的生活费，但他从不和同学攀比吃穿用度，除了学好专业知识，课余时间都泡在图书馆里。

毕业后一如既往地专注与勤奋，助力晏斌实现了一次又一次的超越，他是勤于钻研的“螺丝钉”、数控机床的“活地图”，也是班组建设的“领头羊”。通过传、帮、带，他培养了多名技师、高级技师。2016年至2018年，晏斌所在的班组累计提出技术创新、改革成果、合理化建议超过160项，班组多次获得公司“红旗班组”称号。

从懵懂的“山里娃”到“全国五一劳动奖章”获得者，晏斌用技能点亮人生，用匠心成就梦想，用奋斗的青春书写着无悔的人生。“玉不琢，不成器”，“工匠精神”是一种精益求精、精雕细琢、追求完美和极致的精神理念。“劳模精神”是爱岗敬业、争创一流、艰苦奋斗、勇于创新、淡泊名利、甘于奉献的精神理念。这两种精神就是我们的职场典范，不要满足于普普通通的工作表现，要做就要做企业里不可或缺的人物。“超越平庸，选择完善”，这是值得我们每个人一生追求的格言。

（选自：陈芳，等. 职业生涯规划与职业素养提升［M］. 北京：机械工业出版社，2023.）

第二节　职业生涯规划的一般步骤

【任务目标】

1. 知识目标：掌握自我评价、目标定位、职业选择的基本内容。
2. 能力目标：能够进行正确的自我评价，能够合理地对自己的职业生涯规划进行定位。
3. 素质目标：学会将自己的职业生涯目标与国家战略和产业发展趋势结合起来。

【案例导学】

2020级机电专业的小蔡在高二时，进行了职业生涯规划设计，其作品获得市复赛一等赛，全国决赛三等奖。上了高三，家人让其考本科，使她产生很大压力。老师帮她分析自己条件，认为她考本科较难，因为她的基础较差。建议她退而求其次。她便降低目标，考取了外地一所高职院校。进入大学后，她开始实施第二步规划。她认真学习专业知识，积极参加创业大赛、演讲比赛、辩论赛、技能大赛、职业体验、志愿者、社会实践等各种活动。因表现突出，当选为班长，进入学生会。到了大三，她积极参加专升本考试，为进一步发展奠定基础。最近，她考上了本科。她非常感谢高中阶段的职业生涯规划，让她一直有目标，有方向，完成一个个的任务。她信心十足，继续朝着自己的目标前进。

职业生涯规划能够帮助我们更好地了解自身的优势及缺陷，使自己有针对性地学习、提高，是就业、再就业和许多成功企业和个人发展的不可或缺的重要手段。

【认知学习】

一、正确的自我评价

根据家长、老师和同学们的评价，借助于职业兴趣测验和性格测验，发现自己是一个较为外向开朗的人还是内向稳重的人，并对哪些问题较为感兴趣，如经济问题还是管理问题，或擅长哪些技能如分析，对数字敏感，语言表达能力等。也可分析出自己的一些弱点，如抗压力能力、合作能力较弱，考虑问题深度不够，文字表达能力不佳等。

二、职业目标定位

准确的职业目标定位是职业成功的基本前提，没有准确的职业目标定位，职业的成功也就无从谈起，俗话说："志不立，天下无可成之事"。纵观古今中外，各行各业的佼佼者，都有一个共同的特点，就是具有准确的职业目标定位，准确的职业目标定位是人生的起跑点，反映着一个人的抱负、胸怀、情趣和价值观，影响着一个人的奋斗目标及成就。所以，在制定生涯设计时，首先确立职业目标定位，这是制定职业生涯设计的关键，也是生涯设计最重要的一点。

确立了职业目标定位后，应对职业目标定位进行准确评估。准确评估包括两个方面的内容，即自我评估和职业生涯机会的评估。准确评估是进行职业生涯设计的基础。

自我评估就是对自己做全面分析，通过自我分析，认识自己，了解自己，因为只有认识了自己，明确了自己的长处，扬长避短，才能对自己的职业做出正确的选择，才能选定适合自己发展的生涯路线，才能对自己的生涯目标做出最佳抉择。因此，自我评估是生涯设计的重要步骤之一。通常自我评估包括自己的兴趣、特长、性格、学识、技能、智商、情商、思维方式、道德水准以及组织管理、协调、活动能力等内容。

生涯机会的评估，主要分析内外环境因素对自己生涯发展的影响。每一个人都处在一定的环境之中，离开了这个环境，便无法生存与成长。所谓"时势造英雄"说的就是环境对人的作用。这里最重要的是政治风云、经济兴衰，还有科学文化潮流、社会时尚乃至自然灾害、饥荒、瘟疫、无疑都深刻地影响了人生。认清了时势，才能实现俗话说的"英雄造时势"。只有充分适应与满足社会需要，个人才会获得最大实现。所以，在制定个人的职业生涯设计时，要分析环境条件的特点、环境的发展变化情况、自己与环境的关系、自己在这个环境中的地位、环境对自己提出的要求以及环境对自己有利的条件与不利的条件，等等。只有对这些环境因素充分了解，才能做到在复杂的环境中避害趋利，使生涯设计具有实际意义。

【案例分析】

SWOT 分析定目标：

姓名：何生。

性别：男。

血型：B 型。

性格：领航兼增值型。

学历：大专。

目前年龄：20 岁（2000 年）。

死亡预测：70 岁（2050 年）。

尚余年限：50 年。

SWOT 分析

优势：①有较坚实的制造业企业管理理论基础（但仍需不断吸收新观念、新知识）。

②有企业实践经验（但仍需充实这方面的经历和经验）。

③善于沟通，善于与人相处，适应能力强（才干一）。

④分析问题时头脑冷静，善于发现和解决问题（才干二）。

弱势：有时缺乏冲劲，做具体工作动作较慢。

机会与威胁：目前处于学生阶段，还未进入职场。

应抓紧时间多学习，打下基础，为下一步突破养精蓄锐。

整体职业生涯目标：成为一家中型制造业企业的总经理。

阶段目标：

22—32 岁，在大中型制造企业任职，争取调换职位，熟悉制造、物品管理、工程、物料等部门的运作，同时自学 MBA 的主干课程。

33—35 岁，跳槽应聘制造业企业管生产的副总经理等相关职务，从事工厂的全面管理工作，同时自学营销方面的课程。

35—39 岁，从事制造业企业的高层管理。

40 岁，应聘一家中型制造业企业的总经理。之后，一边从事管理工作，一边不断学习和实践，逐步成为一名优秀的职业经理人。

家庭目标：目前未婚。30 岁开始以 10 年期供房。

健康目标：至少购买 50 万元人民币保额的人身保险，注意身体健康，不要让身体成为家庭与事业的负担。

收入目标：2023—2025 年，年薪 5 万～8 万元人民币；2025—2027 年，年薪 8 万～15 万元人民币；2030 年，年薪 30 万元人民币，之后每年以 5%～10%的增幅增加。如果可能，自行创业（非绝对必须之目标）。

学习目标：2023—2025 年，自学完 MBA 主干课程；2025—2027 年，自学完营销管理主干课程；2027 年以后每月至少看 10 本相关管理书籍，并将学到的知识用于管理工作之中。

【案例思考】

1. 通过案例来看，你觉得应该如何运用 SWOT 方法明确自己的职业生涯目标？
2. 明确职业生涯目标以后，如何分解自己的职业生涯目标？

三、职业选择

通过自我评估、生涯机会的评估，认识自己，分析环境，在此基础上对自己的职业或目标职业做出选择。也就是在职业选择时，要充分考虑到自身的特点，要充分考虑到环境因素对自己的影响。

通常职业生涯方向的选择需要考虑以下几个问题：我想往哪个方面发展？我能往哪方面发展？我可以往哪方面发展？我的职业选择能帮助我实现人生的最终目标吗？我是否有一种途径可以让现有的职业与人生的基本目标相一致？分析自我，了解自己，分析环境，了解职业世界，使自己的性格、兴趣、特长与职业相吻合，这一点对即将步入社会选择职业的大学生非常重要。这里必须考虑到一步到位和渐进两种可能。对于职业，谁都希望一下子找到适合于自己发展的行当，职位一步到位，但这更多的只是愿望。路总是曲折的，情况也比较复杂，人生常常是要经历长时间的努力、期待才可能找到适合自己发展的职业。这种情况就是渐进，慢慢接近目标。而且这种情况应当说更为普遍。指出这一点就是指出职业生涯设计要考虑实施的复杂性，实施主体要有韧性、耐心。

四、职业生涯的具体规划

在确定了生涯目标后，行动便成了关键的环节。没有达成目标的行动，就不能达成目标，也就谈不上事业的成功。这里所指的行动，是指落实目标的具体措施，主要包括工作、训练、教育、轮岗等方面的措施。例如，为达成找到理想工作的目标，你计划采取什么措施，提高你的就业竞争力？在潜能开发方面，采取什么措施开发你的潜能，等等，都要有具体的计划与明确的措施。并且这些计划要特别具体，以便于定时检查。如果你从一名财务人员做起，但你的 5 年、10 年或 20 年个人职业规划是希望成为一个理财规划师。那么，你应该问自己下列几个问题。

(1) 我需要哪些特别的培训和学习才能使我够资格做一名理财规划师？

(2) 为使自己发展路上顺畅坦荡，需要排除的内部和外部障碍有哪些？

(3) 我目前的上司在这方面能给我帮助吗？我周围的人在这方面能给我帮助吗？

(4) 目前的公司对我最终成为理财规划师的可能性有多大？是否比在其他公司机会更大？

俗话说：“计划赶不上变化”，影响生涯设计的因素很多，有的变化因素是可以预测的，而有的变化因素难以预测。在此状况下，要使生涯设计行之有效，就必须不断地对生涯设计进行评估与修订。其修订的内容包括：职业的重新选择；生涯路线的选择；人生目标的修正；实施措施与计划的变更等。成功的职业生涯设计需要时时审视内外环境的变化，并且调整自己的前进步伐。目标的存在只是为你的前进指导一个方向。而你是它的创造者，你可以在不同时间不同环境下做出调整，让它符合你的理想。在今天，我们的工作方式不断推陈出新，除了学习新的技能知识外还得时时审视自己的生涯资本并意识到其不足的地方，不断修正自己的目标，才能立于不败之地。

【任务实践】

一、任务描述

小刚已经完成了对职业生涯的认知，了解了职业生涯规划对自己的重要性。接下来，他打算制作一份自己的职业生涯规划书。

二、任务实现

Step1：自我评价。

（1）我的性格：

（2）我的弱点：

（3）我的兴趣爱好：

（4）我的家庭背景：

（5）我的专业知识：

（6）我所处的环境：

Step2：职业目标定位。

（1）我的职业目标定位是什么：

（2）内部环境对职业目标定位的影响：

（3）外部环境对职业目标定位的影响：

Step3：选择职业。

我感兴趣的职业是哪些：

Step4：确定职业生涯路线。

我的职业生涯路线是什么：

Step5：制定行动计划与措施。

（1）我需要哪些学习和培训才能达到职业目标？

第一年：

第二年：

第三年：

……

（2）我需要排除的内外部障碍有哪些？

内部障碍：

外部障碍：

（3）我的哪些资源在排除障碍方面对我有帮助？

（4）我的行动措施有哪些？

第一年：

第二年：

第三年：

……

Step6：评估与动态管理。

（1）影响我职业生涯的重大内外部因素有：

（2）职业目标的变更：

（3）实施措施与计划的变更：

【任务问题】

（1）职业生涯规划的一般步骤是什么？

（2）请查阅资料后思考：职业生涯规划的方法有哪些？

【知识链接】

记时代楷模、全国劳动模范高凤林

当大街上的广播中传出我国第一颗人造地球卫星传回的“东方红”乐曲声时，年幼的高凤林产生了疑问："卫星是怎么飞到天上去的?"当他以优异的成绩从中学毕业面临抉择时，母亲一句："报考七机部技校吧，去解你小时候的迷惑。"从此，他便与航天结下了不解之缘。

迈出校门的高凤林，走进了人才济济的火箭发动机焊接车间氩弧焊组，跟随我国第一代氩弧焊工学习技艺。师傅给学员们讲中国航天艰难的创业史，讲20世纪70年代初25天完成25台发动机的"双二五"感人事迹，讲航天产品成败的深远影响，还有党和国家对航天事业的关怀和鼓励。也就是从那时起，"航天"两个字深深镌刻在高凤林的内心。他暗下决心，要成为像师傅那样对航天事业有用的人。

为了练好基本功，他吃饭时习惯拿筷子比画着焊接送丝的动作，喝水时习惯端着盛满水的缸子练稳定性，休息时举着铁块练耐力，更曾冒着高温观察铁水的流动规律。渐渐地，高凤林日益积攒的能量迸发出来。

20世纪90年代，为我国主力火箭长三甲系列运载火箭设计的新型大推力氢氧发动机，其大喷管的焊接曾一度成为研制瓶颈。火箭大喷管的形状有点儿像牵牛花的喇叭口，是复杂的变截面螺旋管束式，延伸段由248根壁厚只有0.33毫米的细方管通过工人手工焊接而成。全部焊缝长达近900米，管壁比一张纸还薄，焊枪停留0.1秒就有可能把管子烧穿或者焊漏，一旦出现烧穿和焊漏，不但大喷管面临报废，损失百万，而且影响火箭研制进度和发射日期。高凤林和同事经过不断摸索，凭借着高超的技艺攻克了烧穿和焊漏两大难关。然而，焊接出的第一台大喷管径X光检测显示，焊缝有200多处裂纹，大喷管将被判"死刑"。高凤林没有被吓倒，他从材料的性能、大喷管结构特点等展开分析排查。最终，在高层技术分析会上，他在众多技术专家的质疑声中大胆直言，是假裂纹！经过剖切试验，200倍的显微镜下显示他的判断是正确的。就此，第一台大喷管被成功送上了试车台，这一新型号大推力发动机的成功应用，使我国火箭的运载能力得到大幅提升。

随着承担的急活、难活越来越多，高凤林挑起了更多的重担。久而久之，高凤林成为远近闻名的能工巧匠，社会上的一些单位遇到解决不了的技术难题，也登门求助。一次，我国从俄罗斯引进的一种中远程客机发动机出现了裂纹，很多权威专家都没有办法修好，俄罗斯派来的专家更是断言，只有把发动机拆下来，运回俄罗斯去修，或者请俄罗斯的专家来中国，才能焊接好。高凤林被请到了机场，看着眼前这个瘦弱的年轻人，俄罗斯专家仍然不相信地说："你们不行，中国方面的专家谁也修不了!"高凤林通过翻译告诉俄方专家："你等着，我十分钟之内就能把它焊好!"事实证明，高凤林不是"吹牛"。焊完后，俄方专家反反复复检查了好几遍，面带微笑对高凤林竖起了大拇指。高凤林展现了中国人的志气，展示了中国高技能人才的技艺，为祖国争得了荣誉。

高凤林在工作中敢闯敢试，坚持创新突破，将无数次"不可能"变为"可能"。某型号发动机阀座组件，生产合格率仅为35%，该型号发动机阀座组件需半年时间要拿出大批量合格产品。该产品采用的是软钎焊加工，而高凤林的专业是熔焊，这是一次跨专业的攻关。高凤林从理论层面认清机理，在技术层面把握关键。他跑图书馆，浏览专业技术网站，千方百计搜寻国内外相关资料。每天，高凤林带领组员在20多平方米的操作间进行试验，两个月里试验上百次，理清了两种材料的成因机理，并有针对性地从环境、温度、操作控制等方面反复改进，最终形成的加工工艺使该产品的合格率达到90%。

不断取得的成功没有让高凤林飘飘然，他反而越来越感到知识的可贵，认为操作工人应该用智慧武装头脑，更好地指导实践操作业。离开学校8年后，高凤林重新走进校园，捧起课本，开始了长达4年艰苦的业余学习。为了让知识面更广一些，他选择了机械工艺设计与制造专业。快毕业的时候，高凤林还在一次航天系统大型技术比赛中报了名。白天穿梭于工作现场、训练场、课堂，晚上抱着两摞厚厚的书籍学习到三四点钟，由于过度紧张和劳累，不到30岁的他头发一把把地往下掉。功夫不负有心人，高凤林先在技术比赛中取得了实操第一、理论第二的好成绩，不久又拿到了盼望多年的大学专科文凭，之后他又完成了从本科到研究生的学习。

高凤林著有论文30多篇，分别发表于《航天制造技术》《航天产品应用焊接技术》《现代焊接》、集团《绝招绝技》等刊物；每年授课120多课时以上，听众上千人次。他的事迹多次被收入《中华名人录》《当代人才》《国际人才》《支部生活》等期刊，被《人民日报》《工人日报》《科技导报》《实话实说》《焦点访谈》《新人物周刊》《探月现场直播》等媒体和节目报道，引导和激励着更多的青年技工学习技术、为国贡献。

"事业为天，技能是地"，高凤林参加工作30多年来，默默奋战在火箭发动机系统焊接第一线，他敢为人先、勇于创新，艰苦奋斗、甘于奉献，为中国航天事业的发展作出了突出贡献。他热爱自己的祖国和所从事的事业，以主人翁的责任感、刻苦钻研的精神、无私奉献的态度，走出了一条成才之路，成为新时代高技能人才的楷模。在他身上劳模精神得以发扬光大，散发出更多的光和热，汇聚成这个时代宝贵的精神财富。

有源：http://tv.cctv.com/2016/04/27/ARTI82AtmZcFwlxWiPZnB8mg160427.shtml，有删节。

第三节　撰写职业生涯规划书

【任务目标】

1. 知识目标：掌握职业生涯规划书的基本内容。
2. 能力目标：能够撰写自己的职业生涯规划书。
3. 素质目标：培养学生对职业生涯规划进行评估和动态管理的理念，形成正确的职业观。

【案例导学】

现实生活中有千千万万为理想与责任而坚守初心的科技工作者，比如被授予"人民英雄"的陈薇院士。

1988年，陈薇院士从浙江大学毕业，被免试推荐到清华大学化工学院读研。当时，清华大学的毕业生是非常抢手的，可陈薇院士选择了去军事医学科学院微生物流行病研究所工作，不仅工资低，还整天与鼠疫、埃博拉等病毒打交道。7年后，陈薇院士拿到微生物学和医学双博士学位，入选军事医学院的A类人才库。

2002年非典，陈薇院士和她的团队在负压实验室，每天一待就是八九个小时，一干就是50多天。

非典后，陈薇院士和她的团队又盯上了埃博拉病毒，前后跟进了整整10年，研究出了世界上第一支埃博拉病毒的新基因疫苗。

陈薇历经阻击非典、汶川救灾、奥运安保、援非抗埃等重大任务历练，带出了一支学科交叉、拼搏奉献的生物防御队伍，2018年获军队科技创新群体奖。

2020年3月，由陈薇领衔的军事科学院军事医学研究院科研团队研制的重组新冠疫苗开始人体注射试验。

2020年8月11日，国家主席习近平签署主席令，授予陈薇“人民英雄”国家荣誉称号。人民军队熠熠生辉、浩气长存的银河中，又多了一颗璀璨的星。

“这是军人的使命，这份荣誉属于全国全军疫情防控科研攻关战线的所有同志!”此时，陈薇正在执行任务。对她来说，这是军人最好的站位。

我们每一个人都希望获得职业的成功，都要面对职业生涯发展过程中的选择问题。陈薇的故事告诉我们，成功的职业生涯来源于准确的自我认识、合适的职业选择和坚持不懈的努力，这些正是职业生涯规划书撰写所要讨论的主题。

【认知学习】

一、职业生涯规划书的主要内容

职业生涯规划有鲜明的个性特征，每个人的职业目标和发展历程不同，在撰写职业生涯规划书时要考虑的要素也不同。总体来说，一些因素是必须考虑的，如自我的全面认知、外部环境的分析、目标抉择以及实施方案等。

（一）职业生涯规划的步骤

第一步：自我评估。

自我评估的目的是认识自己，了解自己。因为只有认识了自己，才能对自己的职业做出正确的选择。所以，自我评估是生涯规划的重要步骤之一。一般来说，自我评估包括自己的兴趣、特长、性格、学识、技能、智商以及组织管理、协调、活动能力等。

第二步：生涯机会的评估。

生涯机会的评估主要是评估各种环境对自己生涯发展的影响，每一个人都处在一定的环境之中，离开了这个环境，便无法生存与成长。所以，在制订个人的职业生涯规划时，要分析环境条件的特点，环境的发展变化情况，自己与环境的关系，自己在这个环境中的地位、环境对自己提出的要求，以及环境对自己的有利条件与不利条件，等等。只有对这些环境因素充分了解，才能做到在复杂的环境中避害趋利，使你的生涯规划具有实际意义。如组织环境因素评估包括组织发展战略、人力资源需求、晋升发展机会等。

第三步：确定目标。

生涯目标的设定是职业生涯规划的核心。一个人事业的成败，很大程度上取决于有无正确适当的目标。没有目标如同大海的孤舟，四野茫茫；没有方向，不知道自己应走向何方。只有树立了目标，才能明确奋斗的方向，犹如海洋中的灯塔，引导你避开险礁暗石，走向成功。目标的设定是在继生涯路线选择后，对人生目标做出抉择。其抉择是以自己的最佳才能、最优性格、最大兴趣、最有利的环境等信息为依据，通常目标分短期、中期、长期和人生目标。

第四步：制定行动计划与措施。

在确定了生涯目标后，行动变成了关键的环节。没有达成目标的行动，就不能达成目标，也就谈不上事业的成功。这里所指的行动是指落实目标的具体措施，主要包括工作、训练、教育、轮岗等方面的措施。例如，为达成目标，在工作方面，你计划采取什么措施提高你的工作效率？在业务素质方面，你计划如何提高你的业务能力？在潜能开发方面，采取什么措施开发你的潜能，等等。都要有具体的计划与明确的措施，并且这些计划要特别具体，以便于定时检查。

第五步：评估与回馈。

俗话说“计划赶不上变化”，有的变化因素是可以预测的，而有的变化因素难以预测。在此状况下，要使生涯规划行之有效，就必须不断地对生涯规划进行评估与修订。其修订的内容包括：职业的重新选择、生涯路线的选择、人生目标的修正、实施措施与计划的变更等。

（二）职业生涯规划书的内容

著名职业生涯学研究者与培训师程社明博士提出职业生涯设计应包括以下 10 项内容。

（1）题目。包括姓名、年限、年龄跨度、起止时期。

（2）自身条件及潜力测评结果。个人分析包括了解自己的目前状况和发展潜能。

（3）社会环境分析结果。包括对政治环境、经济环境、法律环境的分析，还包括职业环境分析。

（4）企业分析结果。包括行业分析以及对企业制度、企业文化、企业领导、企业产品和服务、发展领域等的分析。

（5）职业方向及总体目标。指从业方向和当前可以预见的最长远目标。

（6）目标分解及目标组合。分析实现目标的主要影响因素，通过目标分解和目标组合的方法做出果断明确的目标选择。

（7）角色及其建议。记录对自己职业生涯影响最大的一些人的建议。

（8）成功的标准。

（9）差距。即自身现实状况与实现目标的要求之间的距离。

（10）缩小差距的方法及实施方案。

（三）用五个问题概括职业生涯规划书的主要内容

（1）我是谁？

（2）我想做什么？

（3）我会做什么？

（4）环境允许或支持我做什么？

（5）我的职业与生活规划是什么？我的规划如何实现？

二、撰写职业生涯规划书的注意事项

（1）依据客观现实，考虑个人与社会、单位的关系。

（2）比较鉴别，比较职业的条件、要求、性质与自身条件的匹配情况，选择条件更合适、更符合自己特长、更感兴趣、经过努力能很快胜任、有发展前途的职业。

（3）正确认识自己的优缺点、个人性格，寻求合适的职业。

（4）审时度势，及时调整，要根据情况的变化及时调整择业目标，不能固执己见，一成不变。

（5）实施策略。就是要制定实现职业生涯目标的行动方案，要有具体的行为措施来保证。没有行动，职业目标只能是一种梦想。要制定周详的行动方案，更要注意去落实这一行动方案。

（6）评估与反馈。整个职业生涯规划要在实施中去检验，看效果如何，及时诊断生涯规划各个环节出现的问题，找出相应对策，对规划进行调整与完善。由此可以看出，整个规划流程中正确的自我评价是最为基础、最为核心的环节，这一环做不好或出现偏差，就会导致整个职业生涯规划各个环节出现问题。

【任务实践】

一、任务描述

小刚学习了职业生化规划的内容，他迫切地想制订一份自己的职业生涯规划，希望按照职业生涯规划，采取科学的方法和措施，增强自己的职业竞争力，实现自己的职业目标与理想。

二、任务实现

Step 1：规划时限。

（1）规划年限：五年。

（2）起止时间：

Step 2 环境评估。

（1）使用 SWOT 对环境进行评估，主要分析家庭环境、学校环境、社会环境、目标职业环境对职业生涯发展的影响。

<table>
<tr><td rowspan="4">家庭环境</td><td>优势（S）</td><td>劣势（W）</td></tr>
<tr><td></td><td></td></tr>
<tr><td>机会（O）</td><td>威胁（T）</td></tr>
<tr><td></td><td></td></tr>
<tr><td rowspan="4">学校环境</td><td>优势（S）</td><td>劣势（W）</td></tr>
<tr><td></td><td></td></tr>
<tr><td>机会（O）</td><td>威胁（T）</td></tr>
<tr><td></td><td></td></tr>
<tr><td rowspan="4">社会环境</td><td>优势（S）</td><td>劣势（W）</td></tr>
<tr><td></td><td></td></tr>
<tr><td>机会（O）</td><td>威胁（T）</td></tr>
<tr><td></td><td></td></tr>
<tr><td rowspan="4">目标职业
环境</td><td>优势（S）</td><td>劣势（W）</td></tr>
<tr><td></td><td></td></tr>
<tr><td>机会（O）</td><td>威胁（T）</td></tr>
<tr><td></td><td></td></tr>
</table>

（2）就业城市：

（3）就业行业：

（4）就业职业：

Step 3：自我评估。

（1）我的性格：

（2）我的现状：

（3）我的能力允许我从事的行业与职业：

（4）我想从事的行业与职业：

（5）自我评估小结：

Step 4：对自己职业生涯影响最大的一些人的建议。

序号	姓名	关系	建议
1			
2			
3			
4			
5			

小结：

Step 5：目标。

（1）首选职业目标：

（2）备选职业目标：

（3）职业发展路径：

（4）总体目标

总目标名称	具体描述
短期目标（1 年内）	
中期目标（毕业前）	
长期目标（10 年级以上）	

Step 6：目标分解。

总目标名称	起至年月	具体目标名称	目标描述
短期目标（1 年内）		知识目标	
		能力目标	
		素质目标	
		实践目标	
中期目标（5 年）		知识目标	
		能力目标	
		素质目标	
		实践目标	
长期目标（10 年级以上）		知识目标	
		能力目标	
		素质目标	
		实践目标	

Step 7：自身条件与目标之间的差距。

总目标名称	具体目标名称	自己的现状	目标	差距
短期目标（1 年内）	知识目标			
	能力目标			
	素质目标			
	实践目标			
中期目标（毕业前）	知识目标			
	能力目标			
	素质目标			
	实践目标			
长期目标（10 年以上）	知识目标			
	能力目标			
	素质目标			
	实践目标			

Step 8：实施计划。

（1）学习计划（按年度）：

（2）培训计划（按年度）：

（3）实践计划（按年度）：

（4）工作计划（按年度）：

Step 9：评估与反馈。

每年对职业生涯规划评估一次。

评估年月	内外部重大变化	调整内容

【任务问题】

1. 职业生涯规划书的内容一般有哪些？
2. 怎样规划自己的职业生涯？
3. 如何对自己的职业生涯规划进行评估？

【知识链接】

南辕北辙

魏王欲攻邯郸，季梁闻之，中道而反，衣焦不申，头尘不去，往见王曰：“今者臣来，见人于大行，方北面而持其驾，告臣曰：‘我欲之楚。’臣曰：‘君之楚，将奚为北面？’曰：‘吾马良。’臣曰：‘马虽良，此非楚之路也。’曰：‘吾用多。’臣曰：‘用虽多，此非楚之路也。’曰：‘吾御者善。’此数者愈善，而离楚愈远耳。今王动欲成霸王，举欲信于天下。恃王国之大，兵之精锐，而攻邯郸，以广尊名。王之动愈数，而离王愈远耳。犹至楚而北行也。”此所谓南其辕而北其辙也。

（选自《战国策·魏策四》，入选有删节）

译文：魏王想要攻打邯郸（今河北省邯郸市），季梁听说这件事后，半路返回，来不及抻平皱缩的衣服和去除头上的尘土，去拜见魏王说：“今天我来的时候，在路上遇见了一个人，正在朝北面驾着他的车，他告诉我说：‘我想到楚国去。’我说：‘您既然要到楚国去，为什么往北走呢？’他说：‘我的马很精良。’我说：‘你的马虽然很精良，可这不是去楚国的路。’他说：‘我的路费很多。’我说：‘你的路费虽然多，可这不是去楚国的路。’他说：‘我的马夫善于驾车。’这几个条件越是好，就离楚国越远了。大王的行动是想成为霸王，举止是想取信于天下。依仗魏国的强大，军队的精锐，而去攻打邯郸，以使土地扩展，有好的名声。大王这样的行动越多，那么（您）距离称王的事业就越来越远了。这就好像到楚国却向北走一样。”

【课后思考与练习】

1. 职业生涯规划最重要的是（　　）。

A. 明确自己的专业所学　　B. 明确一个自我定位

C. 搞清楚社会大环境　　D. 不浪费自己的才华

2. 职业生涯规划有三个核心要素是（　　）。

A. 有一个认定的发展方向

B. 立足现实条件的资源整合

C. 建立广泛的人脉资源

D. 过程实践的充实体验

3. 对于生涯目标的设定，正确的是（　　）。

A. 自己认定并愿意负责　　B. 要有充分的实现基础

C. 实践中逐步调整完善　　D. 要符合社会主流价值观

4. 职业生涯规划应有的姿态是（　　）。

A. 紧随当前趋势　　B. 长远与近期计划结合

C. 目标清晰但能灵活变通　　D. 坚定不移实现目标

5. 性格腼腆、一当众说话就脸红的男生小王因为幼时受恩于老师，立志当中学教师，但因表达能力差一直没能面试成功。他的核心困扰是（　　）。

A. 探索不清自己的职业价值观　　B. 探索不清自己的核心能力

C. 职业价值追求与职业能力不匹配　　D. 不知道自己喜欢什么

6. 如果一个人喜欢具体的任务，喜欢与物打交道，喜欢做体力工作，并且其机械和动手能力较强，你觉得（　　）职业比较适合他。

A. 工程师　　B 会展设计师

C. 作家　　D. 会计

7. 调整职业生涯规划的关键是（　　）。

A. “我为什么干”

B. “我干得怎么样”

C. 放弃原有规划

D. 选择更适合自己的发展方向和发展目标

8. 某机械厂的一位领导说：“机械工业工艺复杂，技术密集，工程师在图纸上画得再好、再精确，工人操作中如果差那么一毫米，最终出来的就可能是废品。”这段话主要强调（　　）素质的重要性。

A. 专业技能　　B. 思想政治

C. 职业道德　　D. 身心素质

第五章　职业生涯自我管理

【学习目标】

1. 知识目标：了解自我管理的内容，掌握自我管理的方法与途径。

2. 技能目标：培养及加强学生自我规划及自我管理的能力。

3. 素质目标：正确认识自我，管理自我，改变自我，提升个人综合素质及社会竞争力。

【案例导学】

吴凡大学毕业后，就职于一家文化传媒公司，主要负责文化设计与建设项目，在公司工作三年多，他十分热爱这份事业，目前事业处于上升期。大学期间，他通过学习职业生涯与发展规划相关课程及老师的一对一的职业规划指导后，开始制定职业目标。他爱好写作，爱好电子手绘，为了帮助自己更好地适应变化，他利用课余时间积极参加相关课程培训，通过自我学习、提升自我、确立目标等，更好地发现自己的优势与不足，从而帮助他逐步实现职业生涯的成功。他分享了自己的经验。

一要自我评估与规划：在老师的指导和帮助下，了解自己的优势和不足，并设定职业目标和规划。

二要建立个人品牌：在职场中建立一个良好的个人品牌可以帮助自己在职场中脱颖而出。

三要不断学习和提升自我：持续学习和提升自我是职业生涯自我管理的关键。

吴凡提到了持续学习和提升自我是职业生涯自我管理的关键，你是如何理解的？自我管理的正面影响有哪些？如何进行自我管理？

生活中，有的人能长期保持积极进取的奋斗状态，最终获得了巨大成就；而有人虽然能意识到自己面临的任务，也清楚完成任务对自己的重要意义，但往往不能长期坚持，最终自然也就表现平平。

职场中，被解雇或离职的人大都不是因为缺乏专业能力，而是因为缺乏自我管理技能，如敬业精神、沟通能力等，坚持、耐心、专注、热情、敏捷这些技能并不是通过专门的课程学习到的，是在日常生活中随时随地可培养的。大学生在校期间，一定要在学好专业知识的基础上，加强对自我管理技能的培养，增强社会竞争能力，使个人在整个职业历程的工作更有成效。

职业生涯自我管理可以带来许多正面的影响：一是在职场中更受欢迎，职场人士通过自己的努力和规划逐渐成长，得到了同事和领导的认可。二是更高的职业发展，职业生涯自我管理可以帮助个人在职业发展中不断提升和进步，实现自己更高的职业目标。三是更好的生活品质，通过职业生涯自我管理，个人可以获得更高的职业收入和更稳定的职位，从而提高自己的生活品质。

自我管理技能：一般用来描述或说明人具有的某些特征，也被称为“适应性技能”。如何使用自己的专业知识、以什么样的态度从事工作，这比工作内容本身更为重要。

自我管理技能主要包括目标管理、时间管理、人际关系管理和身心健康管理。

第一节 目标管理

一、目标管理

目标管理就是以目标为导向，以人为中心，以成果为标准，而使组织和个人取得最佳业绩的现代管理方法。简单来说，就是对自己的未来有清晰规划。为了实现大目标，清楚知道每一步都该做什么，制定一个个小目标，然后再去一步步执行。每一天每一分每一秒都在向自己的目标靠拢，做的每一件事都在为自己的目标服务。

哈佛大学曾对一群年轻人进行了人生目标的调查，调查结果发现：27%的人没有目标；60%的人目标模糊；10%的人有清晰但比较短期的目标；3%的人有清晰且长期的目标。经过25年的跟踪研究，结果发现他们的生活状况及分布现象有一定规律：3%有清晰且长期目标的人，他们大都成了社会各界的顶尖成功人士，其中不乏白手创业者、行业领袖、社会精英；10%有清晰但目标比较短期的人，大都生活在社会的中上层，成为各行业的不可或缺的专业人士，如律师、医生、工程师、高级主管等；60%的目标模糊的人，几乎都生活在社会的中下层，他们能安稳地生活与工作，但都没有什么特别的成绩；剩下的那27%的没有目标的人，几乎都生活在社会的最底层，他们的生活过得都不如意，常常失业，并且抱怨他人，抱怨社会，抱怨世界。

目前大学生思想状况的主流是健康向上的，但仍有部分学生存在着不同程度的学习动力不足、生活迷茫、心理空虚和人际障碍等问题，究其原因，人生目标不明确，无法找到自己的位置，失去人生方向。大学阶段可分配时间较多，学生有足够的时间和空间制定、计划和实施目标，为更好地融入社会、进入职场打下基础。

二、目标管理的意义

（一）激发潜能

大脑每秒被上千条信息轰炸，你所听、所见、所闻、所感接触到的事件都会成为信息进入你的大脑。网状激活系统是大脑的一个生理器官，它通过对信息的删除、转化与归纳、过滤掉多余的数据，将有用的信息传递给大脑皮层，具有过滤信息的功能，在一般情况下它只让对人有价值有危险的信息通过。在设定目标的时候，它专注于两三个关键的领域或一个具体的目标会对你的行为产生特殊的影响。它能够激发你的网状激活系统，对所有的信息过滤，决定哪一个要优先处理——也就是激发大脑，并将这些传递给你的潜意识——帮助你实现目标。

（二）让人快乐愉悦

科学家发现，人脑中会分泌多种有让人感到快乐的、安全的、有成就感的物质，这些物质统称为“快乐素”，其中杰出代表有产生快感的“多巴胺”、带来激情的“去甲肾上腺素”、负责取乐和镇痛的“内啡肽”，协助战胜困难的“催产素”。通常情况下，快乐素的释放水平很低，维持我们心情平静。只有当我们完成了预设目标作为奖励，大脑才增加快乐素的分泌，让人感到满足和成功的喜悦。所以，想要获得奖励，首先要预设目标，没有预设目标，即使你做了，你也没有什么感觉。所以每天重温目标，重新设定每天的小目标非常关键。然后选择一个小目标，限制好时间去专注完成。当目标实现后，大脑多巴胺分泌增加，让我们感到快乐愉快。

三、目标管理的过程

目标管理的过程分为设定目标、分解与实施目标、反馈与改进目标。

（一）设定目标

结合个人生涯规划，建立一套提高能力的目标体系。设定目标前必须了解自己内心的需求。目标是具体的，可以达到的，且有明确的期限，太容易的目标不会激发快乐愉悦感，而太难的目标会让人产生挫败感。另外，太过长期的目标不容易看到希望，使得愉悦感不及时，容易失去信心。比如大学毕业后我要从事什么职业，其岗位需求有哪些，目前我应该如何做好准备，去实现这个目标，目标无论大小，将它们写下来，有助于梳理目标。

（二）分解与实施目标

将目标分解为结果目标、绩效目标和过程目标。结果目标与大蓝图、总体目标以及真正激励人们的目标有关。比如畜牧兽医专业大专生设立结果目标：考上全国执业兽医资格证，毕业生到畜牧养殖场工作。

绩效目标：与你获得成功的必要措施有关（即需要实现什么）有关。这些目标是有形的指标，并在你的控制之下。例如，购买执业兽医资格考试应试指南，将考试大纲进行梳理，设定目标：基础科目得分不低于 70 分，预防科目不低于 75 分，临床科目不低于 60 分，综合应用科目不低于 60 分。

过程目标与你如何实现绩效目标的细节有关，而这些绩效目标又将为实现目标提供最佳机会。例如，为了提高考试成绩，每天参加线上培训 1 小时，分别从基础科目开始刷题 1 个小时，当天针对错题查漏补缺，并用错题本进行改错。

通常情况下，结果目标是长期目标，绩效目标是中期目标，过程目标是短期目标。

这三者之间的区别有时会变得模糊，但这并不重要，重要的是结果目标一定是由绩效目标的完全支持，即完成所有绩效目标，结果目标就会实现。而过程目标有助于绩效目标的实现。从简单的目标开始实施，可带来正向反馈，实施目标是完成每一天计划、每一个月计划，向上完成的。

我们只要有明确的目标和足够的动力，对于实现目标的具体途径，我们只需要保持足够的开放性和灵活性就可以了，列出目标待办清单并进行相应标记，可把目标相关的事情凸显出来，当完成一个个小小的目标时，就能取得一个个小小的收获，这样更容易坚持，并激发自己的探索精神，不易消耗意志力，可长期保持积极进取的状态。你的大脑会充分发挥你的潜能，自然会产生有创造力的手段来实现你的目标。实施目标可结合时间管理方法进行。

（三）反馈与改进目标

在实施目标的过程当中可能会碰到问题，会遭遇失败，在遭遇失败的过程当中，要去分析、去诊断失败的原因。把所有的这些原因分析出来，在学习的过程会不断地去提高自己。然后调整你做事情的方式，如降低目标难度，或延长目标进度，或重设目标。

【案例分析】

陈李是一名市政工程技术专业的大三学生，即将离开学校到一家市政工程分包公司实习做现场资料员。在离校前他设定了三年目标：每个月定存 1000 元；取得二级建造师执业资格证。在确认目标时，他思考了 4 个问题：第一，完成目标，对我有什么特别意义？大学毕业后，每月定存工资，积少成多，以备不时之需，有存款内心更踏实。取得二级建造师资格证，工资奖金可以提高。第二，达到这个目标，可以分解成哪些小任务？坚持健身，提高身体素质；每天学习 1 个小时备考；自己做饭，减少多余开支。第三，这些任务中最困难的挑战是什么？工作繁忙后，能否坚持每天学习 1 小时。第四，为达到目标，会用到过去的哪些积累？大学专业知识的积累，思维活跃，乐观，能吃苦。

在目标实施过程中，他发现自己的性格与特长更适合做市政施工员，工作经历还能提升专业技能，他想转岗成市政施工员，但市政施工员要求有执业资格证，这让他更加坚定执行一个目标——考证。通过三年循序渐进的坚持与努力，三年后他取得了二级建造师执业资格证，有了三年的人脉及工作经验支持，转岗成为市政施工员，工资与奖金翻倍增加，顺利完成三年的短期目标。

第二节 时间管理

【案例导学】

郑一是一名大一新生，进校后被学校丰富多彩的社团活动给迷住了，他一口气加入了三个协会，又在学校担任学生自律委员会的干事。郑一每天的日程安排得很满，除了上课时间外，其他时间不是在社团参加活动就是在站岗执勤中，有时甚至连吃饭的时间都没有。在他看来，所有的事情都一样重要，一样紧急。刚开始，他过得很充实，也很快乐。可不久就出问题了，因为每天疲于奔命，他的工作计划一拖再拖，完成工作的效果质量也不好，被同学误会为工作效率低下。他很苦恼：为什么每天总是那么努力，时间却总是不够，还得不到能力的提高？

郑一的情况并不是个案，而是在大学生中常见的一种情况。大学生的时间管理方面出现了问题。讨论：目前大多数学生的时间管理常出现哪些问题呢？

每天都在学习和工作，可是一天下来还是做不了几件事，有时候打算业余时间好好充实一下自己，比如看一本有趣的书、健身或者学习漫画等，可是常常因为一回到宿舍就习惯性地玩手机、刷视频，刷着刷着也就夜深了。想做的事情一件都没做成，就感觉心情很沮丧。想要振作自己，却常常被各种资讯、八卦牵着鼻子走，难道就不能好好自控一把吗？

一、时间管理

通过事先规划和运用一定的技巧、方法与工具实现对时间的灵活以及有效运用，从而实现个人或组织的既定目标的过程。

二、时间管理常用方法

时间管理的常用方法有番茄工作法和“四象限”法。

（一）番茄工作法

假设你准备参加英语四级考试，需要长时间的词汇量记忆，通过番茄工作法，你能够很直观地统计出熟记及默写 1000 个英语单词大概需要多长时间，精确到需要多少个 25 分钟，试想，当你阅读速度快、对翻译和作文信手拈来时，心里是怎样的自信？

定义：把时间进行人为、有节奏地拆分，把时间切割成 25 分钟的时间单位，在这 25 分钟内，全身心地投入工作，然后进行 5 分钟的短暂休息，再进行下一个 25 分钟的番茄钟。也不一定必须设置为 25 分钟，休息 5 分钟，可以集中一个能集中精力的时间完成一件任务或者一个任务中的子任务，休息会然后再继续工作。刚开始专注力不强时，番茄工作法时间可以短一点，随着自己专注力的加强而增加，同时休息时间也相应增加。

番茄工作法的发明者为意大利弗兰西斯科・西里洛于 1992 年创立。在发明这个方法之前他的生活一团乱，就找来一枚厨房定时器作为他的计时教练，因定时器长得像番茄而得名。

步骤：第一步使用电子设备里的待办事项或用空白纸写好一周的待办事项，如社团工作总结、阅读名著、瑜伽、网课学习插花等；第二步在清单中按轻重缓急排出顺序，并估计时间，比如写一份总结需要 60 分钟，瑜伽需要 45 分钟；第三步开启番茄钟完成任务；第四步进行反思和调整。这一天里用番茄做了哪些事情，是否坚持了 25 分钟，坚持了就在待办事项上做个记号。

（二）“四象限”法则

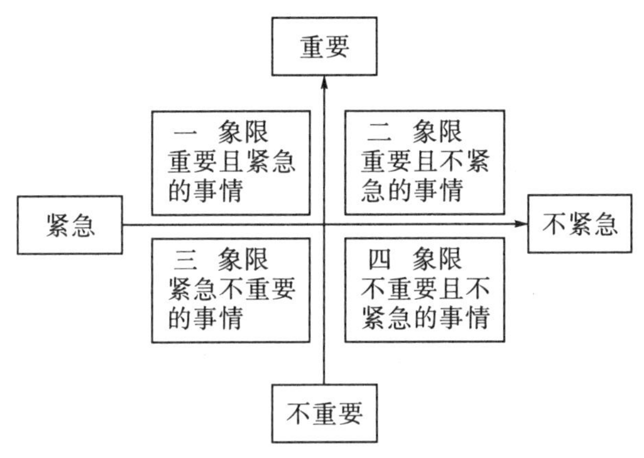

图 5-1　“四象限”法则

定义：把工作按照重要和紧急两个不同的角度进行划分，将其他事与你正在做的事情比对一下。看哪个重要，就拣最重要的做。可以分为四个“象限”，如图 5-1 所示。

一象限：既紧急又重要；如课程考试、班主任交代完成的一项班务工作、经济危机等。

二象限：重要但不紧急；如建立人际关系、学生活动、专升本或自考本科准备、职业技能报考等。

三象限：紧急但不重要；如电话铃声、培训会议、学习计划等。

四象限：既不紧急也不重要；如刷微博、打游戏、打篮球等消磨时间的休闲娱乐活动。

步骤：列出清单，将每天要做的事情写下来，按四象限进行分类，总结回顾。

以上两种时间管理方法皆可制定奖励机制，如果连续得到勾，可以考虑买一样自己喜欢的产品、吃一顿大餐来奖励自己。当看到自己每天或在持续的一段时间内有进步，会有一种成就感和满足感，久而久之就养成了良好的习惯，良好的习惯将受益终身。

第三节　人际关系管理

随着现代社会的发展，人与人之间的联系越来越密切，良好的人际交往能力以及良好的人际关系是人们生存和发展的必要条件，也是决定事业的高度。因此，如何认识和正确处理大学生人际关系具有重要的意义。

一、人际关系的定义

广义上说，社会中所有人与人之间的关系，以及人与人之间关系的一切方面。狭义上说，人与人在交往中建立的直接的心理上的关系。

一般来说，具有良好人际关系的学生，大都能保持开朗的性格，能正确认识和面对各类现实问题，能较好地化解学习和生活中的矛盾，具备乐观、积极、向上的优秀品质。据不完全统计，人际关系处理得好的大学毕业生平均年薪比成绩突出的优等生高15%，比普通生高出33%。

二、人际沟通决定人际关系

在与人沟通交往的过程中，每个人的性格不同，在一些生活细节中你会暴露你的性格特征，而在人际沟通和交往中，这些性格特点更是会凸显出来。不同的性格会对人际沟通产生好或者坏的影响。

根据人的天生特质，PDP法（行为风格测试工具）将人群分为五种类型，包括：支配型、表达型、耐心型、精确型、整合型；为了将这五种类型的个性特质形象化，根据其各自的特点，这五类人群又分别被称为“老虎”“孔雀”“考拉”“猫头鹰”“变色龙”。

老虎型（支配型 Dominance）。

性格特点：有自信，够权威，企图心强烈，喜欢冒险，个性积极，竞争力强，凡事喜欢掌控全局发号施令，不喜欢维持现状，行动力强，目标一经确立便会全力以赴。

孔雀型（表达型 Extroversion）。

性格特点：热情洋溢，好交朋友，口才流畅，重视形象，善于人际关系的建立，富有同情心，最适合人际导向的工作。

考拉型（耐心型 Pace/Patience）。

性格特点：行事稳健、性情平和，不兴风作浪，温和善良，有过人的耐力。在别人眼中常让人误以为是懒散不积极，但只要决心投入，绝对是“路遥知马力”的最佳典型。

猫头鹰型（精确型 Conformity）。

性格特点：很传统，注重细节，条理分明，责任感强，重视纪律。保守、分析力强，精准度高，喜欢把细节条理化，个性拘谨含蓄。

变色龙型（整合型 1/2 Sigma）。

性格特点：不极端，凡事不执着，韧性极强，善于沟通，适应性良好，在他人眼中会觉得他们“没有个性”，故“没有原则就是最高原则”，他们懂得凡事看情况看场合。

你有什么样的性格？来测试一下吧！

提示：回答问题时不要依据别人对你的评价来填写答案，而是依据你认为你本质上是什么情况，在相符合的答案前打√。一般只需要5～10分钟就能完成。非常同意5分，比较同意4分，差不多同意3分，一点点同意2分，不同意1分。将每种类型所对应题分数加起来，为该类型总分。假若你有某一项分远远高于其他四项，你就是典型的这种属性；假若你有某两项分大大超过其他三项，你是这两种类型的综合；假若你各项分数都比较接近，恭喜你，你是一个面面俱到近似完美性格的人；假若你有某一项分数特别偏低的话，想提高自己就需要在哪一种类型的加强上下功夫了。

1. 老虎型总分（　　）

问题描述	非常同意	比较同意	差不多同意	一点点同意	不同意
你独立吗?					
你大胆吗?					
你是否积极主动?					
你勇于学习吗?					
你勤劳吗?					
你工作足够效率吗?					

2. 孔雀型总分（　　）

问题描述	非常同意	比较同意	差不多同意	一点点同意	不同意
你有活力吗?					
你受人爱戴吗?					
你组织能力好吗?					
你外向吗?					
你爱说话吗?					
你亲切吗?					

3. 考拉型总分（　　）

问题描述	非常同意	比较同意	差不多同意	一点点同意	不同意
你个性温和吗?					
你富有同情心吗?					
你害羞吗?					
你镇定吗?					
你慷慨吗?					
你传统吗?					

4. 猫头鹰型　总分（　　）

问题描述	非常同意	比较同意	差不多同意	一点点同意	不同意
你做事是一个值得信赖的人吗?					
你做事认真且正直吗?					
你精确吗?					
你强势吗?					

续表

问题描述	非常同意	比较同意	差不多同意	一点点同意	不同意
你注意细节吗?					
你小心翼翼吗?					

5. 变色龙型总分（　　）

问题描述	非常同意	比较同意	差不多同意	一点点同意	不同意
你善解人意吗?					
你有说服力吗?					
你适应能力强吗?					
你反应快吗?					
你的协调能力好吗?					
你令人愉快吗?					

你是哪类人群呢?

知己知彼，百战不殆。了解人与人之间的性格差异，就不会强求别人处处和自己一样，可消除由于性格差别而产生的“合不来”“不习惯”，缓解与同学之间的矛盾，减少一些反感和厌烦情绪。

三、常见的人际交往障碍

（1）以自我为中心。固执己见，凡事都以满足个人需求为目的，只注重个人利益，不顾及别人感受，不接受别人的观点主张。性格强势，就算自己犯了错，也不会承认甚至推卸责任。

（2）自卑心理。认为自己在某些方面不如他人，处事敏感又谨慎，缺乏自信，在交往中要求完美，担心遭人嘲笑。

（3）恐惧心理。在与人交往时会不由自主地感到紧张、害怕，以至于手足无措，语无伦次，严重的甚至害怕见人，导致社交恐惧症。

（4）孤僻心理。寡言少语、感情冷淡，把自己内心封闭起来，不愿参加集体活动，不愿与人交往，认为人际关系不重要。

（5）猜疑嫉妒心理。疑心重，主观上对他人不信任，不讲真话，虚伪地与人交往；嫉妒对象往往是身边的朋友或同伴，往往采取讽刺、挑拨、谩骂等不正当的行为，去伤害他人。

【任务实践】

由教师指导同学们参与心理学游戏体验，同学们一边做游戏，一边分析，回答：在游戏中你有什么感受?

游戏方法。

第一步做判断 黑板上写上以下内容。

聪明—勤奋—易冲动—有批判精神—倔强—嫉妒心强。

这是怎样的一个人？请同学们写出对你的判断。

嫉妒心强—倔强—有批判精神—易冲动—勤奋—聪明。

这又是怎么样的一个人？请同学们再次写出对你的判断。

第二步根据以下描述，按个人喜欢程序作排序。

第一位：综合能力突出的大学生，获得过奖学金的学生，校园电视台负责人，文艺之星。访问时毫不费力地回答问题，给人完美无缺的印象。

第二位：综合能力突出的大学生，获得过奖学金的学生，校园电视台负责人，文艺之星。但访问时会有点紧张，不小心打翻面前的水杯。

第三位：普通大学生，访问时表现普通。

第四位：普通大学生，访问时表现普通，但有点紧张，不小心打翻面前的水杯。

你喜欢又完美优秀又有一点小缺点的人吗？

白璧微瑕效应：在人际互动的过程当中是经常会起作用的一个重要的心理效应。如果大家希望有好的人际关系，那么你一定要展现出特别完美的自己，同时一定要虚心求教，甚至露出一点小小的不足，这样别人才觉得你是接地气的，别人才觉得你不是那么完美，衬得我好像很不行的样子。

四、人际障碍的主要表现

（一）晕轮效应

晕轮效应是指由对象的某个特征，推及对象的全体特征，从而产生美化或丑化对象的心理现象。

在人际互动的过程当中，我们经常会对别人出现晕轮效应。比如一个人有特别突出的一个优点，这个优点就会像光环一样发散出来，从而掩盖他身上可能存在的一些缺点。比如你看到某个同学的文章写得好，就认为他思路清晰、做事认真有条理。有文采是一个突出的优点，这个优点就会产生光环效应，所以我们就忽略了其他可能存在的问题。戴着有色眼镜去判断对方正是陷入了晕轮效应的迷宫，导致我们以点概面，以偏概全，不能非常客观地去了解一个人。

新生入学不久，小李同学看到室友小张用洗脸盆洗头，反复冲洗脸盆里的水仍有泡，并没有她所想象的那么干净，她心想为什么不直接在花洒下面冲洗呢，于是就认为小张不爱干净，生活习惯不好，对小张带有偏见，一直对她冷淡，甚至还跟其他室友说小张的坏话，但室友却说小张是一个很热心真诚的人，小李不以为然。有一次小李突然胃绞痛，痛得额头流汗，小张看到后，马上背起她从宿舍6楼下楼，瘦小的身躯里蕴含着满满的能量，尽管累得气喘吁吁，还一直不忘安抚小李：别怕，有我在，马上就到医院了，小李为自己对小张以往的成见感到万分愧疚。

（二）第一印象

第一印象是指初次接触时所留下的印象。良好的第一印象有助于接下来的交往，常常是后续交往的依据。

日常生活中第一印象的作用是非常大的。那么同学们能不能想一想，日常生活中哪些场景涉及第一印象？比如说面试，如果你给面试官留下不好的第一印象，很可能就不能进入下一轮的筛选，而相亲就更是这样。如果留给相亲对象的第一感觉不好，那么就没有以后了。所以我们说好的第一印象是后续交往的一个重要依据。

（三）心理定式

心理定式指的是人在认识特定对象时所产生的心理上的准备状态。

日常生活中很多同学喜欢以貌取人，看人下菜，往往都是属于心理定式的范畴，比如看到同学性格比较内向隐忍，就肆无忌惮地对他充满占有欲，安排她做这做那。这是很容易引起矛盾和冲突的，也是我们要尽力避免的。

（四）刻板印象

刻板印象指的是对某类人或者某类事所持有的共同的，笼统的，固定的看法和印象。我们在人际互动的过程当中，经常会以“贴标签”的形式来对一个人进行判断。比如在一些学生的印象里，四川的女生很泼辣，对四川女生的认识往往不会考虑到其他群体的个体差异。城市的学生认为农村学生小农意识强，自卑、不易交往；农村的学生认为城市学生自负、虚伪、小气等。这种印象易夸大群体内成员间的相似性，容易产生偏见与歧视，容易造成先入为主的定式效应，妨碍大学生正常人际关系的形成。

五、提高人际关系的途径

（一）塑造个人良好形象

客观地认识自己，评价自己，积极对待得失，既不夜郎自大，也不自卑自负。在校大学生要克服心理问题，丰富自己的内心世界，多方位提高自己。心理学研究表明，良好的社交形象会给对方留下深刻的印象。

王成是一名职业学院农学专业的学生，因为家境贫寒，陷于长时间的自卑，形成了他退缩恐惧的人格。他走路总是低着头，也不敢在生人面前说话，最害怕的是自我介绍。他也知道大学里要改变自己，就强迫自己，报名参加社团，参加学生会，报名去兼职。结果统统都被拒绝！他要想改变现状，必须先克服内心的恐惧。强迫自己走出门，暑假去找兼职。到火锅店应聘时，老板见他不怎么说话，安排他到厨房做配菜员。他想：“不想去厨房，我非得跟人打交道不可。”他找到一家手机店，老板安排他在门口做接待。可是他喊不出来，不敢喊。但最终，他硬着头皮，喊出第一声。然后是第二声，然后越来越自如，越来越流利。王成毕业后到成都市一家农资公司进行种子销售工作，四年后成为西南片区销售经理。

（二）提高同理心

同理心是指理解对方的立场和感受，并站在他人角度思考和处理问题，即换位思考。同理心可以增进彼此的了解，帮助大学生在人际交往中更好地交流互动，改变以自我为中心的思维定式，收获更好的人际关系。

具备同理心的人善于体察和理解对方意愿，乐于助人，且不带任何偏见、不用个人观点判断对方所表达和呈现的一切，更容易赢得对方的好感和信任。同理心让我们用尊重和理解的态度倾听对方，对方不仅能感到自己是被完全接纳的，更是被支持和关心的。在这种状态下，我们表达自己的观点和意见反而更具有说服力，对方对我们建立了信任，知道我们是懂他（她）的，会更加尊重和接纳我们的想法。有同理心的人，与他人沟通的时候能产生默契感，进而提升合作效率。

寝室人际关系是否和睦极为重要，关乎着大部分学生大学期间生活得是否舒心。大学宿舍大部分为六人间寝室或八人间寝室，室友来自五湖四海，生活习惯及脾气不一样，在人际交往中难免会出现很多问题。所以需要我们注意问题并解决问题，需要学会用同理心去促进寝室关系和睦。如到了夜晚，尽量不发出大的噪音，玩游戏听音乐看电影等戴上耳机，不影响他人休息；每人按室长排班顺序打扫并保持卫生清洁，营造干净整洁的生活环境；未经舍友允许，不动用他人的物品。

（三）相互尊重，真诚交往

尊重能引发人的信任、坦诚等情感，缩短交往的心理距离。尊重对方的人格、尊严，尊重不同文化，尊重生活习惯，讲究语言文明，不开恶作剧式的玩笑，不乱给同学取绰号，平等地对待人际交往中的对象，真诚地对待别人，别人也会敞开心扉真诚地对待你。无论在工作中或生活中，要抱着互相信任的态度交往，才能加强和巩固彼此之间的亲密关系，工作效率事半功倍的效果，生活美好幸福。

（四）善于表达和倾听

首先，在与人交谈的时候要做到情真意切，可以对着对方的眼睛说话，但不要总是盯着对方。其次，在与人交谈时，要做到认真倾听，倾听是最好的沟通基础，任何成功的沟通都源于倾听。很难想象一个不断打断别人说话，不耐心倾听的人能获得好的沟通效果。再次，在与人交谈时要学会赞美对方，真诚的赞美而不是阿谀奉承，不是有个人目的和凭空捏造的夸赞。赞美和奉承的本质区别在于是否真诚。最后，在与人交谈时要尽可能地做到幽默风趣，幽默是最好的润滑剂，可以化解尴尬于无形，可以让气氛顿时温馨畅快，可谓交谈中的春风雨露，体现一个人的内涵和水平。

我们都希望能被理解和接受，却又害怕如果说出了内心的真实想法会被别人笑话或看不起，这样的念头容易让人钻牛角尖，产生“我肯定不会被理解和接纳”的负面情绪，甚至失去理智。而当我们被很好地聆听与了解之后，内心的委屈和不满情绪会随之消失，才有机会去了解别人的立场和想法，拓宽自己看待问题的方式，豁达心胸，进而找到解决矛盾的好方法。

（五）感恩与宽容

要注重感恩家庭、学校、老师付出的教育，感恩同学、同伴对你的帮助。以宽容之心处理人际交往中的问题，谦让大度，很容易得到交往对象的好感与认同。在职场上，心胸狭窄、排挤同事的人难以立足。

【互动环节】

命运就是身边的人

找出你身边这三种人：(1) 描述他们的特点；(2) 谈谈你对他们的感觉；(3) 回忆一下你和他们的关系是怎么建立起来的；(4) 你要在哪些方面向他们学习？

第四节　身心健康管理

一、身心健康的定义

身心健康是指健康的身体和愉快正常的心态。一方面，身体不适、疲劳和疾病致精神状态和工作效能发生变化。另一方面，由于不良生活事件导致情绪波动，出现紧张、焦虑、抑郁的现象。在职业群体中，个体对自己、对同事、对工作的内容是否满意、上下级关系是否融洽，能否与他人协调合作，都会影响个人的心理状态和劳动效率。

身心健康的定义细则有如下内容。

充沛的精力，能从容不迫地担负日常生活和繁重的工作而不感到过分紧张和疲劳。

处世乐观，态度积极，乐于承担责任，事无大小，不挑剔。

善于休息，睡眠良好。

应变能力强，适应外界环境的各种变化。

能够抵御一般的感冒和传染病。

体重适当，身材匀称。站立时，头、肩、臂位置协调。

眼睛明亮，反应敏捷，眼睑不发炎。

牙齿清洁，无龋齿，不疼痛。牙色正常，无出血现象。

头发有光泽，无头屑。

肌肉丰满，皮肤有弹性。

大学生活不似高中那样规律，这是完全需要自我管理的生活。在没有老师和家长协助的前提下，我们需要重视自身的身心健康。疾病往往起源于某些不被关注的自觉症状，请同学们简单分享与讨论自己或身边同学的一些可能的症状或生活现象，大家一起及时关注，守住健康。

二、身心健康的管理方法

（一）提高身体素质

1. 坚持运动

保持适量的运动非常重要，可以使我们的身体得到充分的运动量。瑞典一家研究所的研究数据显示，发现人体在运动的过程当中，大脑会促进内啡肽释放，内啡肽是能让你产生快乐情绪的化学物质，可以有效地降低负面情绪带给人的伤害，经常运动的人，免疫系统强，抗病抗压能力也会更强。

2. 保持充足的睡眠

大学宿舍都有固定的熄灯时间，根据这个时间安排自己的睡眠时间，不要过多地熬夜玩游戏和看小说。

提问：电子产品已经进入我们生活的方方面面，虽给人们带来了知识及资源摄取的便利，但过度使用也影响身心健康。大学生经常通宵打游戏，沉溺游戏的现象十分普遍，公众更是将游戏视为“洪水猛兽”。2018 年起，电子竞技进入了亚运会，这是否说明电子竞技作为一项运动项目，真正为游戏正名了呢？请以游戏与健康为主题进行讨论。

3. 养成良好的饮食习惯

一日三餐按时吃饭，保证营养均衡。暴饮暴食的人尤其是酗酒会给消化系统造成极大的负担，当消化系统不堪重负时，就易引起急性肠炎或胰腺炎等疾病。

（二）提高心理素质

1. 积极参加集体活动

参加集体活动，参与团队合作，能实现同龄人彼此之间的相互交流，寻求到一种情感上的认同和共鸣，遇到困难，能够相互帮助，共同地面对和克服，心理承受能力越来越强，能够得到延续彼此的相互认同，团结合作本质也是互利共赢。

2. 加强自我心理调节

（1）正确认识压力和负面情绪。

人们在遇到危机或压力时，会出现如悲伤、愤怒、焦虑、失眠、多虑等负面情绪和内心生理反应，如呼吸急促、血压升高、心跳加速等。这些都是正常的生理反应。适度的负面情绪能让我们在关键的时刻发挥更出色。若超出自我调整的范畴，就会引起心理疾病，要及时寻求帮助或者就医。要明确一点，患有心理失调或心理疾病并不可耻。

（2）自我心理调节方法。

一是倾诉法。可以找家人、老师、专业咨询师或值得信任的同学，把自己的苦衷和怨恨尽情倾诉出来，和人交流能够让我们从更冷静的角度来看待自己所处的境况，或许还会得到很好的建议。

二是宣泄法。把不良情绪宣泄出来，如痛哭喊叫、运动、逛街购物等。美国精神病专家曾对 331 名 18 到 75 岁的人进行调查，结果表明男性、女性在哭过以后心情会变得更轻松。

三是自我暗示法。运用语言的暗示来缓解压力和调整不良情绪，比如，发怒时，提醒自己“不要发怒”“发怒会把事情办坏”；忧愁时，提醒自己“愁也没有用，还是面对现实，想想办法吧!”着急时，警告自己“不要着急，越急越糟糕”；当有比较大的内心冲突和烦恼时，安慰自己“一切都会过去”。

四是自我放松法。可以与朋友聊天、看电视，听音乐，回忆愉快的往事，健身运动、做家务等。

五是深呼吸法。即使在感到压力的情况下，让大脑认为我们依然平静且镇定。深呼吸时，会向大脑传达一则信息：处于一个安全的环境中。每天抽一点时间，集中于自己的呼吸，深呼吸锻炼的最大好处就是基本上能在任何时间任何地点进行。常用阶梯式呼吸法。阶梯式呼吸法：在呼吸的过程中，持续关注自己的身体和思想，第一步从鼻腔吸气，将气息吸入腹部，数到二停止。第二步持续吸气，将气息吸入整个胸腔，数到二停止。第三步从胸腔呼出气息的过程，数到二停止。第四步持续呼气，感受气息从腹部呼出的过程，数到二停止。第五步仅需不断重复以上步骤，你可以把数数延长到四、六、八甚至十，根据你的呼吸速度来定。呼吸得越慢越平稳，你就越平静。

【活动与训练】

(1) 按照你的职业生涯规划，制定一份短期学习目标及待办清单。

(2) 发现自己的微小的成功：上一周我有哪些好的改变？继续有效的、停止无效的。

(3) 为了目标马上采取的一小步是什么？用刻度化来衡量自己的进步。

第六章　大学生就业形势与就业政策

第一节　大学生就业形势分析

随着我国高等教育的发展，大学生的数量急剧增加，大学生就业问题也日益凸显，已成为社会各界关注的热点和焦点。目前大学生就业难是一个现实问题，更是一个社会问题。总体来说，大学毕业生具有扎实的专业基础和良好的知识储备，是劳动力市场上的优势群体。但随着经济全球化的发展与知识经济的冲击，大学生必须具备能够满足新形势、新经济、新业态要求的核心就业能力才能在日益激烈的就业市场上取得成功，才能获得用人单位的青睐。但现有的教育培训体系缺乏必要的就业市场需求导向，缺乏对创业行为的深入研究，高等教育培养出来的大学生在知识和技能结构上与人才市场的需求存在脱节，大学生就业的结构性矛盾日益突出。一是我国区域之间经济社会发展不平衡，且短时间之内难以改变。经济越发达的地方就业机会也越多，发展空间越大，导致高校毕业生倾向于在城市、在高收入行业求职就业。二是人事制度上存在障碍。现行高校毕业生就业制度、户籍制度、干部人事制度与市场就业机制还不完全适应。以干部身份和户籍为基础的管理方式与社会劳动力资源的统筹管理不协调，导致就业机会不均等，就业政策不平衡，毕业生在地区之间、企业与机关事业单位之间流动仍然存在障碍，毕业生身份转换困难，就业渠道不畅通，进一步加剧了结构性矛盾。三是中小企业和非公有制企业需要大量毕业生，但工资待遇相对较低、发展空间较小，部分企业用工不规范，对毕业生吸引力有限；基层教育、医疗、农技等部门急需人才，但由于编制限制等原因，吸纳毕业生能力有限。近几年来，全国高校毕业生人数逐年剧增，加上往年沉淀下来的毕业生，大学生总体就业形势一年比一年严峻。虽然这几年全国高校毕业生就业率基本持平，但由于毕业生人数逐年剧增，所以大学毕业无法就业的绝对数在增加。可以预见，在未来相当长时期内大学生就业压力不会减弱。

一、我国当前的就业形势

我国是一个人口众多的发展中国家，也是劳动力资源最丰富的国家，解决就业问题是一项长期的重大战略任务。而在当前和今后的一段时期内，劳动力供求矛盾仍然突出，国际环境复杂多变，国内经济社会发展也面临一些新情况新问题，我国就业形势依然严峻，任务依旧十分艰巨。

（一）从总量看，就业压力依然长期存在。

截至 2022 年年末，我国劳动力适龄人口接近 9 亿人，需要在城镇就业的新成长劳动力近 1600 万人，加上近千万城镇登记失业人员，就业总量压力依然较大。

（二）从结构看，供需匹配矛盾日益突出。

结构性就业矛盾将成为就业领域的主要矛盾，突出表现为招工难与就业难“两难”并存。一方面，企业招工难问题突出，服务员、生产操作工等一线普工常年短缺，技能人才的求人倍率一直保持在 1.5 以上，高技能人才的求人倍率甚至达到 2.5 以上。另一方面，部分劳动者知识技能不能适应现代产业发展变化，求职和就业难度加大。

（三）从重点群体看，青年、大龄劳动者等重点群体就业面临难题。

2022 届高校毕业生首次突破千万，增量增幅均创新高，再加上留学回国人员和往届未就业毕业生，青年就业总量压力持续加大。与此同时，青年的求职择业观念发生一些新的变化，加剧了供求矛盾。部分大龄劳动者专业技能、创新能力还不能很好满足市场需要，就业也面临一些突出困难和问题。

（四）从面临的环境看，不确定不稳定因素增多。

新冠肺炎疫情仍在小范围内流行，世界经济复苏动力较弱，外部环境更趋严峻复杂，不可避免波及我国经济社会发展，对就业带来较大影响。国内经济发展面临多年未见的需求收缩、供给冲击、预期转弱三重压力，部分行业企业用工需求减少，企业稳岗压力有所加大。特别是就业容量大的批发零售、住宿餐饮、交通旅游等行业复苏缓慢，恢复招聘需求还有一个过程。

但全面、辩证、长远地看，确保当前就业形势稳定也有很多积极因素。我国发展仍然处于重要战略机遇期，经济稳中向好、长期向好的基本面没有变。党中央、国务院高度重视就业问题，坚持经济发展就业导向，部署实施一系列促进就业的政策措施，促进经济增长和就业良性循环，为实现更加充分更高质量就业提供了根本保证。具体来说，三个因素促使我国就业形势保持稳定并总体向好。一是我国经济仍保持中高速增长，增速仍处于合理的区间。据人社部原部长尹蔚民介绍，“十一五”期间，GDP 每增长一个点，可拉动城镇新增就业 100 万人左右，而“十二五”期间，GDP 每增长一个点，可拉动城镇新增就业 170 万人左右。二是经济结构更趋优化。国务院各项就业创业新政策的出台，就业政策不断丰富和完善，以及各级公共就业服务机构积极配合，确保各项政策落实到位，均对就业起到了促进作用。

二、内江市就业形势分析

（一）就业形势延续总体平稳态势

近些年来，内江市委、市政府积极响应并全面贯彻落实国家和省级关于实现更加充分更高质量就业的决策部署，坚持以人民为中心的发展思想和稳中求进工作总基调，以推动高质量发展为主题，突出稳就业保就业工作主线，强化就业优先政策，健全多层次的社会保障体系，兜牢就业底线，实施更加积极的就业政策，健全终身职业技能培训制度，提高劳动者技能素质和就业创业能力，千方百计稳定和增加就业岗位，提升就业质量，向全社会交出了一份稳定的就业成绩单。

根据近两年分析，2020 年全市就业形势呈现开局低迷、逐步回稳、平稳向好态势。截至 12 月，全市新增就业 40885 人，完成目标任务的 114.85%；失业人员实现再就业 13258 人，完成目标任务的 120.53%；就业困难人员实现就业 3637 人，完成目标任务的 121.23%；失业率 3.78%，低于目标任务 4.1%的 0.32 个百分点。

随着新冠肺炎疫情有效防控、全市消费市场回暖以及就业扶持政策加码和落地，2021 年全市就业形势延续 2020 年末平稳向好态势。市人力资源社会保障局聚焦改善民生，推动就业局势稳中向好，千方百计稳岗位、促输转、保就业。截至 12 月，全市城镇新增就业 45558 人，完成目标任务的 127.97%；城镇失业人员实现再就业 13772 人，完成目标任务的 125.20%；就业困难人员实现就业 3705 人，完成目标任务的 123.50%；失业率 3.88%，低于目标任务 4.1%的 0.22 个百分点。

截至 2022 年 6 月底，全市城镇新增就业 21594 人，城镇失业人员再就业 6558 人，就业困难人员再就业 1843 人，城镇登记失业率 3.87%，脱贫人口就业 64859 人。一季度全市经济形势呈现稳中求进态势，农业生产形势良好，工业经济平稳增长，服务业较快增长，地区生产总值达到 392.91 亿元，比上年增长 6.1%。其中，第一产业增加值 37.84 亿元，增长 4.5%；第二产业增加值 157.18 亿元，增长 6.0%；第三产业增加值 197.89 亿元，增长 6.5%。地区经济“稳”的态势巩固，有效保障了全市总体就业局势的稳定。

以 2021 年全内江市就业报告具体分析，主要表现在以下几个方面。

1. 就业规模持续扩大

2021 年，全市累计新增就业规模不断扩大，由第一季度的 9494 人增长至第四季度的 45558 人，如图 6-1 所示。

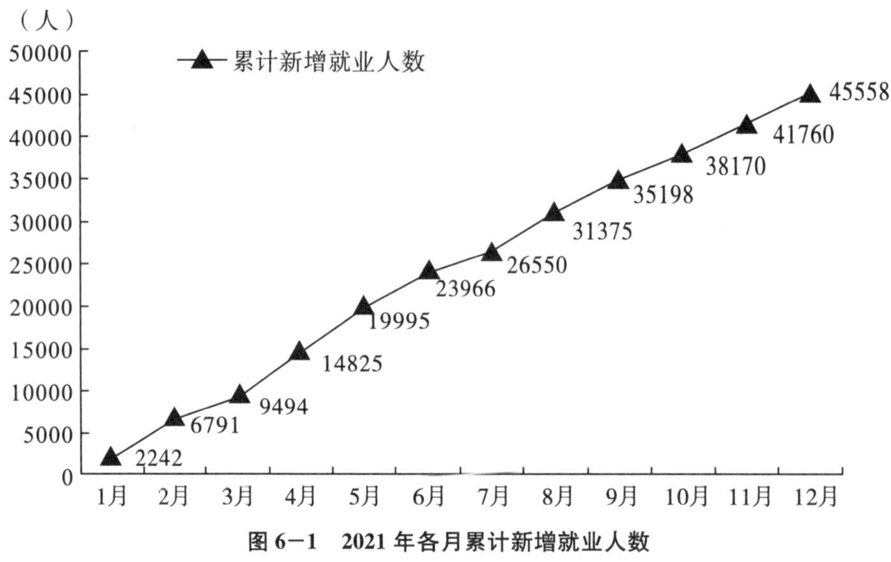

图 6-1　2021 年各月累计新增就业人数

2. 就业结构不断优化

2021 年，随着全市消费市场的回暖，在全国、全省服务业增速均回到个位数的情况下，内江仍保持了两位数增长，服务业对全市经济的贡献率达到 60.2%，经济发展的“推进器”作用持续显现。三次产业结构进一步优化升级，一产业占比下降 1.3 个百分点，二、三产业占比分别上升 0.6、0.7 个百分点，这充分体现了经济高质量发展成效，也促进就业结构不断优化。2021 年全市三次产业就业结构中，一、二产业就业占比分别由一季度的 9.14%和 28.58%下降至四季度的 4.75%和 20.67%，三产业则呈现强势增长，由一季度的 62.28%增长至四季度的 74.58%，这说明服务业已成为全市吸引就业的主要产业，其解决了全市近 3/4 的城镇新增就业人员，如图 6-2 所示。

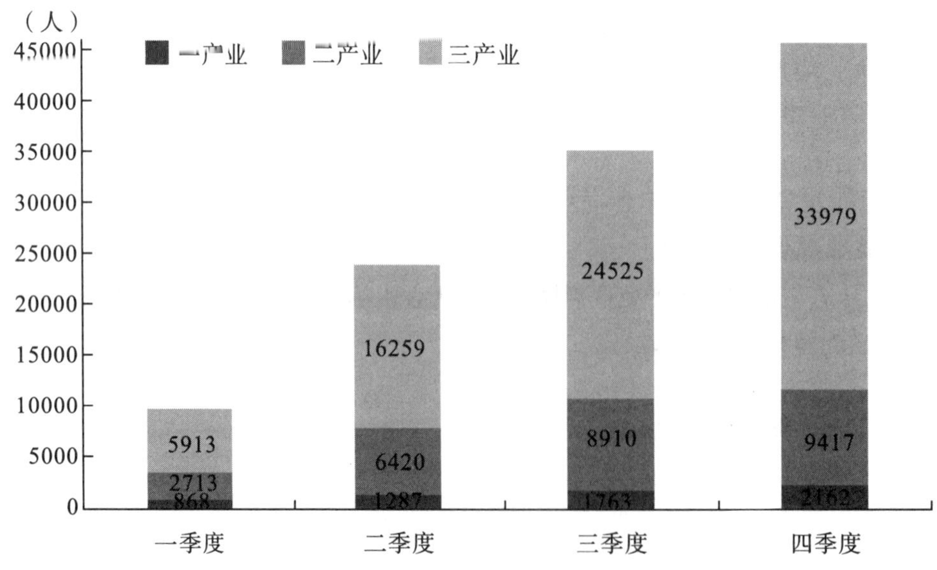

图 6-2　2021 年各季度三次产业城镇累计新增就业人员

3. 重点群体就业平稳

2021 年，全市聚焦重点人群做好就业创业工作。截至 12 月底，共计为 468 名高校毕业生和失业青年提供就业见习岗位，为 3533 名 2021 届大、中专院校应届学生发放求职创业补贴 529.95 万元；圆满完成 2021 年度高校毕业生“三支一扶”招募计划，为基层输送和培养了 12 名专业人才。共组织退役军人专场招聘会 11 场，提供岗位近 2 万个，1200 余名退役军人参加，778 人次签订意向性协议。全年农民工外出务工总量达到 116.92 万人，其中市内 25.97 万人，市外省内 39.16 万人，省外 51.79 万人。

4. 登记失业风险可控

2021 年 12 月，全市城镇登记失业人员 23048 人，城镇登记失业率控制在 3.88%，低于全年 4.1%的目标任务，保持低位运行，失业风险持续可控，如图 6-3 所示。

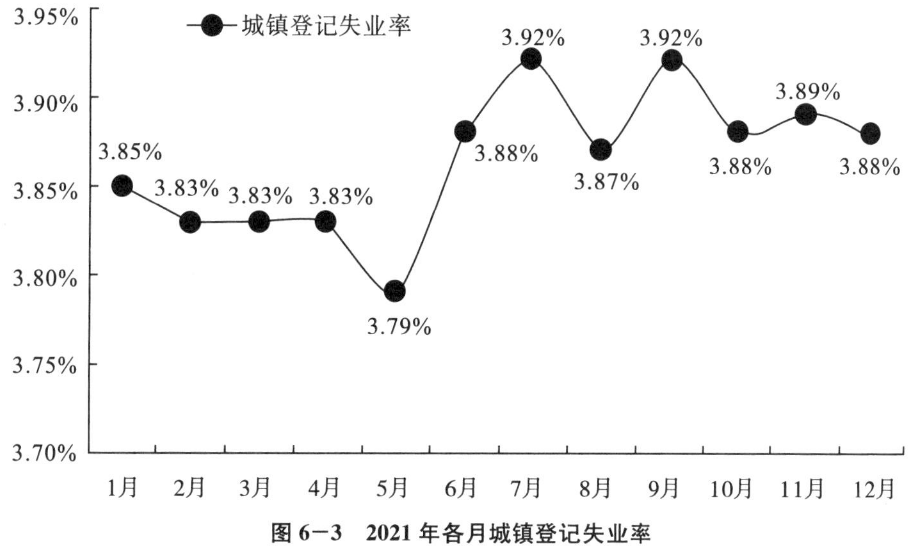

图 6-3　2021 年各月城镇登记失业率

5. 领取失业保险人数缓慢上升

2021 年，全市领取失业保险人数呈现缓慢上升趋势，由 1 月份 2518 人上升至 12 月份 2990 人。全年累计领取失业保险金 5736 人，较去年同期增加 50 人；发放失业保险金 4278.59 万元，同比减少 329.03 万元。

6. 园区监测企业用工总体稳定

2021 年 12 月，全市 8 个园区 73 户监测企业累计提供岗位 28340 个，在职员工 27921 人，用工缺口 419 个，无规模性失业风险，总体稳定，如图 6-4 所示。

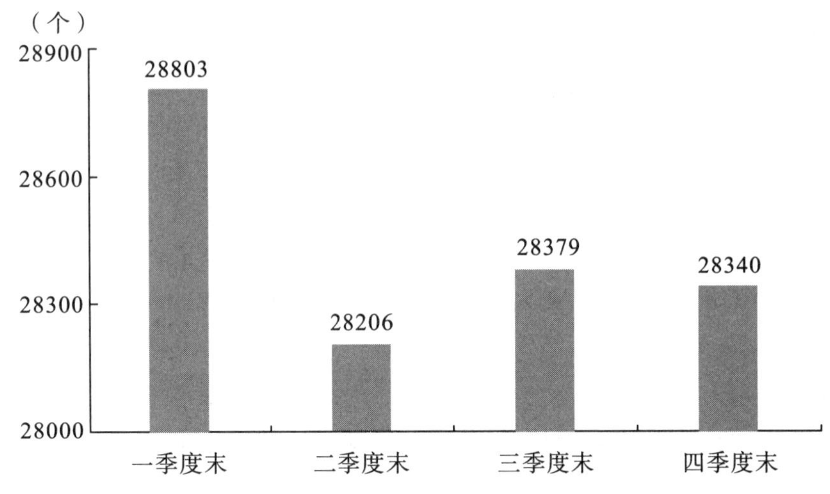

图6—4　2021年园区监测企业提供岗位数

7. 创业带动就业规模扩大

2021年1月至12月，全市新增返乡创业人数3535人，占目标任务数1500人的235.67%；新增返乡创办企业581户，占目标任务数150户的387.33%；引进投资总额72.44亿元，占目标任务数50亿的144.88%；新增企业吸纳就业12206人，占目标任务数10000人的122.06%。全年共发放创业担保贷款2.18亿元。

（二）多措并举共促创新稳就业

1. 创新举措助就业

一是采用“主播+企业展示+岗位推荐+互动”形式开展直播带岗，打造求职招聘新平台。2021年，全市已举办直播带岗网络招聘活动9期，提供岗位4811个，达成初步意向800余人，累计约52万人次收听收看。二是开展补贴直返建立援企稳岗新机制，通过系统比对方式直接向符合条件的企业发放稳岗补贴，实现政策享受全覆盖。2021年，全市已向1306家企业发放稳岗补贴1066.35万元，惠及企业职工75994人。三是提供职业指导培育内江就业新品牌。组织参加职业指导大赛，开展职业指导进校园活动，打造职业指导工作室，创立职业指导专家库，创新研发职业指导原创理论研究，获《中国就业》、省人力资源报等媒体推广。

2. 聚焦重点稳就业保就业

一是聚焦重点领域，实行“清单制+责任制”管理，建立“九个一”“四个抓”系统治理工作机制，推进培训领域突出问题系统治理走深走实。2021年，问题线索摸排核实68个，检查承训机构99家，核查培训对象33378人，追回违规补贴金额28.83万。二是聚焦重点人群，多措施做好高校毕业生就业创业。减负担，发放就业“准备金”；增岗位，创造就业“缓冲期”；建平台，担当创业“合伙人”；破隔阂，打通求职“快车道”。截至12月底，共计为468名高校毕业生和失业青年提供就业见习岗位，为3533名2021届大、中专院校应届学生发放求职创业补贴529.95万元。

三是聚焦重点工作，持续推进川南一体化建设，加强就业信息化协同，奋力在成渝地区双城经济圈建设中打响“创业甜城·乐业内江”就业服务品牌。2021年，全市线上业务办理量达382.22万件。其中，少交证17.40万件、少盖章34.45万件、少跑路83.79万件、少填表9.20万件，群众满意率98%。内江就业服务微信公众号影响力全市排名前三。

3. 强化抓手提升服务能力

一是抓政策宣传。组建就业创业政策宣讲团开展专项宣讲行动；通过微信和广播电台等平台，发布就业岗位和宣传就业政策。2021年，在全市范围内已发放就业政策手册20万余份，线上发布就业政策50余期，为450余家企业开展12场政策宣讲活动。二是抓精准服务。出台《内江市2021年春节期间鼓励稳岗留工八条措施》提高服务质量，积极开展各类培训机构送培训上门服务，2021年，完成重点群体创业培训3097人，重点人群技能培训4496人，新型学徒制培训2340人。三是抓风险防控。设立廉政风险分级岗位，强化内部流程控制。多渠道公示就业创业资金使用情况，完善补贴审核公开公示措施，自觉接受社会监督。组成就业创业资金检查组，通过突击走访、电话抽查、实地座谈等形式开展资金使用情况监督检查7次。

（三）进一步融入成渝发展圈等扩就业

1. 融入国家战略提级发展

内江市第八次党代会明确提出“加快建设成渝发展主轴中心城市”。《成渝地区双城经济圈建设规划纲要》明确支持夯实成渝主轴发展基础、打造西部陆海新通道和长江经济带物流枢纽等涉及内江38个重大事项。这为内江与国、省大局同频共振、相融共兴，实现顺势提级、跨越提升提供了良好发展机遇。

2. 新消费线下业态日益崛起

2021年各行各业都在不断修正、升级，并呈现去虚向实，回归主业，聚焦用户需求。线下内容消费、体验类消费类项目的崛起激发了对于场景类或体验类消费的欲望。3公里范围内的线下生意再次涌现出新机会，也为新业态就业提供了良好发展平台。

3. 共同富裕先导作用显现

全市把促进就业创业作为推进共同富裕的先导工程，通过城乡公共就业服务一体化和均等化，对促进就业困难群体和农村地区居民高质量就业起到显著的改善作用。围绕共同富裕，聚焦“援企稳岗”，服务用工提速度；聚焦“扶弱帮困”，促进就业升温度；聚焦“富民引领”，激发创业增热度。

4. 三孩政策配套支持措施

进一步适应人口形势新变化和推动高质量发展新要求，实施三孩生育政策及配套支持措施，为高质量发展提供有效人力资本支撑和内需支撑。推进托育服务健康发展，这为全市加快“家政学校+服务标准化输出”项目建设以及专业人才培养提供新契机。

（四）就业形势展望

1. 加大政策实施力度

通过改善营商环境、稳定企业预期、减税降费等方式激发企业活力并促进就业岗位创造。重点加大对中小微企业和个体户扶持政策，通过减税、降费、增信等措施为其“减负”“输血”和“赋能”。针对临时性、季节性、弹性工作等灵活就业重要性持续上升趋势，加快推进对新业态就业人员养老、医保、失业保险普遍覆盖。对“4050”等就业困难人员，建立促进创业带动就业、多渠道灵活就业机制，并通过开发临时公益岗位等实行托底帮扶。充分发挥失业保险基金作用，确保失去劳动能力的人有社保兜底。进一步降低领取失业救济金的程序性限制门槛，扩大失业救济的普惠性与民生托底作用。

2. 完善就业服务体系

靠前发力就业优先政策，构建就业服务、创业服务、技能服务、人才服务、市场服务“五位一体”的大服务格局。加大就业服务力度，推动城乡公共就业服务的标准化、智慧化和便民化，着力在探索城乡居民增收的共同富裕路上走在前、开新局。加大创业服务力度，建立健全创业帮扶体系，完善创业帮扶机制，着力在纵深推动大众创业、万众创新上走在前、开新局。加大技能服务力度，大规模开展技能培训、滚动实施职业技能提升行动和开发多层次技能人才，着力在落实职业技能培训五年规划上走在前、开新局。加大人才服务力度，积极创造更加优越的人才环境，办好人才服务日，着力在推动新时代人才强市建设上走在前、开新局。加大市场服务力度，积极面向有就业意愿、具备相关劳动技能的求职人员开展职业介绍、职业指导、政策咨询等就业服务，着力在构建统一有序的人力资源市场体系上走在前、开新局。

3. 实施岗位开发行动

根据《成渝地区双城经济圈建设规划纲要》明确支持涉及内江的38个重大事项，结合人社工作实际，全面实施重大产业就业影响评估，推动全市产业项目投资与就业政策统筹协同，加大产业项目就业岗位供给，培育新就业形态，确保就业大局总体稳定。利用三孩政策配套支持措施，充分挖掘养老、托育、家政等公共服务领域吸纳就业潜力，引导社会资本及时跟进承接，增强带动就业效应的长效性和持续性。

4. 做实职业技能培训

强化就业创业公共实训能力，启动建设“甜城·成渝综合实训基地”。深化职业技能培训体制机制改革，积极探索“互联网+技能培训”新载体，加快构建全程化、模块化、多元化的职业技能终身培训体系。完善技能人才与同等学力、职称人员在招聘录用、岗位聘任、职务职级晋升、职称评定、薪酬、学习进修、休假体检等方面享受平等待遇政策，全面加强技能人才激励工作。

5. 激发服务外包活力因子

协同配合服务外包集聚发展“揭榜挂帅”重大项目深入推进，全面优化人社营商环境，服务好落地企业用人需求。积极探索推进软件与信息技术服务外包产业过渡园区入驻企业与市内大中专院校开展嵌入式联合办学，实现招生、教育、就业一体化管理，真正落实“招生即招工，入校即入企”，最大限度增强技能人才开发效能，全面满足服务外包产业用人需求。

6. 提升创业带就业能力

注重深化“放管服”改革，营造宽松便捷的市场准入环境。全面落实促进高校毕业生、退役军人、残疾人、登记失业人员、返乡创业人员等群体创业的税费优惠政策。积极培育创业创新公共平台，积极打造市场主导、风投参与、企业孵化的创业生态系统。培育创业文化，营造鼓励创业、宽容失败的良好社会氛围，让大众创业、万众创新蔚然成风。举办高规格、高技能的成渝经济区双创邀请赛暨双创成果展，提升创业服务水平，促进活动成果的推广运用与转化共享，打造人力资源创业服务新品牌。

三、高职生就业趋势与展望

（一）新常态下大学生就业环境

中国经济进入了新常态，经济的变化也给就业带来了新的改变，就业也呈现出新的形势。据统计，1995 年全国高校毕业生有 89.5 万人，其中本科毕业生 32 万人，专科毕业生 45.1 万人；2005 年全国高校毕业生达到 338 万人，其中本科毕业生 150 万人，高职高专毕业生 168 万人；2015 年全国高校毕业生为 749 万人，是 1995 年毕业生总量的 8.37 倍，比 2005 年增加 122%。其中本科毕业生 368 万人，是 1995 年本科毕业生总数的 11.5 倍，比 2005 年增加 145%；高职高专毕业生 326 万人，是 1995 年专科毕业生总数的 7.2 倍，比 2005 年增加 94%；2016 年，高校毕业生 765 万人；2022 年高校毕业生 1076 万人，首次突破千万，同比增长 167 万人。

近几年，高职院校也在逐年增加，2011 年到 2021 年，从 1113 所增加到 1486 所，随之而来的则是高职院校毕业生人数的逐年增加，毕业生从 198 万人增到 398 万人，并且呈逐年增加趋势。虽然高校毕业生总量与我国经济体量、社会发展需要相比，仍不算多，但其增速之快、增量之大前所未有，不论是对就业工作系统还是整个社会体系，都有不小压力。据估算，我国 GDP 每增长 1 个百分点，就会拉动大约 100 万人就业。经济进入新常态后，我国 GDP 增速回落到 6%左右，新增就业岗位减少明显，就业压力更加雪上加霜。

（二）经济结构调整，结构性失业增加

众所周知，目前中国经济正面临着发展的调档期，现阶段经济发展趋于缓和，产业结构也在不断转化升级，这就给就业带来了新的变化。一方面，在就业结构的需求上，逐渐从以低附加值的劳动密集型产业为主上升到以高附加值的技术密集型产业为主，产线流水工人减少，高技能型人才需求增加，这在无形中也增加了就业压力；另一方面，服务业大力发展，服务型综合素质高的人才紧缺。随着“互联网+”时代的到来，传统经营模式下的从业人员必然减少，无形中增加了就业市场的竞争和压力。物联网、人工智能的发展更将给就业和生活带来新变化和体验，也将改变传统就业方式和面貌，使得

人们的就业更灵活，更人性，更及时。

（三）“大众创业、万众创新”是新形势下解决就业问题的一种常态

随着李克强总理在政府工作报告中提出“大众创业、万众创新”的号召，全国各地掀起了创新创业的大潮。国务院和各级政府相继出台了多项创新创业优惠政策，创建不同类型科技孵化器，鼓励大众创新创业，帮助创新创业项目转换落地，全国上下创新创业氛围浓厚。一方面，鼓励大学生创新创业。在政策上提供非常优厚的待遇，希望大学生激发内在潜力，实现就业。另一方面，鼓励个人创业，给小微企业提供优质服务。创新创业成为一种就业新常态。

（四）高职学生就业困境

1. 毕业生人数逐年上升

近几年，高职院校毕业生人数逐年增加，从 2011 年到 2021 年，高职院校毕业生人数从 198 万人增到 398 万人，并呈继续增长趋势。我国现阶段经济发展趋于缓和，就业岗位有所减少，给就业带来了不少压力。同时，我国产业正面临结构升级的转型期，逐渐从以低附加值的劳动密集型产业为主上升到以高附加值的技术密集型产业为主，产线流水工人减少，这无形中增加了高职毕业生就业压力。

2. 就职于民营企业较多

当前，全国各地的机关事业单位基本都是逢进必考，对学历的要求也在不断提高，高职学生在这种考试制度下没有一点优势可言，完全处于下风。在全国的公务员考试和省级公务员考试中，主要岗位要求都是本科以上，适合大专学生报考的岗位不多。只有在地方事业单位和公务员考试中才有部分大专岗位。这就限制了高职生的就业，使高职毕业生在民营企业等私企就业成为普遍现象。

3. 就业期望过于理想

有较大部分学生在选择工作过程中对工作和岗位期望过于理想，不但要求工作环境好，做事少，还要求薪酬高。“钱多事少离家近”，就是一个真实的写照。通常来说，刚毕业的学生工资都在 2000 元左右，实习期的待遇也不同于正式员工。现在大多数毕业生为独生子女，家长们都宠爱有加，大多数没有吃过苦，工资少不愿意做，工资高的企业又看不上高职学生，从而导致了一些学生宁愿在家闲着也不愿意去就业，变成真正的“啃老族”，也导致了就业市场上的空岗和失业的供需错位现象。

（五）提升高职学生就业的举措

1. 拓宽就业渠道，鼓励学生先就业后择业

随着经济步入新常态，就业压力增大。我国经济正处于转型升级的关键阶段。第三产业呈上升趋势，并且服务业所占比重越来越大。根据经济发展形势来看，第三产业的发展程度是经济发展的关键，随着劳动密集型产业的升级和转移，中西部地区的就业市场不断扩大，需求量越来越大。但是很多学生还没有看清形势，依旧想去东部发达城市

就业，影响了个人就业。作为毕业生，我们应该要树立“先就业，再择业”的理念，不能盲目随从。随着中西部大量企业的发展，人才需求量不断增多，更需要高素质的技能型人才，是我们高职学生就业的新天地。

2. 鼓励和支持高职学生自主创业

近几年来，国务院和教育部都陆续出台了一系列有关鼓励大学生创业的政策。“大众创业、万众创新”，已经成为就业市场的一种新常态。用主动创新创业来实现就业不仅是缓解就业压力的有效方式，更是推动经济发展的有力措施。用主动“实干”，来实现“兴邦”的中国梦。有关部门通过调查发现，虽然近几年全国兴起一股创业潮，草根创业蔚然成风，国家大力鼓励大学生创业，可是在大学生中真正在创业的还是少数，就我们高职毕业生来说，创业学生和案例更少。所以，作为高职学生，一定要利用好国家的大好政策，积极主动地进行有规划地创业，不仅是对国家政策的响应，也是重新认识自己，提升个人能力，开拓进取的积极表现。

3. 学校把握市场动态，开设符合社会发展需求的专业，培养综合素质高的复合型人才

经济产业结构的调整深刻影响着就业结构、人才素质，经济新常态下，就业单位在招聘时，除了看应聘人员的学历、专业外，更重要的看应聘人员的综合素质。因此，学校应该努力培养综合素质高，专业技能强的复合型人才。高职生不仅要掌握扎实的专业技能，更要自主地有意识地培养锻炼自己的个人综合素质，如应变沟通能力、组织协调能力、团队合作精神等。学校应该多组织开展校园文化活动，学生要通过参加活动和社会实践，磨炼自己的意志，增长自己的才能。

4. 帮助高职学生树立正确的择业观

高职毕业生要有合理定位，不能有过高的期望。在进行职业生涯规划时，除了要认清自己的优势和不足之处，还要有足够的市场估计。不能光坐在学校里空想，要利用假期做一些兼职，感受一下就业市场的状况。在遇到求职过程中的困难与挫折时心态要积极。既不能过分地悲观，也不能过于乐观，要有一个合理的定位。对就业市场要冷静客观地分析，不能盲目和冲动，确立好合适的就业目标，适当的期望值，调整心态，积极主动地适应工作岗位。

第二节　就业制度

【任务目标】

1. 知识目标：了解就业制度。
2. 能力目标：掌握就业流程，能办理就业相关手续。
3. 素质目标：树立积极的就业观念，并为就业做好充分的准备。

【案例导学】

2020年毕业的陈同学，在毕业前夕的就业过程中特别烦恼。原来，陈同学的父亲当年在企业和机关的就业选择中，选择了当时待遇看起来更高的企业，现在与当初选择了机关的同学相比，从待遇与各项福利上来看，要差了不少。因此，父亲强烈建议陈同学报考公务员，而陈同学想选择与所学专业相匹配的企业去就业，从而发挥所长，父子俩各执一词，陈同学一时不知如何抉择。

陈同学的问题其实很多同学都遇到过，并没有谁对谁错，只是在不同的就业背景和就业制度下，就业倾向性和就业选择也有所不同。我国目前实行的“双向选择、自主择业”制度是根据当前就业形势和就业现状而制定的，充分体现了市场经济的特点，促进就业并鼓励大学生自主创业，大学生可以根据自身的情况自主选择。

一、大学生就业制度

就业制度是指关于人们合法获取就业机会、维护社会就业行为的根本规定。大学生就业制度是国家指导规范大学生行为，确保就业工作的有序进行，制定的一系列直接或间接约束大学生就业的规则和程序。

新中国成立以来，我国长期实行以固定工为主体的用工制度。在20世纪50年代中后期，在劳动用人制度方面实行了劳动力的统包统配。这种统包统配用人制度的基本特征是：国家对企业用工长期实行高度集中统一的指令性计划管理，以固定工为主兼以少量临时工为补充，形成了“铁饭碗”的模式。

1986年7月，国务院发布了《国营企业实行劳动合同制暂行规定》，规定企业在国家劳动工资计划指标内招用常年性工作岗位上的工人，除国家另有规定外，统一实行劳动合同制度；国家机关、事业单位和社会团体在常年性岗位上招用的工人，应当比照该规定执行。

1994年7月，第八届全国人民代表大会常务委员会第八次会议审议通过了《中华人民共和国劳动法》(以下简称《劳动法》)，并决定自1995年1月1日起实施。目前，中国已基本实现全员劳动合同制。全员劳动合同制度的主要内容是：第一，企业全体职工包括经营管理人员、技术人员和生产操作人员都要在平等、自愿、协商一致的基础上，与企业签订劳动合同，明确双方的责、权、利。第二，在企业内部取消不同身份界限，企业全体人员统称企业职工或企业员工。取消工人和干部的身份界限，对干部实行聘任制，能上能下。第三，实行双向选择，合同期满后，企业与职工可以续签合同，职工也可以离开企业，另谋职业。我国现行的大学生就业制度由一系列的与大学生就业相关的劳动人事制度、就业管理制度组成，主要包括：劳动合同制度、就业准入制度、人事代理制度等，见表6－1。

表6－1 中国就业制度的历史沿革

序号	时期	就业制度	备注
1	由1950年持续到1976年	“统包统分”和“包当干部”阶段	

续表

序号	时期	就业制度	备注
2	由 1977 年持续到 1984 年	“统包统配”到“双向选择”的过渡阶段	
3	由 1985 年持续到 1992 年	从计划分配到社会选择就业制度的探索阶段	
4	由 1993 年持续到 2000 年	“双向选择、自主择业”制度的逐步确立阶段	
5	由 2001 年持续至今	“双向选择、自主择业”制度的完善阶段	

（一）劳动合同制度

1. 劳动合同制度的概念

根据《劳动法》第十六条的规定，劳动合同是指劳动者与用人单位确立劳动关系、明确双方权利和义务的协议。

劳动合同是确立劳动关系的法律凭证和法律形式。它的法律特征可以从以下几方面来考虑。

（1）劳动合同的主体是特定的。

劳动合同一方当事人是企业、个体经济组织、国家机关、事业组织或社会团体等用人单位，另一方是劳动者本人。也就是说，劳动关系是在拥有生产条件的用人单位与具有劳动权利能力、劳动行为能力的劳动者之间形成的。

（2）劳动合同当事人法律地位是平等的。

劳动合同是双方当事人在平等自愿、协商一致的基础上达成的协议，是双方意志一致的产物，劳动合同的订立，真正实现了企业的用工自主和劳动者的择业自主权。

（3）劳动合同的目的，在于劳动过程的实现，而不仅仅是劳动成果的给付。

劳动过程十分复杂，其成果也多种多样。有的劳动成果当时就可以衡量，有的则要过一段时间才能衡量；有的劳动有独立的成果，有的劳动物化在集体劳动成果中。无论劳动成果属于哪一种，只要劳动者按时按量完成了劳动合同规定的工作量，企业就应当按照劳动合同的约定支付劳动报酬。总之，订立劳动合同的目的主要是使劳动者与用人单位构成具体的劳动关系。

2. 劳动合同的形式

劳动合同的形式常常根据劳动合同的期限来划分。《劳动法》第二十条第一款规定：“劳动合同的期限分为有固定期限、无固定期限和以完成一定的工作为期限。”与此相适应，劳动合同分为以下三种形式。

（1）固定期限的劳动合同。

有固定期限的劳动合同是指双方当事人在订立的合同中，对劳动合同履行的起始时间和终止时间有具体明确的规定。劳动合同期限届满，双方的劳动关系即告终止。但如果双方同意，劳动合同也可以续订。这类劳动合同在具体期限上，可以由双方当事人根据工作需要和实际情况来确定，时间可长可短，如半年、五年、十年或者更长，但它的根本特征是不变的，即劳动合同的起始时间和终止时间是固定的。

（2）无固定期限的劳动合同。

无固定期限的劳动合同是指双方当事人订立的劳动合同没有规定具体明确的终止时间，在这类劳动合同中，双方当事人应当约定劳动合同终止的条件。只要不出现双方约定的终止条件或法律法规规定的其他情形，无固定期限的劳动合同一般不能终止。这种合同一般适用于技术复杂、生产工作又长期需要保持人员稳定的工作岗位，用人单位可以与劳动者协商签订这类合同。此外，国家法规政策规定对部分符合条件的职工，只要本人提出订立无固定期限的劳动合同，用人单位就应当订立无固定期限的劳动合同。

（3）以完成一定的工作为期限的劳动合同。

以完成一定的工作为期限的劳动合同，是指双方当事人把完成某一项工作或工程，作为确定劳动合同起始和终止的期限。该项工作或工程开始的时间，就是劳动合同履行的起始时间；该项工作或工程一旦完成，也意味着劳动合同的终止。因此，这类合同与有固定期限的劳动合同有相同之处，但在表现形式上有所不同。

3. *劳动合同的基本内容*

劳动合同的内容，是指双方当事人在劳动合同中必须明确各自的权利义务及其他问题。

劳动合同的内容，可以分为法定条款和协商条款两部分，前者是指劳动合同必须具备的由法律、法规直接规定的内容；后者是指不需由法律、法规直接规定，而是由双方当事人自愿协商确定的合同内容。

根据《劳动法》第十九条的规定，劳动合同的法定条款包括以下七项。

（1）劳动合同期限。

劳动合同期限是指劳动合同的有效时间，是双方当事人所订立的劳动合同起始和终止的时间，也是劳动关系具有法律效力的时间。劳动合同期限是订立劳动合同所必须明确的内容。

（2）工作内容。

工作内容是针对劳动者而言的，是对劳动者设立的义务条款。工作内容包括劳动者从事劳动的工种、岗位以及在生产或工作上应当达到的数量和质量或应当完成的任务。

（3）劳动保护和劳动条件。

这是针对用人单位而言的，是对用人单位设定的义务条款。劳动保护和劳动条件是为了保障劳动者在劳动过程中获得适当的劳动条件而采取的各项保护措施，如工作时间和休息休假、劳动安全和劳动卫生方面的措施和设备，以及对女职工和未成年工的特殊劳动保护等。

（4）劳动报酬。

劳动报酬是劳动者劳动的成果返还和劳动者履行劳动义务后必须享受的劳动权得。从另一方面讲，则是用人单位依据法律、法规以及劳动合同的约定支付给劳动者的工资、奖金、津贴等。劳动关系双方在约定劳动报酬时，不得违反国家法律、法规的规定。如工资不得低于当地政府规定的最低工资标准，工资支付形式和期限也不得违反有关的法律、法规和政策。

（5）劳动纪律。

劳动纪律，是指劳动者在生产（工作）过程中必须遵守的工作秩序和劳动规则。劳动纪律是用人单位组织生产经营活动、完成工作任务的保证条件，是规范劳动行为的一项重要内容，也是劳动者必须履行的义务。主要包括上下班纪律、保密纪律、防火及防止其他事故的日常纪律等。

（6）劳动合同终止的条件。

劳动合同终止的条件是通过一定法律事实（包括行为和事件）中断劳动关系的条件，劳动合同终止的条件除劳动合同期限届满或者双方约定的工作任务完成等条件以外，订立无固定期限的劳动合同还应当约定其他劳动合同终止条件，如职工退休、退职，职工应征入伍或出国定居；用人单位宣告破产，用人单位被政府管理机关明令撤销等，都可以在劳动合同中约定为终止条件。但不能把《劳动法》明确规定的法定解除劳动合同条件约定为终止条件。这是因为，按照《劳动法》的规定，用人单位在某些情形下依法解除劳动合同应当支付给劳动者经济补偿金，如果约定为终止条件则有可能使用人单位不支付劳动者经济补偿，侵犯职工的合法权益。

（7）违反劳动合同的责任。

违反劳动合同的责任，是指由于劳动合同当事人一方或双方的过错而造成劳动合同不能履行或不能完全履行，以及违反法律、法规规定的条件解除劳动合同，按照法律、法规的规定，劳动合同的约定应当由过错方承担的行政、经济或司法责任。在劳动合同中规定这一内容是为了促使当事人双方切实履行劳动合同所规定的各项条款，维护当事人双方的合法权益。

合同的内容，除了以上七项法定条款外，双方当事人还可以协商约定其他内容，即约定条款。如用人单位是否为职工提供居住条件、居住的期限；职工是否享受单位托儿所、幼儿园和其他生活福利设施；发生劳动争议时解决的途径等。双方当事人在协商约定条款时，都应当符合国家的有关法律法规的规定。

（二）就业准入制度

所谓就业准入制度是指根据《劳动法》《中华人民共和国职业教育法》的有关规定，对从事技术复杂、通用性广、涉及国家财产、人民生命安全和消费者利益的职业（工种）的劳动者，必须经过培训并取得职业资格证书，方可就业上岗的制度。对技术工种（职业）从业人员实行就业准入制度，其根本目的是提高劳动者技能水平，增强其就业能力和适应职业变化的能力，实现高质量就业和稳定就业。

2000 年 3 月 16 日，我国劳动和社会保障部以部令第 6 号形式发布了《招用技术工种从业人员规定》（下称《规定》），对 90 个工种实行就业准入。该制度自 2000 年 7 月 1 日开始在全国范围内施行，实行就业准入的职业范围，由劳动和社会保障部确定并向社会发布，其基础就是职业资格证书制度。

1. 实行就业准入制度的积极意义

制定《规定》的基本出发点和落脚点，是加快提高劳动者素质，增强企业竞争力，同时也是为了适应促进企业安全生产，提高效益，保护消费者利益等方面的迫切需要。

2.《规定》对用人单位及新生劳动力的要求

（1）对用人单位违反《规定》招用未取得相应职业资格证书的从业人员，有哪些处罚措施？

用人单位违反《规定》招用未取得相应职业资格证书的劳动者从事技术工种工作的，由县级以上劳动保障行政部门给予警告，并可处以1000元以下罚款，同时责令用人单位限期对有关人员进行相关培训，取得职业资格证书后再上岗。

（2）国家对新生劳动力就业有什么要求？

《规定》的规范对象主要是初次就业的劳动者。根据《规定》的要求，今后凡初次就业的劳动者，包括城镇初高中应届毕业生、待业人员以及农村从事非农产业或进城务工人员，只要从事国家规定的技术工种（职业）工作的，必须取得相应的职业资格证书，方可就业上岗。

3. 高校及毕业生对就业准入制度的应对

（1）职业资格证书的引进。

大学校园引进职业资格证书的历史并不长。比如，上海高校也是在2001年底才首次进行大学生职业资格鉴定的。通过这第二张证书，学生在学校里就能达到知识与市场接轨。2003年，上海市劳动部门将30大类职业正式列入高校职业资格鉴定范围。

开展职业资格鉴定的原因是目前不少高校毕业生动手能力较弱，专业技能与市场需求严重脱节，从而造成就业难问题。通过资格鉴定，可以培养高校学生的专业能力，让学生与市场需求“零距离”接轨。职业资格鉴定考核内容也充分体现了行业发展的最新动态。尽管高校职业资格证书还只是一个新事物，但随着“轻学历、重能力”用人观念的日益普及，以及市场对技能人才需求的持续上升，高校职业资格鉴定在高校将越来越普及。

（2）树立资格证的意识。

随着人力资源市场的发展，“学历教育＋职业资格教育”成为发展趋势，职业资格证书就是就业市场的准入证，随着越来越多的行业要求从业者必须具备职业资格，各种各样的资格证书已经从原来可有可无的附属品变为随身必需品，成为大学毕业生的必备“装备”。在就业形势越来越严峻的今天，考取国家职业资格证是增加择业资本的重要途径和有力保证。但是，职业资格证书只是一种证明，能否为求职就业增加筹码，还要看毕业生在校期间系统学习的本专业的理论知识。理论联系实践，全面提高自己的综合素质，才能从根本上提升个人的就业竞争力。

（三）人事代理制度

建立人事代理制度是我国人事制度改革的一项重要内容。它的出现对于改革传统的毕业生就业方式，拓宽毕业生就业渠道，保障毕业生和用人单位的合法权益具有重要意义。

1. 人事代理制度的基本内涵

人事代理，就是人事代理单位受用人单位或者个人委托代理有关人事业务。人事代理制度有以下几方面的含义。

（1）人事代理是人事管理社会化的一种服务方式，是受用人单位委托对用人单位内部人员进行管理。涉及的关系有三个方面：人事代理机构、用人单位、员工。人事代理机构代表的是用人单位的利益，把人员的进出放在代理机构，减轻了用人单位负担。

（2）人事代理是一种人事关系的代理。在社会主义市场经济体制下，人事工作应坚持为经济建设服务的方针。政府与企业的最终目标仍然是一致的，人事代理是政府指导企业、为企业服务的一种途径、一种形式。

（3）从大的概念来说，人事代理应该模糊一些，不能太受法律上“代理”一词含义的约束。但是，具体代理的业务可以按“代理业务”和“代理辅助业务”区分得清楚一些。个人人事关系的代理是委托行为，是一种服务，不是完全意义上的代理。人事行为是用人和被用的关系。人事是企业法人对雇员的管理行为，是人事管理行为，个人不存在这种行为。但是，为了管理上的方便，我们把个人人事关系的这种委托也纳入代理的范畴。

2. 实行人事代理制度的意义

为适应社会主义市场经济体制的转变，人事制度必须进行改革。企事业单位实行人事代理制度是内部管理制度改革的突破口，具有重要的意义。

（1）促进人事工作职能的转变，增强人才的流动性。人事代理制度的建立可以使人事工作实现从行政管理型向服务保障型的转变。人事代理制度是一种新的用人机制，它解决了企事业单位在用人方面“能上不能下”“能进不能出”的问题。

（2）规范人事管理活动，提高工作效率。人事代理制度的建立规范了人事管理活动，大大提高了人事管理效率和管理水平。在社会主义市场经济体制下，建立人事代理制度还是政府人事部门有效地配置人才的一个途径。国有企业产权改革，所有权与经营权分离。通过人事代理制度，人才也可以实现两离。人才两权分离后，就能够打破人才单位所有、部门所有的状况，为人才跨部门、跨地区流动创造条件。从这个意义上讲，人事代理对人才优化配置能起到很好的作用。

（3）有效促进全员聘用合同的实现，增强员工的危机感。全员聘用合同制旨在通过聘用合同的约定，确定用人单位与受聘人员的权利义务，明确职责，激发劳动者的积极性。实行聘用合同制是从劳动关系层面上解决人员能进能出的问题。但必须看到，由于受过去计划经济体制的影响，高等学校在人员的出口上还存在许多具体问题，产生出口不畅的问题。如档案的衔接、社会保险的缴纳等方面没能很好地解决。而实行人事代理制度正是解决在实行聘用合同制后人员出口不畅的有效途径。此外，人事代理制度的实行可以增强员工工作的危机感和责任感，促进他们不断钻研业务、努力工作，有利于员工素质的提高及员工队伍的成长。

因此，推行人事代理制度是企事业单位人事管理内部管理向社会化管理转化的条件；是企事业单位择人求职走向市场的关键环节，是人才资源优化配置和企事业单位建立人员“能进能出”良性循环机制的有效途径；是整个干部人事制度改革的方向。

3. 关于人事代理制度的几点说明

人事代理的当事人为代理方和委托方。在一般情况下，代理方为县级以上政府人事行政部门下属的人才流动服务机构；委托方为需要人事代理服务的各种企业、事业单位和个人。委托代理的方式由双方商定，并以合同形式确立。

人事代理属于人才交流服务范畴，其主要职能如下。

（1）为委托方提供信息咨询服务（包括人事政策咨询服务、人才供求关系信息、市场统计信息等），协助委托方研究、制定人才发展规划和人事管理方案等。

（2）为委托方管理人事档案，办理技术人员专业技术职务任职资格的申报，办理大中专毕业生见习期满后的转正定级手续，调整档案工资，出具报考研究生、婚姻登记、办理独生子女手续、自费留学、出国等有关人事档案的证明材料。

（3）为国家承认学历的大中专毕业生提供人事代理服务。从签订人事代理合同之日起，按照有关规定承认身份，申报职称，计算工龄，确定档案工资，办理流动手续。

（4）为委托方接转党团组织关系，建立流动人员党员组织，开展组织活动。

（5）为委托方办理失业、养老等社会保险业务，并为其代办住房公积金。以上职能可划分为单位委托和个人委托两大类别。需要注意的是各级人才流动机构与委托人不发生行政隶属关系，仅为其代理有关服务事宜。

4. 关于人事代理的一些常见问题

人事代理的一些常见问题如下。

（1）哪些毕业生应该申请实行人事代理？

凡通过双向选择，已同外资企业、股份企业、乡镇企业、区街企业、私营企业、民办科技教育、医疗机构以及各种中介机构等非国有单位和实行聘用制的国有企、事业单位签订就业协议的毕业生；择业期内暂未落实就业单位，目前正在择业的毕业生；准备复习考研或自费出国留学的各类毕业生等，均应实行人事代理。

（2）未就业的毕业生办理人事代理需经过哪些程序？

毕业未就业的大专以上毕业生其档案由学校统一办理，并将其档案转交人才交流中心后，毕业生可凭毕业证和身份证等材料到人才交流中心报到或登录四川省流动人员人事档案公共服务平台进行线上办理报到手续，签订人事档案管理合同。

（3）毕业生办理人事代理手续对个人有什么好处？

毕业生办理人事代理手续后，人才交流中心保障毕业生的合法权益，毕业生可以享受到和国有单位工作人员相同的人事待遇，如办理转正定级、初定职称、连续计算工龄、调整档案工资、职称资格考评、出国政审、党员管理、代办社会保险、户口迁入、出具以档案材料为依据的相关人事证明等。

（4）人事代理毕业生的工龄如何计算？

毕业生到人才交流中心报到后，无论从事何种职业均从报到之日起开始计算工龄。工龄可以说明资历，工龄是毕业生进入国有单位享受工资晋升、职务变动、退休、保险等待遇的依据之一。

（5）人事代理毕业生怎样参加养老保险？

本人可持身份证、人事档案管理合同到人才交流中心办理开户缴费手续，缴费标准按当地省市核定的当年标准，在最低与最高标准之间由个人选择确定。

（6）人事代理毕业生在择业期内联系单位的，如何办理改派手续？

若毕业生联系到可接收档案的单位工作，可持接收单位或其主管部门出具的接收函到毕业生主管部门办理改派手续，再通过人才交流中心将人事档案转往接收单位。

（四）就业协议

1. 就业协议的概念

就业协议是《全国普通高等学校毕业生就业协议书》的简称。它是明确毕业生、用人单位在毕业生就业工作中的权利和义务的书面文书，能解决应届毕业生户籍、档案、保险、公积金等一系列相关问题。协议在毕业生到单位报到、用人单位正式接收后自行终止。就业协议一般由教育部或各省、市、自治区就业主管部门统一制定。

为优化高校毕业生求职就业服务流程，方便用人单位与毕业生网上签约，2020 年，教育部开通全国高校毕业生毕业去向登记与网上签约平台（简称“网签平台”）。网上签约电子就业协议书与纸质三方协议书效力相同。

2. 就业协议签约的程序

（1）签约的内涵。

签约即协约，指两方或多方因利害关系人互相协商达成的盟约。在现实生活中，与协议通用。协议即在组织之间或个人之间，经过洽谈、协商，明确各自权利、义务而达成一致意见的书面文书。当毕业生与用人单位经过双向选择达成一致意愿之后，就需要以协议的形式将这种关系确定下来。毕业生与用人单位签订协议，并经学校主管部门签证或鉴证，即为签约。从毕业生一方而言，该协议的签订意味着毕业生就业，因而也称为就业协议。

随着毕业生就业制度改革的深化，毕业生就业协议的内容也在进一步规范化、法制化。目前，一些用人单位或学校在就业协议书上已经附加上了有关劳动合同的内容，以保证毕业生的权益，进一步明确用人单位与毕业生之间的权利和义务。这些内容包括：服务期、工作岗位和工作内容、劳动保护和工作条件、工资报酬和福利待遇、劳动纪律、协议终止的条件、违反协议的责任等。

签订就业协议是一种法律行为，协议书一经签订，便视为生效合同，具有法律效力。签订就业协议，是确认签约双方权利和义务的必要程序，也是处理就业纠纷的主要依据，毕业生应该正确认识和严肃对待就业协议书，慎重签订就业协议。

（2）各方的权利和义务。

在高校毕业生就业活动中，主要涉及毕业生、用人单位和学校三方，各方的权利和义务主要有以下三个方面。

第一，毕业生的权利和义务。

毕业生作为签订就业协议的主体之一，清楚了解自己的权利和义务是签订协议非常重要的一个环节。

大学毕业生享有平等就业和自主选择职业的权利。我国劳动法规定：“劳动者享有平等就业和选择职业的权利。”对大学毕业生而言，在求职择业过程中具有自主性，其选择某一职业或不选择某一职业，都是毕业生自己享有的权利，任何单位或个人都无权干涉，即使毕业生的家长和亲属也不能对毕业生选择职业进行干涉和强迫。当然，毕业生在作出职业选择前，应与家长和亲属进行沟通，在听取他们意见的基础上，作出符合自己意愿和实际情况的选择。

毕业生有全面了解用人单位情况的权利。选择职业，确定用人单位，关系到毕业生未来的工作、生活状况和事业前途。毕业生在与用人单位签约前，完全有必要也有权利对用人单位的情况进行全面细致的了解，包括用人单位的使用意图、工作环境、生活待遇、服务时间等。用人单位有义务向毕业生和学校如实介绍本单位的情况，并尽可能提供能够证明这些情况的有关资料。

毕业生有如实向用人单位介绍自己情况的义务。这包括培养方式、学习成绩、健康状况、在校表现、社会实践经历及各方面的能力，并如实提供可以证明自己情况的相关资料，这是用人单位准确了解毕业生的重要基础。

毕业生有接受用人单位组织的测试或考核的义务。用人单位为了招聘到符合要求的毕业生，一般都要通过一些测试或考核手段来掌握毕业生的情况，以进行比较，从而做出是否录用的决定。毕业生应予以积极配合，接受测试和考核，充分展现自己的能力，获得期望的工作。

第二，用人单位的权利和义务。

用人单位是与毕业生签订就业协议的另一主体，其主要权利和义务包括以下内容。

用人单位享有全面了解毕业生情况的权利。用人单位根据本单位对所需人员综合素质、知识水平和专业能力等方面的要求，通过学校有关部门或毕业生所在院（系）及毕业生个人，了解毕业生的各方面情况，并对毕业生进行测试、考核，最终决定是否录用。

用人单位在招聘活动中，有如实向毕业生和学校介绍本单位情况的义务。这包括对毕业生的使用意图、工作环境、生活待遇、服务时间，以及本单位的具体情况等。

第三，学校的权利和义务。

学校作为毕业生的培养单位，在毕业生就业中具有重要的作用，其权利和义务对毕业生和用人单位都有直接的意义。

学校有义务对毕业生进行就业指导，向用人单位推荐毕业生。

学校有义务向毕业生和用人单位介绍学校情况和提供有关介绍资料。

学校应对毕业生、用人单位双方当事人的资格和学生相关材料的合法性、规范性进行鉴证和审核。

根据毕业生和用人单位的需求，学校应向他们提供有关政策和就业信息指导、咨询等方面的服务。

3. 用就业协议书签约的基本程序

就业协议的签订是在毕业生和用人单位供需见面、双向选择之后达成一致意见的结果。签约一般须经过以下程序。

（1）毕业生登录网签平台，在线申请就业协议书。

（2）毕业生所在学院、学校审核。

（3）毕业生自行下载打印就业协议书。

（4）毕业生与用人单位签约并盖章。

（5）申请人社部门就业接收函（可选项）。

（6）将协议书和接收函（若有）上传网签平台完成就业登记。

（7）用人单位和学生本人可根据需要自行备份纸质版协议书。

在完成上述程序之后，协议就正式生效，并列入国家就业方案，下达学校和有关部门执行。

在签订毕业生就业协议中，毕业生和用人单位将拥有完全的自主选择权，学校和政府主管部门不再需要直接审批就业协议，而只需要掌握毕业生就业情况即可。

4．签约应注意的事项

【案例1】

小夏与某企业签订就业协议，但未进一步明确具体工作部门。小夏毕业报到之后，发现该单位将其安排在所属的企业内部刊物做编辑。小夏坚决不同意，与单位交涉，双方僵持不下。小夏又请学校帮忙解决，学校只能尽力进行调解，但用人单位认为其做法无错，坚持不改。最后该毕业生只好继续在此单位工作。

【案例2】

小如在与用人单位洽谈之前，已经报考了专升本考试，她也如实向用人单位作了说明，但是并未在协议书上以文字方式明确。后来专升本考试结果揭晓，小如被录取为全日制本科生，而用人单位却不同意放行，理由是单位急需该毕业生，而且并未书面同意该毕业生就读。这样，小如不仅很被动而且面临赔偿违约金的情况。

【案例3】

小孙在前往单位工作以后，发现该单位提供的工作和生活条件远不是单位当初承诺的那样。企业违反国家劳动法的有关规定，让工作人员经常在节假日和夜晚加班，而且不按国家规定的标准发放加班费。居住的房间由厂房改建，周围污水横流，老鼠在房屋内外乱窜。同期入职的同学们联合一起，向劳动部门控告，单位总是承诺要进行改进，但始终变化不大。而在就业协议书中，双方没有对此进行明确规定，使毕业生缺乏进行交涉和有利于自己的依据。

从毕业生就业工作的实践来看，毕业生在与用人单位签约时，需要注意以下事项。

（1）明确就业单位的具体工作部门和工作岗位。

用人单位与毕业生签订就业协议，确定了双方互相接纳的关系。但是值得注意的是，毕业生需要向用人单位提前了解清楚自己以后工作的具体部门和工作岗位，并在网签平台上填写准确。否则可能发生毕业生对用人单位安排的具体部门和工作内容感到意外、不满或不能接受的结果，以致造成双方争执。

（2）明确毕业生考取研究生或公务员的处理办法。

如果毕业生报考了研究生或公务员，没有揭晓是否录取，毕业生则应如实向用人单位说明，并与用人单位就如果考取后的处理办法达成一致意见，在协议书上明确约定。从实践来看，如果毕业生能够充分尊重用人单位，提前将报考情况向用人单位进行说明，那么在通常情况下，大多数用人单位对毕业生考取研究生或公务员会给予谅解并同意的。不过，毕业生应及早将考取结果通知用人单位，以便他们能够重新招聘和补充毕业生。

必须注意，毕业生不要隐瞒报考的事实。否则，录取结果揭晓以后，就可能面临比较尴尬的局面。如用人单位对毕业生隐瞒报考事实的做法非常不满，即使最后同意与毕业生解除就业协议，但一般也要求毕业生为此付出较大的经济赔偿，而且肯定会对毕业生及学校产生不良看法和影响。还有一种可能，就是尽管学校可以从中协调，但是无论毕业生采取怎样的弥补办法，用人单位也始终不予同意。对此，学校也将无能为力，毕业生也就无法顺利实现自己的目的。

（3）明确工作后是否可以考研、调离的条件。

毕业生工作若干年以后，有不少人可能准备报考研究生继续深造，或者由于种种原因要求调离。这些问题，如果未在协议书中明确，则双方很难协商解决，极易引起纠纷。为了减少因此而可能发生的问题，毕业生最好在与用人单位洽谈时，予以明确，并以文字形式确定下来，为以后双方顺利解决这些问题创造有利条件。当然你提这些问题时要注意策略，避免用人单位因误认为你不安心工作而拒绝录用。

（4）明确工作和生活条件。

工作和生活条件是毕业生选择单位的重要因素，也是毕业生作出工作成就的必要基础。在双方签订协议时，不仅需要在口头上达成一致，而且需要在文字上予以明确。特别是用人单位应如实向毕业生说明真实情况，双方均应严格遵守协议。当然你提这些问题时要注意策略，避免用人单位会因误认为你不能吃苦耐劳而拒绝录用。

毕业生到单位报到后，应与用人单位签订劳动合同，进一步明确劳动内容、劳动报酬、保险福利、服务期限等事项，以免以后发生纠纷。

（5）明确违反协议的责任。

从毕业生就业的实践看，大部分就业协议都得到了认真履行，但由于种种原因，每年总有一些毕业生或用人单位要求违约。对违约行为，教育部在有关规定中，明确违约一方必须承担违约责任，并支付一定的经济赔偿金，但并没有规定明确的数额，因此，各学校与用人单位在执行中，就有不同数额的差别。对此，毕业生在与用人单位签约前，除了学校的规定外，还要与用人单位进行协商，对可能发生的违约责任予以确定，对赔偿金额（通常不超过 1000 元）予以明确，以便任何一方发生违约时，就可以有据可依，避免无谓的损失。

5. 协议的生效与约束

毕业生一旦与用人单位签订了就业协议，则协议正式生效，对双方均具有约束力。毕业生与用人单位均有义务严格履行协议，保证对方享受应有的权利，并承担相应的义务。

（1）毕业生享有的权利。

有要求用人单位履行协议、接收毕业生的权利。协议书是国家专用于毕业生就业的正式文本，具有法律效力。双方一旦签约，就有义务严格履行协议，不得无故进行更改。用人单位必须依照协议接收毕业生，并妥善安排毕业生的工作，提供相应的工作和生活条件，以保证毕业生的正常工作。

毕业生有要求用人单位按照《中华人民共和国劳动法》规定提供各种劳动保障的权利。《中华人民共和国劳动法》第3条规定：劳动者享有取得劳动报酬的权利、休息休假的权利、获得劳动安全卫生保护的权利、接受职业技能培训的权利、享受社会保险和福利的权利、提请劳动争议处理的权利，以及法律规定的其他劳动权利。

毕业生有追究用人单位违约的权利。毕业生与用人单位签订就业协议，是双方遵循平等自愿、协商一致原则而达成的协议，双方均有遵守的义务。如果用人单位一方不能按照协议的内容履行，或者打折扣，毕业生有要求追究用人单位违约的权利。

（2）毕业生应承担的责任与义务。

毕业生有履行就业协议的义务。就业协议对用人单位和毕业生均有约束力。毕业生与用人单位签订就业协议，意味着毕业生同意到该单位工作，因此，必须在规定的时间内，前往签约单位报到工作，不得无故擅自变更或自行解除。

毕业生有依照职责完成工作任务的义务。毕业生是接受了高等教育的人才，用人单位往往寄予厚望，赋予重要职责。因此，有义务模范遵守单位的工作纪律，积极努力，将自己的知识和才能充分发挥出来，切实履行工作职责，圆满完成所承担的工作任务，为单位的发展作出应有的贡献。

毕业生有不断提高职业技能的义务。现代社会，科学技术日新月异、飞速发展，新的知识、技术层出不穷。一方面，毕业生在校期间，本身在技能掌握上，不一定能完全适应工作实践的需要；另一方面，工作以后，日益更新的知识与技术，需要毕业生在实践中继续抓紧学习，积极参加单位安排的技术培训，努力钻研业务，掌握更多、更新的技能。这样才能不断适应工作的要求，也才能在工作中有所作为，有所成就。

根据《中华人民共和国劳动法》的规定，建立劳动关系应当订立劳动合同。一般单位在大学毕业生报到后，都要及时与大学生签订劳动合同，但也有一些用人单位为了达到不缴或少缴社会保险费（养老、失业和医疗保险费）、压低劳动者报酬（所谓试用期工资）、低成本轮换使用劳动力的目的，常常通过拖延和逃避订立劳动合同、延长试用期等手法，侵害劳动者的合法权益。大学毕业生应该学会依法维护自身的合法权益，拿到毕业证到单位报到后及时与单位签订劳动合同。

二、大学生就业政策

高校毕业生就业事关民生福祉、经济发展和国家未来。党中央、国务院高度重视，出台了一系列政策措施，促进高校毕业生多渠道就业创业。教育部、人力资源和社会保障部等部门认真贯彻落实党中央、国务院决策部署，始终把促进高校毕业生就业作为重中之重，抓好政策落实落地，提供不断线就业服务，千方百计帮助高校毕业生实现就业创业梦想。

（一）我国大学生就业政策

1. 鼓励高校毕业生到中小微企业工作

企业是高校毕业生就业的主渠道，中小微企业是高校毕业生就业的主阵地。

对招用毕业年度高校毕业生并签订1年以上劳动合同的中小微企业，给予一次性吸纳就业补贴。

对吸纳毕业年度高校毕业生就业签订劳动合同并参加失业保险的企业，可按照每人不超过1500元标准发放一次性扩岗补助，与一次性吸纳就业补贴政策不重复享受。

小微企业（含社会组织）招用离校两年内的未就业高校毕业生，可申请享受社会保险补贴。

企业招用登记失业半年以上的高校毕业生，可予以定额依次扣减增值税、城市维护建设税、教育费附加、地方教育附加和企业所得税优惠。

小微企业当年新招用高校毕业生等符合条件人员人数达到一定比例的，可申请最高不超过300万元的创业担保贷款，由财政给予部分贴息。

高校毕业生到中小微企业就业的，在职称评定、项目申请、荣誉申报时享受与国有企事业单位同类人员同等待遇。

2. 鼓励高校毕业生到基层和艰苦地区工作

高校毕业生基层就业是其施展才华、成长成才的重要渠道，也是全面推进乡村振兴的重要助力。各级政府要为高校毕业生创造工作条件，主要充实城市社区和农村乡镇基层单位，从事教育、卫生、公安、农技、扶贫和其他社会公益事业。在艰苦地区工作两年或两年以上者，报考研究生的，应优先予以推荐、录取；报考党政机关和应聘国有企事业单位的，在同等条件下，应优先录取。

高校毕业生到基层就业，可享受学费补偿和助学贷款代偿，高定工资档次，放宽职称评审条件。

高校毕业生还可参加“三支一扶”计划（支教、支农、支医和帮扶乡村振兴等）、农村义务教育阶段学校教师特设岗位计划、大学生志愿服务西部计划等基层服务项目，服务期满后可享受考研加分、公务员定向招录、事业单位专项招聘等政策。

3. 党政机关录用公务员和国有企事业单位新增专业技术人员和管理人员，应主要面向高校毕业生，公开招考或招聘，择优使用

高校毕业生在社会招聘中往往处于劣势。第一，高校毕业生就业心理压力大，在还没有完全准备好就要投入社会，内心难免有恐慌。第二，高校毕业生理论能力强，但实践能力弱，缺乏工作经验，这在快节奏的社会中很难被用人单位包容。第三，高校毕业知识能力强，但职场生存能力差。现在更多的企业更表现复合型。基于以上原因，国家考虑到每年高校毕业生人数庞大，必然需要进行一系列的扶持，带头为高校毕业生们提供工作。因此，在国考或公招中，主要面向高校毕业生，择优录用。

4. 鼓励高校毕业生自主创业和灵活就业

高校毕业生富有想象力和激情，是创新创业的有生力量。近年来国家大力推进大众创业、万众创新，为高校毕业生创业创新营造了良好环境。凡高校毕业生从事个体经营的，除国家限制的行业外，自工商部门批准其经营之日起一年内免交登记类和管理类的各项行政事业收费。有条件的地区由地方政府确定，在现有渠道中为高校毕业生提供创业小额贷款和担保。

高校毕业生自主创业可参加创业培训，按规定享受创业培训补贴。

可得到资金支持，免收有关行政事业性收费，享受税收优惠政策，可申请获得一次性创业补贴，可申请获得最高 20 万元的创业担保贷款，由财政给予部分贴息，合伙创业的还可适当提高贷款额度。

可在公共创业服务机构享受创业服务，获得咨询辅导、政策落实、融资等服务，政府投资开发的孵化基地等创业载体还会安排一定比例场地，免费向高校毕业生提供。

离校两年内未就业高校毕业生灵活就业的，可申请享受社会保险补贴。

5. 为高校毕业生办理户口和人事档案手续提供便利

对毕业离校时未落实工作单位的高校毕业生，本人要求户口和人事档案保留在学校的，按规定保留两年。在此期间，档案管理机构对保管其档案免收服务费用；本人要求将户口转入学前户籍所在地的，公安机关应当按照户籍管理规定为其办理落户手续，人事、教育部门所属人才交流服务机构负责办理相关手续，人事部门所属人才交流服务机构免费提供人事代理服务。本人落实工作单位后，公安机关按有关规定办理户口迁移手续。四川省的毕业生可以在“四川省流动人员人事档案公共服务平台”查询个人档案去向。

毕业半年以上未能就业并要求就业的高校毕业生，可持校证明到入学前户籍所在城市或县劳动保障部门办理失业登记。

劳动保障部门所属的公共职业介绍机构和街道劳动保障机构应免费为其提供就业服务。对已进行失业登记的高校毕业生，有条件的城市、社区可组织其参加临时性的社会公益活动，或到用人单位见习，给予一定报酬。对于因患病等原因短期无法工作并确无生活来源者，由民政部门参照当地城市低保标准，给予临时救助。此项费用由地方财政列支。

职业培训是增强高校毕业生就业创业能力的重要途径。对就业困难的应届高职（大专）毕业生，由劳动保障、人事和教育部门共同实施“高职（大专）毕业生职业资格培训工程”，对需要培训的应届高职（大专）毕业生进行职业技能鉴定。培训费由教育系统承担，职业技能鉴定费由劳动保障部门适当减免。

高校毕业生可根据自身情况参加就业技能培训、企业新型学徒制培训、岗前培训、技能研修、创业培训等，提升职业技能，并按规定享受职业培训补贴。

培训后通过初次职业技能鉴定并取得职业资格证书的，还可享受职业技能鉴定补贴。

【小贴士】

●高校毕业生可以登录人力资源和社会保障部官网（http://www.mohrss.gov.cn）及各地人力资源社会保障部门官网查询政策服务信息和办事指南，或拨打 12333 电话咨询。

●查询招聘信息，可登录高校毕业生就业服务平台（http://job.mohrss.gov.cn/202008gx/index.Jhtml），中国公共招聘网（https://ob.mohrss.gov.cn），中国国家人才网（https://www.newjobs.com.cn），“就业在线”（https://www.jobonline.cn）或各地

公共招聘网站。

●未就业高校毕业生可以通过上述平台网站，或通过微信、支付宝等 App 扫描二维码登录求职登记小程序，获取公共就业服务帮助。

●未就业高校毕业生还可在人力资源社会保障政务服务平台（https://www.12333.gov.cn），在线办理失业登记。

6. 毕业生应及时办理就业手续

高校毕业生离校时，已经落实工作单位的，需要尽快与用人单位签订劳动合同，跟进社会保险缴纳情况，在规定时间内办理户口迁移、党团组织关系接转等手续，并记得查询档案转递去向。

如果转换工作，需要及时做好社会保险转移接续，避免断保。如果离校时没有落实工作，可根据本人意愿，将户口、档案在学校保留两年或转入原户籍地，以应届毕业生身份参加用人单位考试、录用，落实工作单位后参照应届毕业生办理相关手续。

需要注意的是，高校毕业生档案不能个人保管、自带转递，需要由高校按规定寄往工作单位，或寄往就业地、户籍地流动人员人事档案管理服务机构。

7. 增强就业安全意识，避免求职陷阱

高校毕业生求职中要擦亮眼睛，提高警惕，注意防范虚假招聘、乱收费、扣证件、培训贷等求职陷阱。

求职时，可到当地公共就业人才服务机构，或诚信规范的经营性人力资源服务机构求职。

找到意向工作信息后，要和有一定社会阅历的亲友沟通情况，冷静听取他们的意见或相关领域工作经验。

接到招聘邀约后，及时上网核实相关信息，特别是要到市场监管部门的官方网站查询该用人单位注册或者备案情况，若查不到相关信息就说明该单位可能不存在。

如遇到求职陷阱的情况，请立即向人力资源社会保障部门投诉举报。

如人身安全受到威胁，请立即向公安部门报警。

（二）四川省大学生就业创业扶持政策

大学生是宝贵的人才资源。四川省委、省政府高度重视大学生就业创业工作，出台了一系列政策措施。

1. 就业扶持

（1）大学生毕业前。

求职创业补贴。对学籍在省内高校的低保家庭、原贫困残疾人家庭、原建档立卡贫困家庭和特困人员的毕业生，身有残疾以及获得国家助学贷款的毕业生，给予每人1500 元一次性求职创业补贴。同时符合两个及以上条件的，不重复享受。由高校会同校区所在市（州）人社、财政部门负责办理，毕业学年 10 月底前发放到位。

职业培训和技能鉴定补贴。省内高校全日制大学生在校期间参加职业技能培训，并取得证书（职业资格证书、职业技能等级证书、专项职业能力证书、特种作业操作证、特种设备作业人员证、培训合格证书），按规定给予培训补贴，原则上每人每年可享受不超过3次（同一职业同一等级一年内不可重复享受）。对同一职业（工种）同一技能等级通过初次职业技能鉴定或职业技能等级认定并取得证书（不含培训合格证书）的参训人员，给予职业技能鉴定补贴。由校区所在地人社部门（或实际培训备案地、鉴定评价地的人社部门）负责办理。

家庭经济困难和就业困难毕业生帮扶补助。对符合帮扶条件的家庭经济困难和就业困难毕业生，离校前给予每人600元的一次性就业帮扶补助。由高校和教育厅负责办理。

机关招录公务员、事业单位招聘工作人员。艰苦边远地区基层机关招录高校毕业生，可适当放宽学历、专业等条件，降低开考比例，可设置一定数量的职位面向具有本市、县户籍或在本市、县长期生活的高校毕业生招考。公务员公招考试中，特殊困难家庭毕业生免收公共科目笔试考务费用。公务员招录考试中，市（州）及以下机关空缺编制和职位主要用于招录高校应届毕业生。民族地区、艰苦边远地区、贫困县和革命老区县、乡事业单位考核招聘专业技术人员的学历条件，可结合实际分别放宽到本科、大专。省属、市属事业单位可结合岗位特点和实际，公开招聘无基层工作经历的高校毕业生，聘用后五年内须安排到基层锻炼两年。

鼓励应征入伍服义务兵役。①有条件的地区可适当提高大学生入伍一次性奖励金标准，重点加大大学毕业生特别是本科及以上学历毕业生奖励力度。②应征入伍的大学生（含新生），服役期间保留学籍或入学资格，退役后两年内允许按学期复学或入学。入伍时，对其在校期间缴纳的学费实行一次性补偿或获得的国家助学贷款实行代偿，退役后自愿复学或入学的，实行学费减免，并对本专科生提供国家助学金。学费减免标准：本专科生（含高职、第二学士学位）每生每年最高不超过8000元，研究生每生每年最高不超过12000元。本专科国家助学金平均标准为每生每年3300元。入伍经历可作为毕业实习经历和基层工作经历。③高职在校生（含新生）应征入伍，退役后在完成高职（专科）学业的前提下，可免试入读普通本科，或根据个人意愿入读成人本科，自2022年专升本招生起执行。④当年上半年批准入伍的高职（专科）、普通本科及以上毕业年级学生，完成专业理论课程的学习与相关学习、毕业设计和论文答辩合格，符合毕业条件的，学校应当准予毕业，享受应届毕业生入伍相关待遇。上述学生毕业实习可在部队完成（国家另有规定的除外），由县级（含）以上兵役机关提供服役证明材料，所在学校按规定颁发毕业证书。⑤面向退役大学生士兵，实行硕士研究生专项招生，重点向双一流建设高校倾斜；将服兵役情况纳入推免生遴选指标体系；在部队荣立二等功及以上的退役人员，符合研究生报名条件的可免试（指初试）攻读硕士研究生；将考研加分范围扩大至在校生（含新生），在继续实行普通高校应届毕业生退役后按规定享受加分政策的基础上，允许在完成本科学业后三年内参加全国硕士研究生招生考试，初试总分加10分，同等条件下优先录取。⑥优先考虑退役大学生士兵复学转专业申请，退役后复（入）学，经本人申请、学校同意并履行相关程序，可转入本校其他专业学习（特殊类型招生等除外）。

建立大学生实训基地。支持高校实行校企对接，鼓励和支持各类企业接纳大学生实习，建立相对稳定的大学生实习基地。组织开展“逐梦计划”大学生实习活动。拓展就业实习、见习基地的领域和功能，积极培育、认定一批学科门类齐全、基础条件完备且集实习、见习功能于一体的实训基地。相关补贴按现行政策规定执行。由高校创办及高校与企业联办的大学科技园、电商基地，纳入实训基地认定范围。对认定的实训基地实行动态管理。

（2）大学生毕业后。

就业见习补贴。离校两年内未就业毕业生，可参加 3～12 个月的就业见习，对见习单位给予就业见习补贴，为就业见习人员购买人身意外伤害保险。就业见习补贴标准按当地最低工资标准的 80％执行。其中，国家级见习基地补贴标准可上浮 20％，省级见习基地补贴标准可上浮 10％。对留用的毕业生，见习期应作为工龄计算。

社保补贴和岗位补贴。对离校两年内未就业的毕业生灵活就业后缴纳社会保险费，给予不超过其实际缴费 2/3 的社会保险补贴，补贴期限最长不超过两年。对招用离校两年内未就业高校毕业生，与之签订一年以上劳动合同并为其缴纳社会保险费的小微企业、新型农业经营主体和社会组织，按其实际缴纳的社会保险费给予补贴（不包括个人应缴纳部分），补贴期限最长不超过一年。用人单位招用认定为就业困难人员的大学生，可给予最长不超过三年的社保补贴（不包括个人应缴纳部分）和岗位补贴（标准不低于当地最低工资标准）。

基层和艰苦边远地区工资待遇激励。到县以下机关事业单位工作的高校毕业生，新录用为公务员的，试用期工资可直接按试用期满后工资确定，试用期满考核合格后，按规定高定级别工资档次；招聘为事业单位正式工作人员的，可提前转正定级，转正定级时按规定高定薪级工资。按规定落实乡镇工作补贴、艰苦边远地区津贴政策。

基层单位就业学费补偿国家助学贷款代偿。中央部门所属高校应届毕业生，自愿到中西部地区和艰苦边远地区县以下基层单位工作、服务期在三年以上（含三年）的，可分年度向就读高校申请学费补偿和国家助学贷款代偿，资助标准为：本专科生（含高职、第二学士学位）每生每年最高不超过 8000 元、研究生每生每年最高不超过 12000 元。省级部门所属高校应届毕业生，到我省艰苦边远地区（国家规定的 77 个县市区）县以下基层单位，连续不间断服务满三年及以上的，可向就业所在地县（市、区）教育局申请学费奖补。奖补金额按在校期间实际缴纳的学费计算（享受了部分减免的应予以扣除），每生每年最高不超过 6000 元。

专业技术职称评定。到中小企业就业，在职称评定方面，享受国有企事业单位同类人员同等待遇。对在基层工作的高校毕业生，除有特别规定外，首次申报评审职称可提前一年，对论文、科研、外语和计算机应用能力等不作为统一或硬性要求。对任现职以来在艰苦边远地区连续工作四年以上且考核合格的，在申报评审高一级职称资格时，其任职年限可放宽一年。

鼓励参加“三支一扶”项目。①招募年龄不超过 30 周岁的高校毕业生，到乡镇基层从事支教、支农、支医和帮扶乡村振兴服务。②服务期间，享受工作生活补贴（参照本地乡镇事业单位从高校毕业生中新聘用工作人员试用期满后工资收入水平确定，在艰苦边远地区工作的，发放艰苦边远地区津贴），在当地参加企业职工各项社会保险（在建立职工补充医疗保险制度的地方，按规定参加职工补充医疗保险)，对新招募且在岗服务满6个月以上的发放一次性安家费。③在我省服务期满且考核合格的“三支一扶”人员，享受以下优惠政策：定向考录公务员；推荐报考选调生；报考事业单位工作人员加分；聘用为事业单位工作人员；报考硕士研究生加分；免试入学和保留入学资格；学费补偿、助学贷款代偿；享受应届毕业生相关政策。④其他优惠政策：职称评定优先；服务年限计算工龄和费用减免。

鼓励参加“农村义务教育阶段学校教师特设岗位”项目。从具有相应的教师资格条件、年龄在30岁以下、本科及以上或高等师范专科应往届毕业生中，招聘到项目实施县的乡村学校任教。聘期三年，其间执行国家统一的工资制度和标准，其他津、补贴由各地根据当地同等条件公办教师年收入水平和中央补助水平综合确定。享受当地相应社会保障待遇。服务期满、每年年度考核合格，且自愿留在本地学校的，在编制和岗位总量内，经县教育部门审核，县人社部门批准，由县教育部门办理事业单位人员聘用手续。期满报考硕士研究生的，三年内享受“初试总分加10分，同等条件下优先录取”的优惠政策。推荐免试攻读教育硕士，三年聘期视同“农村学校教育硕士师资培养计划”要求的三年基层教学实践。

鼓励参加“大学生志愿服务西部计划”。①从全日制普通高等学校应届毕业生或在读研究生中选拔招募，实施乡村教育、服务乡村建设、健康乡村、基层青年工作、乡村社会治理等5个专项。②服务期间，享受工作、岗位补贴、艰苦边远地区补贴，统一购买综合保障险；服务地为其办理社会保险并提供免费住宿。③服务期满且考核合格的志愿者，可享受以下政策：定向考录公务员；推荐报考选调生；报考事业单位工作人员加分；考核招聘为事业单位工作人员；报考硕士研究生加分；免试入学和保留入学资格；享受应届毕业生待遇；学费贷款代偿。西部计划地方项目志愿者与全国项目享受同等优惠政策。

鼓励应征入伍服兵役（含义务兵和志愿兵役）。①入伍时，对其在校期间缴纳的学费实行一次性补偿或获得的国家助学贷款实行代偿，标准与在校大学生一致。②高职（专科）毕业生应征入伍，退役后可免试入读普通本科，或根据意愿入读成人本科，自2022年专升本招生起执行。设立“退役大学生士兵”专项研究生招生计划，专门面向退役大学生士兵招生。③应届毕业生应征入伍服义务兵役，退役后一年内可同等享受离校未就业毕业生就业扶持政策，退役后三年内参加全国硕士研究生招生考试，初试总分加10分，同等条件下优先录取。报考川内高校和研究生培养单位并通过全国硕士研究生招生考试（指初试）的，同等条件下优先复试和录取。④服役五年以上的（含退役后复学完成学业的)，退役后可报考基层机关（单位）面向服务基层项目人员定向考录的职位，同服务基层项目人员共享公务员定向考录计划。⑤各级党政机关在组织开展选调生工作时，注意选调有服役经历的优秀大学生，参军入伍经历可作为选调生报考条件之一，且年龄相应放宽两至三岁。专职人民武装干部职位出现空缺时，优先定向招录（聘），比例不低于录（聘）用专职人民武装干部计划的50%。⑥事业单位可按规定拿出一定岗位面向符合条件的退役大学生士兵进行专项招聘。退役大学生士兵按规定享受笔试总成绩加2分，被旅（团）级及以上单位评为优秀义务兵、优秀士官或荣立三等功的另加 2 分，立二等功及以上的另加 4 分、累积不超过 6 分。⑦国有、国有控股和国有资本占主导地位的企业在新招录职工时，原则上拿出 10%的工作岗位，在符合岗位所需条件的退役大学毕业生士兵中择优录取。⑧注重从退役大学生士兵中培育村级后备力量，将表现优秀的选拔进村（社区）“两委”班子。

鼓励到社区就业。支持社区服务类企业、社会组织吸纳高校毕业生就业或组织见习。鼓励高校毕业生到城乡社区服务领域和灵活就业的，按规定落实社会保险补贴等政策。对高校毕业生从事城乡社区服务开展就业技能培训和创业培训，重点围绕“互联网+”健康、养老、托育、家政等领域专项培训，提升技术技能水平。城乡社区工作者队伍出现空缺岗位要优先招用高校毕业生，或拿出一定数量岗位专门招用高校毕业生。

鼓励继续升学和报考第二学位。落实专升本政策。对未就业本科毕业生，鼓励参加各类继续教育。对本科毕业并获得学士学位的应届毕业生，鼓励报考原本科专业分属不同学科门类的第二学士学位专业，或与原本科专业属于同一学科门类、但不属于同一本科专业类的第二学士学位专业，学制两年，全日制学习，纳入高校学籍管理系统，教学内容主要包括专业基础课和专业课，原则上不安排专业实习。

鼓励科研项目单位吸纳就业。高校、科研机构和企业，在所承担的民口科技重大专项、重点研发计划、国家自然科学基金以及省级各类科技计划等重大重点项目实施过程中，通过签订项目聘用合同聘用优秀毕业生为研究助理或辅助人员参与研究工作，聘用毕业生的劳务性费用和有关社会保险费补助可从项目经费中列支。合同期满后根据工作需要可以续聘或到其他岗位就业，就业后工龄与参与研究期间的工作时间合并计算，社会保险缴费年限合并计算。

一次性吸纳就业补贴。中小微企业和社会组织招用毕业年度高校毕业生并签订一年以上劳动合同，按 1000 元/人的标准给予一次性吸纳就业补贴。

创业担保贷款及贴息。小微企业当年（申请贷款前 12 个月内）新招用包括高校毕业生在内的符合创业担保贷款申请条件的人员，数量达到企业现有在职职工人数 15%（超过 100 人的企业达 8%），并与其签订一年以上劳动合同的，可申请最高不超过 300 万元的创业担保贷款。符合创业担保贷款贴息条件的，各级财政按规定及时足额予以贴息。

税收优惠。自 2019 年 1 月 1 日至 2025 年 12 月 31 日，企业招用原建档立卡贫困人口，以及在人力资源和社会保障部门公共就业服务机构登记失业半年以上且持《就业创业证》（注明“企业吸纳税收政策”）的高校毕业生等人员，与其签订一年以上期限劳动合同并依法缴纳社会保险费的，自签订劳动合同并缴纳社会保险当月起，在三年内按实际招用人数按我省确定的具体定额标准依次扣减增值税、城市维护建设税、教育费附加、地方教育附加和企业所得税优惠。

公开国有企业招聘应届高校毕业生信息。国有企业要建立公开招聘应届高校毕业生制度，在企业官方网站和四川公共招聘网、四川人才网上联合发布公开招聘信息。除涉密等不适宜公开招聘的特殊岗位外，坚持公开、平等、竞争、择优的原则，普遍实行公开招聘，扩大选人用人范围，切实做到信息公开、过程公开、结果公开。

2. 创业扶持

(1) 扶持创业大学生。

扶持对象。省内普通高等学校全日制在校大学生和毕业五年内、处于登记失业状态的普通高等学校全日制毕业生（含国家承认学历的留学回国人员）。服务基层项目的大学生同等享受大学生创业培训补贴和创业补贴。大学生村官、服务期满“三支一扶”人员可按规定享受创业担保贷款政策。省内高校就读的港澳台学生，以及毕业五年内、国家承认学历、在川创业的港澳台大学生，同等享受创业扶持政策。

创业培训补贴。大学生可在常住地（在校生可在就读高校）参加创业培训并取得培训合格证的，可享受培训补贴。在校大学生可以利用周末、节假日和晚自习等时间，在40天内完成规定的培训内容。

创业补贴。对大学生创业实体和创业项目，经确认，给予每个创业实体或创业项目1万元补贴。领创多个创业项目的，累计补贴最高不超过10万元。鼓励大学生领办创办家庭农场，并对其购置农机具累加补贴至40%。

科技创新苗子项目支持。对“省科技创新苗子工程”培育项目给予1万元至5万元资金支持，对通过评审的重点项目给予10万元资金支持。

创新创业大赛获奖项目支持。对参加“创客中国”四川省中小企业创新创业大赛暨“创客天府”创新创业大赛的获奖项目，给予一定资金支持，同时享受“投贷服”联动机制等帮扶措施。

创业吸纳就业奖励。大学生创业实体吸纳劳动者就业并与之签订一年以上期限劳动合同、按规定缴纳社会保险费的，按其吸纳就业人数给予一次性创业吸纳就业奖励。招用3人（含3人）以下的按每人2000元给予奖励，招用3人以上的每增加1人给予3000元奖励，总额最高不超过10万元。

创业担保贷款贴息。高校毕业生创业可申请贷款额度最高不超过20万元、贷款期限最长不超过三年的创业担保贷款。对2021年1月1日起新发放的个人创业担保贷款，贷款市场报价利率LPR—150BP以下的利息，由借款人承担，剩余部分由财政部门给予贴息。对还款积极、动就业能力强、创业项目好的借款人，可继续给予创业担保贷款贴息，累计次数不得超过3次。

青年创业贷款。创业大学生可向创业所在地市（州）团委申请3万～10万元免利息、免担保，为期36个月的创业启动资金贷款，并配备1名志愿者导师“一对一”帮扶。在蓉在校大学生创业，可直接向省创新创业服务中心申请。

创业提升培训。对创办企业或从事个体经营的大学生，以及在创新创业园区（孵化基地）内有创业项目的大学生，可申请免费参加全省“我能飞”大学生成功创业者提升培训。

高素质农民培育。在项目区域内，将符合政策条件的从事农业就业创业的大学生纳入高素质农民培育对象。

税费减免。自2019年1月1日至2025年12月31日，持《就业创业证》（注明“自主创业税收政策”或“毕业年度内自主创业税收政策”）的大学生，从事个体经营的，自办理个体工商户登记当月起，在三年（36个月）内按每户每年14400元为限额依次扣减其当年实际应缴纳的增值税、城市维护建设税、教育费附加、地方教育附加和个人所得税。大学生创办的实体招用原建档立卡贫困人员以及登记失业半年以上且持《就业创业证》(注明“企业吸纳税收政策”)的人员，与其签订一年以上期限劳动合同并按规定缴纳社会保险费的，自签订劳动合同并缴纳社会保险当月起，在三年(36个月)内按实际招用人数给予每人每年7800元的定额税收优惠，依次扣减增值税、城市维护建设税、教育费附加、地方教育附加和企业所得税。

(2) 扶持创业服务平台和创业指导专家。

创新创业服务平台补助。被认定为省级创业孵化基地(管理期三年)的，认定时给予90万元补助；被认定全国创业孵化示范基地的，再给予90万元补助。对新建的国家和省级科技企业孵化器(含改扩建)和大学科技园，给予不超过100万元奖补；对新建的国家和省级众创空间、国家级专业化众创空间，给予不超过50万元奖补。

创业指导补贴。县级以上人社部门认定的创业专家、顾问，为大学生创新创业提供指导服务的，按规定给予一定补贴。

(3) 扶持创业服务活动。

创业活动补贴。县级以上人社部门和省级相关部门为增强大学生创业意识，提高大学生创业能力，举办创业讲座、报告、大赛、表彰、宣传等活动，可给予创业活动补贴。

3. 其他政策

取消户籍限制。户籍不在本地的离校未就业高校毕业生，可凭本人居民身份证、毕业证、居住证(暂住证)，在常住地公共就业服务机构办理失业登记，领取《就业创业证》，享受相关就业创业扶持政策。

简化体检手续。各高校可根据实际情况决定是否安排毕业体检，有条件的地方可建立入职定点体检和体检结果互认机制。除国家和我省有特别规定外，高校毕业生取得我省二级以上医疗机构、3个月以内健康体检证明的，用人单位或其主管部门、人事综合管理部门应予认可。超过3个月未到半年需重新体检的，无须再做X线检查，尽量避免重复体检。

公共就业创业服务。公共就业人才服务机构为大学生提供免费的就业失业登记、职业指导、职业介绍、就业见习、人事档案管理等公共就业服务，以及项目选择、开业指导、投(融)资等公共创业服务。对延迟离校的应届毕业生，相应延长报到接收、档案转递、落户办理时限。离校未就业毕业生，可根据本人意愿，将户口、档案在学校保留两年或转入生源地公共就业人才服务机构。

住房保障和安居政策。各地将符合当地住房保障条件的稳定就业创业的大学生纳入住房保障和住房公积金缴存范围，支持使用住房公积金租房和贷款购房。住房保障具体政策和个人申请，可在“川渝安居·助梦启航”服务平台查询办理(网址：http://jst.sc.gov.cn/scjst/xhtml/dist/#/)；住房公积金缴存、提取、贷款业务可前往当地住房公积金管理机构或登录当地公积金中心官方网站咨询办理。

就业创业指导教师队伍建设。建设职业化、专业化、专家化的就业创业指导工作队伍，建立相关专业教师、创新创业教育专职教师每两年至少2个月到行业企业挂职锻炼制度。高等学校、园区对作出贡献的导师，在工作量认定、职称评定、待遇报酬等方面给予激励，支持就业创业指导教师到机关、企事业单位实践，建立完善符合职业指导教师特点的职称评价标准，同等条件下优先评审职称。专职就业指导教师和专职工作人员，与应届毕业生的比例原则上不低于1∶500。鼓励机关、企事业单位相关人员兼任高校就业创业工作义务辅导员。

学分管理。高校将就业创业课程列入必修课或必选课，纳入学分管理。建立创新创业档案和成绩单，实施弹性学制、保留学籍休学创新创业等具体措施，优先支持参与创新创业的学生转入相关专业学习。设置合理的创新创业学分，建立创新创业学分积累与转换制度，设立创新创业奖学金。创业经历可作为实习经历，并可折算为实习学分。在符合学位论文规范要求的前提下，允许本科生用创业成果申请学位论文答辩。

第三节 基层就业项目介绍及政策解读

【任务目标】

1. 知识目标：了解基层大学生就业政策。
2. 能力目标：有针对性地制定基层项目就业目标并做好相关准备。
3. 素质目标：通过学习，了解基层项目及相关就业政策，积极投入基层项目就业。

【案例导学】

习近平：让愿意留在乡村、建设家乡的人留得安心，让愿意上山下乡、回报乡村的人更有信心，激励各类人才在农村广阔天地大施所能、大展才华、大显身手，打造一支强大的乡村振兴人才队伍。

这段话出自2018年3月8日习近平总书记在参加十三届全国人大一次会议山东代表团审议时的讲话。

乡村振兴，关键在人。人才既是活力源泉，也是创新引擎。长期以来，我国农村发展相对滞后于城市，导致一些地区出现农村劳动力大量外流现象，制约了农村进一步发展。今天，随着我国农村道路、通信、医疗等基础设施不断完善，乡村振兴全面推进、农业农村现代化步伐加快，生态农业、机械化农业、智慧农业、农村电商等新业态纷纷涌现，农业发展和农村建设都亟须一批见识广、头脑活、技术精的高素质人才。因此，全面推进乡村振兴的当务之急是想方设法补足农村发展人才的短板，激发人才活力，培养造就一支懂农业、爱农村、爱农民的“三农”优秀人才队伍，为全面推进乡村振兴、加快农业农村现代化夯实人才基础。

近年来，各地不断创新农村人才引进机制，通过大学生村官、“三支一扶”、能人返乡创业等工程，引导和鼓励高校毕业生、退伍军人和创业能人到乡村工作、创业。这些“新农人”运用新思路、新方法、新技术，为农业农村发展提档升级注入了新鲜活力和强劲动力，成为带动当地农民群众持续稳定增收的“排头兵”。新时代十年间，我国累计有 1120 万人返乡回乡创新创业，平均每个主体带动 6～7 人稳定就业、15～20 人灵活就业，农村创新创业日渐活跃。

当前，巩固拓展脱贫攻坚成果、全面推进乡村振兴的任务依旧繁重，仍需各类人才不断提供“源头活水”。各地还要加大人才引进力度，以需求为导向，因地制宜打造人才引进“清单”，拓宽人才引进渠道，制定人才激励政策，用好用活各类人才，完善人才公共服务保障和培训机制，让更多优秀人才愿意来到乡村、留在乡村、建设乡村。

广大农村大有可为。我们要搭好平台，招贤纳士，为乡村发展汇聚天下英才，让各类人才在希望的田野上阔步向前、踔厉奋发，书写乡村振兴美丽画卷。

一、公招考试

（一）公务员考试

我国公务员“凡进必考”制度在全国范围内推行后，《中华人民共和国公务员法》也自 2006 年 1 月 1 日起正式施行。近年来，国家公务员考试的形式越来越受用人单位的青睐。不仅国家机关及事业单位采用这种考核方式，而且很多企业也纷纷效仿这种方式，对求职者进行综合能力的测试。

中央、国家机关的公务员考试包括笔试（公共科目、专业科目）和面试，以前公共科目笔试按 A、B 类职位分别进行。A 类职位笔试公共科目为“行政职业能力测验”（A）和“申论”，B 类职位笔试公共科目为“行政职业能力测验”（B）。专业科目笔试和面试时间由招考部门自行通知。从 2006 年开始，A、B 类职位都要考一样的科目，就是“行政职业能力测验”和“申论”，只不过“行政职业能力测验”分别命题。

地方公务员考试的考试科目都是由各个地方自定的，一般都有笔试和面试。笔试科目各有不同，北京、山东、浙江、上海和广东等省、直辖市的笔试科目为“行政职业能力测验”和“申论”。报考地方公务员考试的同学要注意查阅当地政府公布的招考简章，以便有针对性地进行复习。就当下公务员考试改革的趋势来看，各地公务员考试都倾向于考“行政职业能力测验”和“申论”两个科目。

应届毕业生毕业学年可报考市（州）及以下机关公务员。国家统一组织的政法体改生专项招考项目单设名额，定向招录应届毕业生。艰苦边远地区基层机关招录高校毕业生，可适当放宽学历、专业等条件，降低开考比例，可设置一定数量的职位面向具有本市、县户籍或在本市、县长期生活的高校毕业生招考。民族地区、艰苦边远地区、贫困县和革命老区县、乡事业单位考核招聘专业技术人员的学历条件，可结合实际分别放宽到本科、大专。公务员公招考试中，特殊困难家庭毕业生免收公共科目笔试考务费用。四川省属、市属事业单位可结合岗位特点和实际，公开招聘无基层工作经历的高校毕业生，聘用后五年内须安排到基层锻炼两年。

录用公务员，应当按照以下程序进行：发布招录公告；报名与资格审查；考试；考察与体检；公示与审批。其详细步骤及要求如下。

1. 制定招录方案

省级公务员主管部门负责制定招录方案。经授权的设区的市级公务员主管部门组织本辖区公务员录用的，招录方案应当报经省级公务员主管部门审核同意。招录方案制定的主要依据是《中华人民共和国公务员法》和有关法律，公务员考录有关规定，省人事厅下达的公务员录用计划和用人部门提出的拟招录条件。招录方案应当贯彻“公平、平等、竞争、择优”原则和科学性、灵活性原则，做到计划周密、内容全面、政策明确、切实可行、方便考生。招录方案的内容应当包括录用的原则、职位、计划、条件、程序、方法、时间安排等。

2. 发布《招录公告》

设区的市级以上公务员主管部门根据招录方案制定《招录公告》《招录简章》。省级公务员主管部门负责制定《公共科目笔试考试大纲》《报名资格审查表》。报名前几天，省级公务员主管部门在省级报纸发布《招录公告》，同时在指定网站公布《招录简章》《笔试公共科目考试大纲》《报名资格审查表》；设区的市级公务员主管部门在同级政府报纸发布《招录公告》，在相应网站公布《招录简章》《笔试公共科目考试大纲》《报名资格审查表》。《招录公告》应当包括以下内容：招录机关、招录的职位、名额及相关的资格条件；报名的方式、时间和地点；报考者需要提交的申请材料；考试的科目、时间、地点；招录有关政策、规定的解释说明；其他报考须知事项。因职位特殊不宜向社会发布招录公告的，应当报经省级公务员主管部门批准。

3. 报名与资格审查

报名与资格审查工作由设区的市级以上公务员主管部门负责组织，同级用人部门配合。报名有网上报名和现场报名两种办法，具体采用哪种办法根据具体情况决定。报考者应当根据招录公务员的基本条件和所报考职位要求的具体条件，提交真实、准确、有效的申请材料。经设区的市级以上公务员主管部门和用人部门审查同意的，由设区的市级以上公务员主管部门签发《笔试准考证》；不合格者取消考试资格。取得考试资格的报考者，持《笔试准考证》和本人身份证的原件参加笔试。

4. 笔试

笔试工作由省级公务员主管部门负责组织。笔试科目分为公共科目和专业科目，一般只组织公共科目笔试，必要时组织专业科目笔试。公共科目由中央公务员主管部门统一确定，专业科目由省级以上公务员主管部门根据需要设置。目前，公共科目笔试为《行政职业能力测验》和《申论》两张卷；每次考试都制定《公共科目笔试考试大纲》，不指定考试用书，不举办针对报考者的任何形式的培训班。专业科目笔试根据招录职位要求确定。笔试结束后，由省级公务员主管部门划定笔试合格分数线，在合格线基础上，报考同职位的报考者从高分到低分的顺序，录用计划与报考人数按招录方案规定的比例确定进入面试人员名单，比例内末位笔试成绩并列时一般均进入面试。在规定时间内，在指定网站公布笔试合格分数线、笔试成绩和进入面试人员名单。

5. 面试

面试工作由省级公务员主管部门组织实施，也可委托设区的市级公务员主管部门组织实施。面试方法有结构化面试、情景模拟、无领导小组讨论等多种。结构化面试是应用最早、最广的一种方法。结构化面试是对考者提出一系列问题，采取一问一答的方式，测试报考者的能力和素质。无领导小组讨论是就某个问题进行讨论或辩论，考官不发言或只作引导性发言，主要听报考者的发言，最后由考官评分。情景模拟是将报考者置于某个模拟真实工作情景的环境中，综合考察报考者的实际工作能力。面试的内容包罗万象，主要包括：综合分析能力、求职动机与拟任职位的匹配性、口头表达能力、应变能力、计划组织协调能力、人际交往能力、情绪控制能力、敬业求实精神、举止仪表等笔试不能考察的因素。面试的具体测试要素和方式，由录用主管部门确定。目前，我省一般采用结构化面试，个别职位因工作需要经批准可适当增加相应的测评方法。我省在十多年的实践中不断探索、总结和完善，形成了符合我省实际、行之有效、严密规范的结构化面试方案，即按照报考者抽签顺序依次进行面试，不许报姓名，实行百分制和"体操打分法"，即去掉一个最高分和最低分，其他考官给出的分数的平均分为报考者的最后得分。面试题每半天一更换。报考同职位的报考者应安排在同一半天同一组面试。每个面试小组的考官构成坚持多元化，由不同部门的考官和专家组成，并适当选调女性考官。每个面试小组一般由 7 名考官组成，考官每半天按组成类别抽签决定面试组别。考官的选调，按照对面试考官"责任心强、作风正派、处事公道、坚持原则、熟悉面试工作"的要求，从经过省级公务员主管部门面试考官培训合格的人员库中随机遴选，可实行异地考官交流，主考官一般由经验丰富的人员担任。

面试期间，应当对考官、工作人员和参加面试的报考者实行入围管理，并进行岗前培训。面试成绩应当及时公布。面试结束后，按照招录方案规定的办法确定体检人员名单。一般有两种方法，一是逐级淘汰法，即以面试成绩为准；二是笔试成绩和面试成绩合成法。无论采取哪种办法，都是以职位为单位从高分到低分以一定比例确定进入体检人员名单。在规定时间内，将报考者的笔试成绩、面试成绩、总成绩以及进入体检人员名单，在指定网站公布，同时电话通知进入体检的报考者本人。

6. 体检

体检工作由设区的市级以上公务员主管部门负责组织。体检应当在设区的市级以上公务员主管部门指定的医疗机构进行。体检的项目和标准按人力资源和社会保障部、卫健委《公务员录用通用标准（试行）》执行；录用人民警察的体检项目和标准按人力资源和社会保障部、公安部《公安机关录用人民警察体检项目和标准》执行，其中司法人民警察体检的身高和视力一般根据实际工作需要适当掌握。用人部门或体检结果有疑义的，可按规定提出复检。必要时，设区的市级以上公务员主管部门可以要求体检对象复检。

体检合格者确定为考察对象。

7. 考察

招录机关按照省级以上公务员主管部门的规定，对考察人选进行资格复审和考察。考察的内容主要包括考察对象的政治思想、道德品质、遵纪守法、廉洁自律、能力素质、工作态度、学习和工作表现、是否需要回避等方面的情况。考察应当组成考察组，广泛听取意见，做到全面、客观、公正。考察组应当据实写出考察材料。

考察合格者确定为拟录用对象。

8. 公示

招录机关负责对拟录用人员名单向社会公示。公示时间为7天。公示的内容包括招录机关名称、拟录用人员姓名、性别、准考证号、毕业院校或工作单位、监督电话以及省级以上公务员主管部门规定的其他事项。

9. 录用审批

公示期满，对没有问题或反映问题不影响录用的，按规定程序办理审批手续；对有严重问题并查有实据的，不予录用；对反映有严重问题，但一时难以查实的，暂缓录用，待查实并做出结论后再决定是否录用。

拟录用人员材料报省级或者设区的市级公务员主管部门审批。经批准录用的人员由用人部门、原工作单位及有关部门，凭审批机关签发的《公务员录用通知书》办理有关报到手续。

（二）事业单位公开考试

现在很多大学生都有意报考事业单位，因为在很多人眼中事业单位是个“铁饭碗”。那么事业单位的报考制度是什么样子的呢?

事业单位考试又称事业编制考试，这项工作由各用人单位的人事部门委托省、市级和地级市的人事厅局所属人事考试中心（事业单位，考试中心命题和组织报名、考试并交用人单位成绩名单，部分单位自行命题组织实施）组织开展。考试的时间各地不一，大部分地区都会在每年的6月至8月间进行。原来尚无全国和全省、市统一招考，最多县级各个单位统一招考，各地逐步由州、市级统计编制进入计划、统一组织考试、统一录用。

公考与事业招聘不同之处。一是发起机构不同。公务员考试发起机构是国家：中组部和人力资源和社会保障部，地方：省、市委组织部和人事厅（局），各用人单位上报岗位需求；事业单位考试发起机构是各用人单位的人事部门。二是报名方式不同。公务员考试是网络报名，事业单位考试一般规模大的采取网络报名，人数少则现场报名。三是举办的统一性不同。公务员考试国家每年一次，各省、市一般每年招考一次，有的两次，个别单位如警察招考可能单独举办；事业单位考试尚无全国招考，多为全省市和县级统一招考，一般是各个单位单独发公告招考。四是笔试考试科目不同。公务员考试笔试北京市和国家均只考行测、申论，个别省有公共基础和专业课，警察心理测验和体能测试；事业单位考试一般考行测（多数包含公共基础）、申论，或行测、公共基础，个别考公文写作，部分加专业测试。五是分数计算方法不同。公务员考试笔试和面试基本上各占一半，有的四六开，少数三七开。事业单位的分数算法具体以各地市的公告为准，不同地方略有差异，也可以咨询本地事业单位招考部门。

二、应届毕业生应征入伍

军人这几年的待遇和保障有了极大的提升，军人已经成为全社会尊崇的职业，国家的兵役制度也是越来越完善。极大地激发了大学生参军入伍的热情。

如今应征入伍的新兵里面基本都是大学生，目前很多学生和父母都不知道大学哪个阶段当兵好，其实从国家的征兵政策不难看出，大学毕业之后去当兵优势更多。让我们一起来了解一下《普通高等学校毕业生应征入伍公告》。

（一）优先征集政策

（1）大学生入伍优先报名应征、优先体检政审、优先审批定兵、优先安排使用，大学生参加体检开辟绿色通道。高校新生应当在户籍所在地参加应征；高校应届毕业生和在校生可在学校所在地参加应征，也可在入学前户籍所在地参加应征。

（2）报名网址：全国征兵网 https:/www.gfbzb.gov.cn/

（3）报名时间：

上半年男兵：上年 12 月 1 日至当年 2 月 10 日。

上半年女兵：当年 1 月 1 日至当年 2 月 10 日。

下半年男兵：上年 12 月 1 日至当年 8 月 10 日。

下半年女兵：当年 7 月 1 日至当年 8 月 10 日。

（二）学费资助及优待政策

（1）学费补偿、国家助学贷款代偿学费、学费减免，本专科生每人每年最高不超过 8000 元，研究生每人每年最高不超过 12000 元。

（2）入伍大学生按规定享受优待政策，义务兵家庭优待金由批准入伍地发放，其家庭享受军属待遇。

（三）升学优惠政策

（1）设立“退役大学生士兵”专项硕士研究生招生计划，每年专门面向退役大学生士兵招生约 8000 人，并向“双一流”建设高校倾斜。

（2）在部队荣立二等功及以上，免试（指初试）攻读硕士研究生。

（3）在完成本科学业后三年内参加全国硕士研究生招生考试，初试总分加 10 分，同等条件下优先录取。

（4）高职（专科）学生应征入伍，退役后在完成高职（专科）学业的前提下，可免试入读普通本科，或根据意愿入读成人本科，自 2022 年专升本招生起执行。

（四）复学政策

（1）高校学生（含高校新生）服役期间按国家有关规定保留学籍或入学资格，退役后两年内允许复学或入学。

（2）经学校同意，大学生士兵退役后复学可转入本校其他专业学习。

（3）退役复学后免修军事技能等课程，可直接获得学分。

（五）在部队选拔培养政策

（1）符合条件的取得全日制本科学历和学士学位的毕业生（含毕业学年入伍，服役期间取得的），入伍一年半以上，可选拔为提干对象。

（2）参加全军统一考试，录取到有关军队院校学习。

（3）优先选取士官。

（4）参加保送入学对象选拔，同等条件下优先推荐。

（六）退役后技能培训政策

面向自主就业退役士兵开展职业技能培训，实施学历证书+若干职业技能等级证书制度和学分银行制度，建立学习成果认定、积累和转换机制，按规定享受培训资助。

（七）退役后就业服务政策

（1）退役后一年内，凭用人单位录（聘）用手续，可办理就业报到手续，户档随迁。

（2）退役高校毕业生士兵可参加户籍所在地省级毕业生就业指导机构、原毕业高校就业招聘会，享受就业信息重点推荐、就业指导等就业服务。

（3）乡镇补充干部、基层专职武装干部配备时，注重从退役大学生士兵中招录；在军队服役五年（含）以上的高校毕业生士兵可以报考面向服役基层项目人员定向考录的职位。

（4）教育部在“24365 校园招聘服务”活动中开辟退役大学生士兵岗位专区，畅通求职就业渠道。

三、大学生志愿服务西部计划

大学生志愿服务西部计划，是团中央、教育部根据国务院常务会议、《国务院办公厅关于做好 2003 年普通高等学校毕业生就业工作通知》和 2003 年全国高校毕业生就业工作电视电话会议精神的要求而实施的，财政部、人社部给予相关政策、资金支持。该项计划从 2003 年开始实施，按照公开招募、自愿报名、组织选拔、集中派遣的方式，每年招募一定数量的普通高等学校应届毕业生或在读研究生，到西部基层开展为期 1～3 年的教育、卫生、农技、扶贫等志愿服务。西部计划按照服务内容分为基础教育、服务三农、医疗卫生、基层青年工作、基层社会管理、服务新疆、服务西藏 7 个专项。西部计划 2018 年实施规模为 18300 人，其中包括 2100 多名中国青年志愿者扶贫接力计划研究生支教团成员。西部计划实施以来，已累计选派近 30 万名大学生志愿者到中西部 22 个省区市及新疆生产建设兵团的 2100 多个县市区旗基层服务。

基础教育：在县乡中小学从事教学及教学管理工作。本专项包括研究生支教团。

农业科技：在县乡农业（林业、牧业、水利）技术单位从事农业科技工作。

医疗卫生：在乡镇卫生院以及部分县级医院、防疫站从事医疗卫生工作。

基层青年工作：在县级团委从事加强团的基层组织建设、促进青年就业创业、预防青少年违法犯罪、维护青少年合法权益等工作。

新疆专项：围绕新疆和兵团经济社会发展需要在基层单位从事基础教育、农业科技、医疗卫生等服务。

西藏专项：围绕西藏经济社会发展需要在基层单位从事基础教育、农业科技、医疗卫生等服务。

基层社会管理：围绕西部基层社会公益、社会保障、社会福利、法律援助、扶贫开发、金融开发等公共服务需求及党政、司法、综治等工作需要开展服务。

（一）选拔资格

具有志愿精神。

学分总绩点（或学业成绩）排名在本院系同年级学生总数前70%之内。

通过毕业体检和西部计划体检。

获得毕业证书并具有真实有效居民身份证。

全日制大专以上学历优先。

优秀学生干部和有志愿服务经历者优先。

西部急需的农、林、水、医、师、金融、法学类专业者优先。

入学前户籍所在地在西部地区者优先。

已录取为研究生的应届高校毕业生和在读研究生优先。

参加基层青年工作专项行动的志愿者应累计1个月以上的基层工作、志愿服务经历或者曾获校级以上表彰奖励、担任过各级团学生组织主要负责人。

鼓励已被录取为研究生的应届高校毕业生和在读研究生报名参加西部计划。

（二）一般流程

笔试、面试。5月26日起，考察报名学生的政治思想素质、学习成绩、志愿服务经历等情况，并组织对报名的高校毕业生开展笔试、面试工作，择优选拔志愿者。

统一体检。6月5日前，招募省项目办统一指定时间和医院，组织本校入选的报名者进行集中体检。体检不合格的，将不予录取。

公示阶段。6月中旬，公布录取志愿者名单，全校公示3天，并将公示结果报省项目办。

录取志愿者。6月中旬，根据面试、体检、公示情况，最后确认录取人员名单。由于各种原因不能赴西部参加志愿服务的，由各基层团委负责推荐递补人员入选。

审定确认。6月下旬，经全国领导小组审定后，向志愿者发《报到通知书》（注明服务岗位，培训报到时间、地点及联系方式）。

9月上旬，全国项目办通过“西部计划信息系统”汇总到岗志愿者名单，并向社会公布。

（三）服务保障

根据《关于实施大学生志愿服务西部计划的通知》（中青联发〔2003〕26号），《关于做好2004年大学生志愿服务西部计划工作的通知》（中青联发〔2004〕16号），中办、国办《关于引导和鼓励高校毕业生面向基层就业的意见》（中办发〔2005〕18号）和国务院办公厅《关于加强普通高等学校毕业生就业工作的通知》（国办发〔2009〕3号）有关精神，2009年大学生志愿服务西部计划志愿者除享受国家规定的高校毕业生就业优惠政策外，给予以下政策支持：

经费保障。志愿者服务期间中央财政给予一定补贴。生活补贴为每人每月1000元，同时根据所在服务地享受艰苦边远地区津贴（按照人事部、财政部《完善艰苦边远地区津贴制度实施方案》，全国有984个县、市、区纳入实施艰苦边远地区津贴范围，每月津贴标准分别为：一类区120元，二类区210元，三类区350元，四类区515元，五类区900元，六类区1490元），按月发放。服务单位为志愿者提供住宿等必要的生活条件。

为加强志愿者管理，志愿者服务期间，户口、档案保留在学校。

志愿者服务期至少满一年且考核合格的，可以应届高校毕业生身份报考公务员。报考公务员的，同等条件下，优先录取。志愿者服务期未满一年的，可以社会在职人员身份报考公务员，但不享受相关优惠政策。

志愿者服务期满两年考核合格的，三年内报考研究生初试总分加10分；同等条件下，优先录取。

西部计划志愿者在服务期间，志愿者保险由全国项目办统保，保费为每人350元，险种为大学生志愿服务西部计划志愿者综合保障险。

服务期满考核合格的毕业生自主创业的，享受相关文件规定的各项优惠政策，由相关机构提供免费创业指导、就业推荐、创业指导等公共服务。具体优惠政策可以参考当年具体文件规定。

相关文件均规定各高校毕业生到农村基层的服务年限计算工龄。

根据相关文件精神，参加西部计划项目前无工作经历的人员服务期满且考核合格后两年内（研究生支教团志愿者自研究生毕业时开始计算），志愿者在参加机关事业单位考录（招聘）、各类企业吸纳就业、自主创业、落户、升学等方面可同等享受应届高校毕业生的相关政策。

（四）服务年限

西部计划志愿者服务期具有一定的灵活性，首次签约期为一年或三年。签约一年的志愿者在服务期满后可以于下一年度3月向服务县项目办提出延期服务申请。

根据《关于统筹实施引导高校毕业生到农村基层服务项目工作的通知》（人社部发〔2009〕42号）和《关于开展从大学生“村官”等服务基层项目人员中考试录用公务员工作的通知》等文件精神，参加西部计划到基层服务，服务期满考核合格的计算基层工作经验，服务满两年且考核合格的可享受参加相关公务员定向考录等相关优惠政策。各地要根据公务员考试需具备两年及以上基层工作经历的新规定，在保持“服务期1到3年”选择空间的基础上，推动更多的志愿者选择两年以上服务期。

按照国家有关规定，自2009年开始，对参加西部计划并到西部地区县以下农村基层单位履行三年服务期限的毕业生实施相应的学费和助学贷款代偿。首次签约一年而后延长至三年服务期的，不享受学费和助学贷款代偿政策。具体由符合条件的新人选志愿者向本人毕业高校学生管理资助中心等相关机构申请办理。

四、“三支一扶”计划

“三支一扶”是指大学生在毕业后到农村基层从事支农、支教、支医和帮扶乡村振兴工作。计划的政策依据是国家人事部2006年颁布的第16号文件《关于组织开展高校毕业生到农村基层从事支教、支农、支医和扶贫工作的通知》。其目的在于为高校毕业生向基层单位落实就业问题提供具体的指导和保障。

2019年3月19日，从人力资源和社会保障部了解到，2019年全国将招募2.7万名“三支一扶”人员到基层从事支教、支农（水利）、支医和扶贫等服务。

2020年6月21日消息，2020年是国家启动“三支一扶”计划的第十五年。根据人力资源和社会保障部最新部署，又将有3.2万名高校毕业生投身基层支教、支农、支医和扶贫等工作。

2021年5月28日，中央组织部、人力资源和社会保障部、教育部、财政部、水利部、农业农村部、国家卫生健康委、国家乡村振兴局、国家林草局、共青团中央决定，实施第四轮（2021—2025年）高校毕业生“三支一扶”（支教、支农、支医和帮扶乡村振兴）计划。

“三支一扶”计划自2006年实施以来，已累计选派43.1万名高校毕业生到基层服务。2021年选派3.8万名高校毕业生到基层从事“三支一扶”服务。

五、其他基层就业项目简介

（一）农村义务教育阶段学校教师特岗计划（简称“农村教师特岗计划”）

2006年，教育部、财政部、人事部、中央编办下发《关于实施农村义务教育阶段学校教师特设岗位计划的通知》（教师〔2006〕2号），联合启动实施“特岗计划”，公开招聘高校毕业生到“两基”攻坚县农村义务教育阶段学校任教。特岗教师聘期三年。

1. 农村教师特岗计划实施的地区范围。

2006—2008年“农村教师特岗计划”的实施范围以国家西部地区“两基”攻坚县为主（含新疆生产建设兵团的部分团场），包括纳入国家西部开发计划的部分中部省份的少数民族自治州，适当兼顾西部地区一些有特殊困难的边境县、少数民族自治县和少小民族县。2009年，实施范围扩大到中西部地区国家扶贫开发民族自治县和少小民族县。2009年，实施范围扩大到中西部地区国家扶贫开发工作重点县。

2. 农村教师特岗计划招聘对象和条件。

（1）以高等师范院校和其他全日制普通高校应届本科毕业生为主，可招少量应届师范类专业专科毕业生。

（2）取得教师资格，具有一定教育教学实践经验，年龄在30岁以下的全日制普通高校往届本科毕业生。

(3) 参加过“大学生志愿服务西部计划”、有从教经历的志愿者和参加过半年以上实习支教的师范院校毕业生同等条件下优先。

(4) 报名者应同时符合教师资格条件要求和招聘岗位要求。

3. 农村教师特岗计划的招聘程序。

特岗教师实行公开招聘，合同管理。合同规定用人单位和应聘人员双方的权利和义务。

招聘工作由省级教育、人力资源社会保障、财政、编办等相关部门共同负责，遵循“公开、公平、自愿、择优”和“三定”(定县、定校、定岗) 原则，按下列程序进行。

(1) 公布需求。

(2) 自愿报名。

(3) 资格审查。

(4) 考试考核。

(5) 集中培训。

(6) 资格认定。

(7) 签订合同。

(8) 上岗任教。

(二) 选聘高校毕业生到村任职 (大学生村官)

中组部、教育部、财政部、人力资源和社会保障部等部门从 2008 年起组织实施“选聘高校毕业生到村任职工作”。计划用五年时间选聘 10 万名高校毕业生到农村担任村党支部书记助理、村委会主任助理或团支部书记、副书记等职务。选聘的高校毕业生在村工作期限一般为 2～3 年。

1. 报考条件

选聘对象为 30 岁以下应届和往届毕业的全日制普通高校专科以上学历的毕业生，重点是应届毕业和毕业 1～2 年的本科生、研究生，原则上为中共党员 (含预备党员)，优秀团干部、优秀学生干部也可以选聘。参加“三支一扶”“大学生志愿服务西部计划”等活动期满的高校毕业生，经组织推荐可作为选聘对象。

2. 岗位职责

主要履行宣传落实政策、促进经济发展、联系服务群众、推广科技文化、参与村务管理、加强基层组织等职责。到村第一年，是中共正式党员的，一般安排担任村党组织书记助理职务；是中共预备党员或非中共党员的，一般安排担任村委会主任助理职务；是共青团员的，可安排兼任村团组织书记、副书记职务。重点了解熟悉农村工作，整理一套涉农政策、走访一遍全村农户、完善一套村情档案、形成一份调研报告、提出一条发展建议、学习一门实用技术，努力实现角色转变。从第二年开始，考核称职、符合任职条件的，原则上应担任村“两委”委员或以上职务并明确分工，帮助村民发展致富项目、领办合办农民专业合作社、组织开展群众文体活动、参与排查调处矛盾纠纷、为村民代办各项事务。

3. 流动政策

主要通过留村任职工作、考录公务员、自主创业发展、继续学习深造等“五条出路”有序流动。

(1) 鼓励留村任职工作。

任满1个聘期、聘期考核称职的本人提出续聘申请，经乡镇党委初审，县级组织、人力资源和社会保障部门审定，可签订续聘合同，继续留村工作，享受大学生村官待遇。续聘大学生村官纳入当年大学生村官选聘计划。

(2) 择优招录公务员。

大学生村官聘用期满、考核称职，并经县级组织、人力资源和社会保障部门推荐同意，可参加面向大学生村官的公务员定向考录。

(3) 扶持自主创业发展。

通过政府支持、社会募集等方式筹集大学生村官创业扶持资金，创新金融服务方式，为大学生村官创业富民提供借贷、担保、贴息、补助等支持。

(4) 支持继续学习深造。

鼓励继续学习深造。服务期满、考核称职以上的大学生村官报考研究生，初试总分加10分，同等条件下优先录取，其中报考人文社科类专业研究生的，初试总分加15分。

【拓展阅读】

普通高校毕业生就业服务公告

一、岗位信息服务

1. 教育部会同社会招聘服务机构推出“24365校园招聘服务”，举办各类区域性、行业性、联盟性专场招聘会。高校毕业生可用学信账号登录“国家24365大学生就业服务平台”(https://www.ncss.cn/)或微信搜索关注“国家24365大学生就业服务平台”(ncssfwh)公众号并绑定学信账号，获取求职意向登记、岗位一键搜索、职位精准推荐、在线求职应聘等一站式服务。

2. 各地各高校不定期举办各类线上线下招聘活动，高校毕业生可以通过各地各高校就业指导部门及其网站，获取信息服务。

二、就业指导服务

3. 教育部推出“互联网+就业指导”公益直播课，通过新华网、央视频、学习强国、中国教育电视台等平台，围绕就业形势与政策、职业生涯教育、求职择业指导、行业发展趋势等主题，帮助毕业生答疑解惑。毕业生可通过“24365就业资讯”(ncssweb)公众号获取课程直播信息，通过“国家24365大学生就业服务平台”(https:/www.ncss.cn/)学职平台版块回看课程。

4. 组织开展“宏志助航计划”，教育部推出全国高校毕业生就业能力培训网络平台，提供就业指导和职业技能类网络课程，帮助大学生拓展职业视野、了解行业发展和岗位要求、提高职业技能和就业竞争力，学生可通过“国家24365大学生就业服务平台”（https://www.ncss.cn/）宏志助航版块进入。符合条件的在校生还可在高校报名参加线下培训。

5. 各地各高校开展线上线下就业指导活动，提升毕业生求职就业能力。毕业生可以在各地各高校的就业指导部门获取指导服务，也可通过“国家24365大学生就业服务平台”（ncssfwh）公众号访问“我的辅导员”与辅导员关联，获取辅导员帮助指导。

三、签约及去向登记服务

6. 教育部推出“全国高校毕业生网上签约与毕业去向登记平台”（以下简称“网签平台”），毕业生和用人单位可根据高校的要求，选择在线签约和去向登记。平台可通过“国家24365大学生就业服务平台”（https://www.ncss.cn/）网上签约/去向登记版块进入。

7. 毕业生可使用平台完成线上签约/解约、线下签约/解约、登记就业协议信息等，具体操作方式可咨询本校就业部门。

8. 签订就业协议的毕业生在网签平台上传就业协议，经学校（院系）审核通过后，完成去向登记。其他去向的毕业生通过平台选择毕业去向类型，按照具体要求填写相关去向信息，上传证明材料经学校（院系）审核通过后，完成去向登记。

四、查询反馈服务

9. 教育部提供毕业生就业去向查询反馈服务。每年6月～9月，应届毕业生可以登录学信网在“学信档案”中查看本人毕业去向，并可在线反馈信息是否准确。如信息不准确，可备注说明具体情况由毕业生所在高校根据反馈情况及时更新。

教育部高校学生司

教育部学生服务与素质发展中心

【拓展阅读】

普通高校学生自主创业政策公告

一、税收优惠政策

1. 持人社部门核发《就业创业证》的高校毕业生在毕业年度内创办个体工商户的，可按规定在三年内以每户每年12000元为限额（最高可上浮20%，具体由各省、自治区、直辖市人民政府根据本地区实际情况确定）依次扣减其当年实际应缴纳的增值税、城市维护建设税、教育费附加、地方教育附加和个人所得税。

2. 对高校毕业生创办小微企业的，可按规定享受小微企业普惠性税费政策；创办个体工商户的，对其年应纳税所得额不超过100万元的部分，在现行优惠政策基础上减半征收个人所得税。

二、担保贷款和贴息政策

3. 创业担保贷款和贴息支持：可在创业地申请创业担保贷款，最高贷款额度为20万，对符合条件的个人合伙创业的，可根据合伙创业人数适当提高贷款额度，最高不超过总额的10%. 对10万元及以下贷款、获得设区的市级以上荣誉的高校毕业生创业者免除反担保要求；对高校毕业生设立的符合条件的小微企业最高贷款额度提高至300万元，财政按规定给予贴息。

4. 创业担保贷款申请程序：申请创业担保贷款贴息支持的个人和小微企业应向当地人力资源社会保障部门申请资格审核，通过资格审核的个人和小微企业，向当地创业担保贷款担保基金运营管理机构和经办银行提交担保和贷款申请，符合相关担保和贷款条件的，与经办银行签订创业担保贷款合同。

三、资金扶持政策

5. 免收有关行政事业性收费：毕业两年以内的普通高校毕业生从事个体经营的，三年内，免收管理类、登记类和证照类等有关行政事业性收费。

6. 求职创业补贴：对在毕业学年有就业创业意愿并积极求职创业的低保家庭、贫困残疾人家庭、原建档立卡贫困家庭和特困人员中的高校毕业生，残疾及获得国家助学贷款的高校毕业生，给予一次性求职创业补贴。

7. 一次性创业补贴：对首次创办小微企业或从事个体经营，且所创办企业或个体工商户自工商登记注册之日起正常运营一年以上的离校两年内高校毕业生，试点给予一次性创业补贴。

8. 享受培训补贴：对大学生在毕业年度内参加创业培训的，按规定给予培训补贴。

四、工商登记政策

9. 简化注册登记手续：创办企业，只需填写“一张表格”，向（一个窗口）提交（一套材料），登记部门直接核发加载统一社会信用代码的营业执照，“多证合一”。

五、户籍政策

10. 取消落户限制：高校毕业生可在创业地办理落户手续（直辖市按有关规定执行）。

六、创业服务政策

11. 免费创业服务：可免费获得公共就业和人才服务机构提供的创业指导服务。

12. 技术创新服务：各地区、各高校和科研院所的实验室以及科研仪器、设施等科技创新资源可以面向大学生开放共享，提供低价、优质的专业服务。

13. 创业场地服务：鼓励各类孵化器面向大学生创新创业团队开放一定比例的免费孵化空间。政府投资开发的孵化器等创业载体应安排30%左右的场地，免费提供给高校毕业生。有条件的地方可对高校毕业生到孵化器创业给予租金补贴。

14. 创业保障政策：加大对创业失败大学生的扶持力度，按规定提供就业服务、就业援助和社会救助。毕业后创业的大学生可按规定缴纳“五险一金”。

七、学籍管理政策

15. 折算学分：各高校要设置合理的创新创业学分，建立创新创业学分积累与转换制度，探索将学生开展自主创业等情况折算成学分。

16. 弹性学制：学校可以根据情况建立并实行灵活的学习制度，可放宽学生修业年限，保留学籍休学创新创业。

教育部高校学生司

教育部学生服务与素质发展中心

【拓展阅读】

国家促进普通高校毕业生就业政策公告

一、鼓励高校毕业生到基层、到中西部地区就业

1. 对到农村基层和城市社区公益性岗位就业的，给予社会保险补贴和公益性岗位补贴；对到农村基层和城市社区其他社会管理和公共服务岗位就业的，给予薪酬或生活补贴。

2. 对到中西部地区和艰苦边远地区县以下农村基层单位就业并履行一定服务期限的，由政府补偿学费，代偿助学贷款。

3. 对有基层工作经历的，在研究生招录和事业单位选聘时优先录取。

4. 对参加“选聘高校毕业生到村任职”“三支一扶”（支教、支农、支医和扶贫）、“大学生志愿服务西部计划”“农村义务教育阶段学校教师特设岗位计划”等项目的，给予生活补贴，按规定参加社会保险；项目服务期满并考核合格的，报考硕士研究生初试总分加10分，高职（高专）学生可免试入读成人本科；今后相应的自然减员空岗全部聘用参加项目服务期满的高校毕业生。

二、鼓励高校毕业生应征入伍服义务兵役

5. 由政府补偿学费，代偿助学贷款。

6. 在选取士官、考军校、安排到技术岗位等方面优先。

7. 退役后参加政法院校为基层公检法定向岗位招生考试时，优先录取。

8. 具有高职（高专）学历的，退役后免试入读成人本科；或经过一定考核，入读普通本科。

9. 退役后报考硕士研究生初试总分加10分；荣立二等功及以上的，退役后免试推荐入读硕士研究生。

三、积极聘用优秀高校毕业生参与国家和地方重大科研项目

10. 高校毕业生在参与项目研究期间，享受劳务性费用和有关社会保险补助，户口、档案可存放在项目单位所在地或入学前家庭所在地人才交流中心。聘用期满，根据需要可以续聘或到其他岗位就业，就业后工龄与参与项目研究期间的工作时间合并计算，社会保险缴费年限连续计算。

四、鼓励和支持高校毕业生到中小企业就业和自主创业

11. 对企业招用非本地户籍的普通高校专科以上毕业生，各地城市应取消落户限制（直辖市按有关规定执行）。

12. 为到中小企业就业的高校毕业生提供档案管理、人事代理、社会保险办理和接续等方面的服务。

13. 从事个体经营符合条件的，免收行政事业性收费并享受国家相关扶持政策。

14. 登记失业并自主创业的，如自筹资金不足，可申请 5 万元小额担保贷款；对合伙经营和组织起来就业的，可按规定适当提高贷款额度。

15. 参加创业培训的，按规定给予职业培训补贴。

16. 灵活就业并符合规定的，可享受社会保险补贴政策。

五、强化对困难家庭高校毕业生的就业援助

17. 就业困难和零就业家庭的高校毕业生，享受公益性岗位安置、社会保险补贴、公益性岗位补贴等就业援助政策。

18. 机关、事业单位免收招聘报名费和体检费。

19. 高校可根据实际情况给予适当的求职补贴。

20. 对离校后未就业回到原籍的高校毕业生，由各地公共就业服务机构免费提供就业服务并组织就业见习和职业技能培训。

教育部高校学生司

教育部学生服务与素质发展中心

第七章　就业信息的收集与处理

【学习目标】

通过本章学习，你应达到以下目标。

1. 学会从各个途径获取就业信息。

2. 学会从各类信息中筛选利用对自己有用的信息。

随着社会经济和科学技术的迅速发展，人类已经进入了“信息大爆炸”时代，特别是“信息高速公路”的建设和多媒体技术的广泛应用，使人们每天要接触、收集大量的信息。事实也证明，在当今信息时代，竞争的胜负在很大程度上取决于人们对信息掌握的速度和质量，善于捕捉市场信息，就能很好地把握机会。在就业形势日益严峻的今天，谁掌握了就业信息，谁就把握了就业的先机，谁做好了充分的就业准备，谁就能获得就业成功。那么，大学生为使自己成功踏入职场，应该如何收集就业信息和怎样做好求职准备呢?

第一节　就业信息的收集

在求职过程中，信息是第一位的。所以，做好信息的收集和整理，是我们求职成功的前提和基础。

一、就业信息的特性

就业信息作为信息的一种形式，一般具备以下特性。

（一）真实性

由于信息的来源渠道不同，传递方式不一，大量信息扑面而来，难免造成信息的真实程度不一。在当前人才市场尚不十分健全的情况下，假信息或不准确的信息层出不穷，造成有的毕业生求职未成，却人财两空，贻误了求职的最佳时机。因此，毕业生务必加强分析，增强判断就业信息真实性的能力。

（二）时效性

信息的一个很重要的特性就是时效性，即信息都有时间的要求，在规定时间内是有效用的，过了一定时间，就失去了它的意义和作用。因此，毕业生在收集、整理、处理就业信息时一定要注意信息的有效时间，争取及早对信息做出应有的反应，而不只是让重要的就业信息在自己手上成为“过去式”。

（三）准确性

就业信息必须能够真实、准确地反应招聘单位的毕业生意图，不能含糊其词、模棱两可，否则容易对应聘者造成误导，产生错觉。因此要从简单的就业信息中认真琢磨、仔细体会，对于一些不是十分清楚的就业信息要及时与招聘单位取得联系或请教别人，弄清招聘单位的准确信息，以免与所求职位相差太远，甚至上当受骗。如果就业信息不准确，也会使应聘者白白浪费许多精力、财力，贻误时机。

（四）针对性

随着社会分工的进一步细化，招聘单位所要求人才的层次、专业、性别、能力等方面千差万别、五花八门。就业信息本身必须能够说明它所使用的对象，以及该对象所应具备的具体条件。否则就会让每个人都产生自己都能适合的错觉，因此，必须注意就业信息的针对性，不能盲目追求当今社会普遍看好的职业。适合自己的信息一定要予以重视，不适合自己的就业信息也一定要果断地摒弃，减少求职择业的盲目性和盲从性。

二、就业信息的范围

就业信息包括的范围较宽，主要有国家的就业方针政策、法律法规、社会经济发展、社会职业变化等方面的信息。

（一）就业方针政策方面的信息

方针政策既是政府对整个社会进行统一管理的依据，也是组织和个人活动的行为准则。大学生就业是一项政策性很强的工作，了解政策，掌握政策，按照政策提供的条件办事，就能有所收获，有所发展。在办理就业手续的过程中，必须注意收集、掌握和正确运用国家有关就业的方针政策，以及具体规定。

（二）法律法规方面的信息

法律法规是国家最高权力机关、行政机关、地方权力机关制定的规范性文件。在法律规范中，关于毕业生就业工作的原则，就业工作的程序，政府、学校和中介机构的职责，用人单位和毕业生的权利、义务，保证公开公平竞争，毕业生就业市场和就业行为方面的内容，都属于法律法规类就业信息。如《中华人民共和国劳动法》《中华人民共和国劳动合同法》《普通高校毕业生就业工作暂行规定》等法律法规，对于大学生依法办事、选择职业、争取合法效益和维护自己的正当权益都具有重要的意义。

（三）社会经济发展方面的信息

大学生就业与社会经济发展紧密相连，了解分析经济信息能促进大学生就业。具体表现在以下几方面。

（1）了解宏观经济形势，能促进大学生形成正确的就业观念。

（2）了解产业走向，能促进大学生把握就业方向。

（3）了解企业投资状况，能促进大学生寻找用武之地。

（4）了解市场供求，能促进大学生拟定创业策略。

（四）社会职业变化方面的信息

社会职业按行业划分为第一产业、第二产业和第三产业。据有关部门统计，从世界上多数国家第一、第二和第三产业的就业人口上看，其变化趋势为：第一产业呈下降趋势；第二产业开始呈上升趋势，其后保持相对稳定，然后呈下降趋势；第三产业逐渐兴旺。在这个变化过程中，一些职业自然被淘汰，另一些职业又不断产生。随着我国改革开放的不断深入，在我国产业结构的调整过程中，大学生应主动了解社会职业需求信息，根据社会职业冷热变化特点确定自己的职业，并做好适应社会需求的准备。

（五）用人单位方面的信息

了解用人单位方面的信息，对于大学生选择就业单位具有十分重要的作用。用人单位的信息主要有：单位性质、业务内容、生产项目、单位的知名度、发展前景；单位的岗位需求，人才结构和分工程度，学习晋升机会；单位的效益、福利、工资、奖金、住房和生活设施；单位的地理位置，工作环境等。对用人单位了解得越多，成功的希望和机会将会越多。

三、收集就业信息的途径及方法

如果说广阔的就业市场是一片诱人的海洋，那么就业信息就是穿梭不息的鱼儿，网罗信息如同撒网捕鱼一般，是网到大鱼，还是网到小鱼，还是让鱼儿漏网，就要看“捕捞者”的本事了。对于大学生来说，掌握以下常用的收集就业信息的途径及方法十分必要。

（一）通过学校就业指导机构收集就业信息

当前，毕业生就业工作得到了各类院校的高度重视，各院校把就业工作作为学校“一号工程”来抓，设立了毕业生就业指导中心，专门负责毕业生的就业指导工作，成为连接毕业生与社会的桥梁，这是大学生收集就业信息的主要途径。因为学校就业指导机构提供的就业信息占有量大、可信度高、针对性强，具有很大的权威性。但这些就业信息是每个毕业生都可以获得的，自己的首选也可能是他人的首选，优秀的单位和岗位应聘竞争比较激烈，如在各院校组织的“双选会”上就可以充分体现这一点。

（二）通过各地人才交流中心、职业介绍中心收集就业信息

如今，各省、市、区（县）人事劳动部门都设立了专门从事就业指导工作的人才交流中心、职业介绍中心和就业指导咨询机构等，这是横向收集就业信息和回家乡就业的毕业生收集就业信息的主要渠道。因为这类中心的主要任务就是收集、发布人才供求信息，办理人才交流登记，为用人单位招聘人才和个人求职做好中介服务和管理工作，而且这类中心是由地方政府职能部门负责管理的，所以其服务规范、信息准确，成功率较高。但这类中心是面向全社会，并不是针对大学生，而且还是有偿服务。因此，大学生必须对有关信息进行甄别和筛选。

（三）通过校外人才交流会收集就业信息

校外人才交流会是由行政组织或单位联合举办的活动，目的是使用人单位与大学生得以双向选择，供需见面。这类活动招聘单位多，地区广，专业齐全，不仅可以直接获得许多招聘信息，而且因为是供需见面，可以抓住时机，果断决策，甚至签订协议。通过参加校外人才交流会，为大学生提供了极好的练习面试技能、练习与人交流的技能和增强面试自信心的机会。通过与感兴趣的单位交流，还有可能发现意想不到的信息。

（四）通过大众媒介收集就业信息

大众媒介包括报纸杂志、广播电视和就业网站等。通过大众媒介提供的信息，不仅能了解具体的招聘单位，还可以获取当前人才需求的总体状况与发展趋势等信息。这类信息具有传播广、速度快、信息量大等特点，但由于是面向全社会，如果单位好，职位好的话，竞争会相当激烈，任何符合条件的人都可以前往应聘，几百人争抢一个职位的情况常有。同时，要注意防止被虚假广告误导而上当受骗。

（五）通过熟人收集就业信息

毕业生可通过熟人去获得更多更及时的就业信息。熟人主要指老师和校友、家庭成员、亲戚、朋友和邻居等，他们都是最有可能全心全意帮助你的人，他们提供的是专门为自己的、独特的、可能是其他人不能获得的信息。因为是熟人，所以他们提供的信息一般也是可信的、具体的，但是其信息量小，没有比较、挑选的余地。

（六）通过社会实践和毕业实习收集就业信息

大学生要善于利用参加社会实践和就业实习等活动的时机收集就业信息。参加社会实践活动，可以广泛接触和了解社会，为社会服务。而毕业实习是大学生走向社会的前奏，是参加工作的预演。所有这些活动对于大学生来说，都是一种非常难得和有价值的经历，它有利于开阔视野，有利于了解用人单位的需求信息，有利于了解用人单位对大学生的具体要求，有利于毕业生与用人单位的先期沟通，其信息准确、可靠，故求职择业的成功率高。

（七）通过各种通信设施收集就业信息

通信设施主要指各种通信工具书（电话号码簿、邮政编码簿等）、电话和信函等。一般地说，在通信工具书中的分类目录上，都收录了一个地区的所有企事业单位的名称、地址和电话，不妨给其人事部门去个电话或亲自到单位拜访，也许能弄清单位是否需要你这样的人才，以及单位的交通、地理位置、环境条件等有关信息。由于是自己亲自登门造访，实地考察，因而收集的信息准确、可靠，对自己择业决策具有重要的参考价值。

通过信函收集就业信息，就是向自己感兴趣的单位邮寄材料，以期获得单位的面试邀请；还可向用人单位上级主管部门或用人单位所在地管理部门去信询问情况、索取资料。这种方式主动性强，但盲目性大，成功率低，在缺乏信息的情况下，也是一种简单易行的方法。

第二节 就业信息的处理

21 世纪是信息爆炸的时代，海量的信息充斥着我们的世界，由于信息的来源和获得的方式不尽相同，其内容必然是杂乱的、相互矛盾的，也难免有虚假不实的。判断就业信息的真实性、时效性以及是否适合自身的条件，是非常关键的。磨刀不误砍柴工，只有对就业信息仔细求真、求新、求专，才能事半功倍，提高应聘成功率，否则，草率地进行求职行动，空耗人力物力财力，结果还不尽如人意，甚至上当受骗。

一、就业信息筛选的原则

（一）发挥优势和学以致用的原则

在筛选就业信息时，要尽量做到发挥所长，学以致用。这样可以发挥优势、避免人才资源的浪费。

（二）面对现实、理论联系实际原则

在使用就业信息时，无论个人的愿望如何美好，在实际操作时则要面对现实。不能图虚荣爱面子，好高骛远，需要量力面行，量“能”择业，量“才”定位，即把所有的就业信息都对照衡量一下，看是否适合于自己。尤其要选择适合自己性格、气质，有利于发挥特长的单位和具体岗位。

（三）在政策范围内择业的原则

使用就业信息时，要把个人意愿和国家需要结合起来。并根据社会需要与自己的能力、愿望做出职业选择。

（四）辩证分析原则

用辩证唯物主义的方法论来分析信息，用历史的、发展的、变化的眼光研究、处理信息的实际利用价值。

（五）综合比较原则

综合比较原则是把所有的信息放在一起从各个方面比较各自的利弊和优势，就业信息不仅是用人单位的需求信息，它涉及的范围很广。比如，有的是关于就业方针、政策方面的信息，有的是与自己所学专业有关的信息，还有的是关于用人单位对所需求人员的素质要求方面的信息，等等。

（六）早做抉择原则

信息有很强的时效性，及时用之是财富，过期再用等于无用。因为较好的职业总会吸引许多求职择业者，而录用指标是有限的。如果不早做抉择，不及时反馈信息，往往会痛失良机。

二、就业信息筛选的步骤

就业信息的筛选过程实际上是一个求职决策过程，这是择业的关键所在。应聘者在广泛收集就业信息的基础上，要结合自己的实际情况，依据国家和地区的政策法规，对获取的原始信息进行有目的、有针对性地归纳、整理、分析和选择。

（一）鉴别获取的信息

由于所获取的信息不一定都全面、准确，因此要对信息进行严格的鉴别和判断，并加以澄清和剔除，使之更好地为自己的求职择业服务。首先，鉴别信息就是要确定信息的可靠度，对于不可靠的信息要通过各种信息渠道去打听。其次，要鉴别信息的内容是否齐全，特别是发现自己想要知道的细节有没有或者不清楚时，要抓紧时间进行一番实际考察，旁敲侧击地询问一些情况，或通过其他渠道了解，还可以在应聘时向主聘人提出。总之，要等信息基本准确之后再做决定。

（二）按照自我标准，将信息排序

在信息加工之前，先给自己草拟一个职业选择提纲，确定择业标准；再按照标准进行初选，即去粗取精、去伪存真：然后进行细选，把较符合自己实际情况的信息选出来；最后再进行精选，决定两个以上的信息作为应用信息。对应用信息，也要排序，要有主次之分。

（三）反馈信息

将已排序好的信息，按从高到低的顺序反馈给招聘单位，表达自己愿意去这单位的诚意。反馈信息可以是一个，也可以是两个或两个以上（在时间紧迫时这样做，但同时接到两个或两个以上单位接收意见时，对不去的单位必须及时反馈意见，并表示歉意)。信息一旦反馈后，应多与招聘单位联系，随时听候答复。

三、就业信息的利用

就业信息的选择和处理过程，实际上就是一个将人职匹配的过程。在运用就业信息时，毕业生要做好以下几个方面。

（一）合理定位

毕业生在初次就业的时候，无论经验还是技术能力都还比较薄弱。因此，毕业生要立足于实际，让单位接纳自己，正确对待自己和工作，而不是好高骛远，选择高难度或不能胜任的工作。

（二）灵活运用

用人单位对所需求的人员都会有一定的要求，但并不是一成不变的。在就业信息面前，毕业生要相信自己的实力，冷静而认真地分析自己的优势和不足，不要因为某个次要条件达不到单位的要求就轻易放弃，要努力尝试和争取，这样可以获得意外的收获。

（三）对比提升

毕业生要善于参照招聘要求，从中发现自己在知识技能或综合素质方面的不足，努力缩小差距，不断完善自己。这样，既提高了自己的能力水平，也顺应了社会的要求，有利于自己今后的发展。

（四）及时反馈

当你收集到信息后，一定要尽快分析处理并及时向信息发出者反馈信息。只有及早准备、尽快出击，才能在人才市场的激烈竞争中争取主动，真可谓“花开堪折直须折，莫待无花空折枝”。就业信息对毕业生来说十分宝贵，获得准确有效的信息后若能及时进行分析，有助于在择业中做出正确选择。

（五）信息共享

在获取的就业信息中，有些信息对自己并无直接用处，但可能对他人有用。助人者人亦助之，遇到这种情况，毕业生可以主动将这些信息提供给其他同学，以求信息共享。

毕业生常用招聘信息网站汇总如下。

1. 毕业生可通过以下渠道求职应聘、提升求职技巧、了解就业政策

(1) 教育部 2020 届高校毕业生全国网络联合招聘 https://job.ncss.cn/student/jobfair/joint.html

(2) 高校毕业生就业指导网课、全国各省区市高校就业服务网站，全国及各地就业政策汇编 https://www.ncss.cn/tbch/jyzdfwzchb/

2. 其他常用就业信息网站整理如下

（1）国家级高校毕业生就业信息网。

教育部新职业网 http://www.ncss.org.cn

中国就业网 http://www.chinajob.gov.cn

中国国家人才网 http://www.newjobs.com.cn

中国公共招聘网 http://www.cjob.gov.cn

中国人力资源市场网 http://chrm.mohrss.gov.cn

（2）高校毕业生赴国际组织实习任职。

国家留学网 https://www.csc.edu.cn

国际组织人才信息服务网 http://www.mohrss.gov.cn/SYrlzyhshbzb/rdzt/gjzzrcfw

高校毕业生到国际组织实习任职信息服务平台 https://gj.ncss.org.cn/index.html

联合国实习信息门户 https://www.un.org/zh/internship

（3）各省、市、自治区高校毕业生就业信息网站。

安徽省大中专毕业生就业信息网 http://www.ahbys.com

安徽公共招聘网 http://www.ahggzp.gov.cn

北京高校毕业生就业信息网 https://www.bjbys.net.cn

北京市人力资源和社会保障局 http://rsj.beijing.gov.cn/

浙江省大学生网上就业市场 http://www.ejobmart.cn/jyxt−v5/jyweb/webIndex.zf

浙江人才网 http://www.zjrc.com

上海公共招聘网 http://rsj.sh.gov.cn/zp/zyjs

上海学生就业创业服务网 http://www.firstjob.com.cn

江苏人事人才公共服务网 http://jshrss.jiangsu.gov.cn/col/col57142/index.htm

江苏省高校招生就业指导中心 http://zjzx.91job.org.cn/

天津市大学生就业创业信息网 http://www.tjbys.com

河北省大中专毕业生就业创业服务信息网 http://www.hbxsw.org

河北人才网 https://www.hbrc.com.cn

山西省大中专就业服务中心 http://www.sxbysw.org.cn

山西人才网 https://www.sjrc.com.cn

内蒙古大学生智慧就业创业服务云平台 https://www.nmbys.cn

内蒙古人才网 http://www.nmgrc.com

辽宁毕业生服务网 http://www.lnbys.com

辽宁省就业人才服务网 http://www.lnrc.com.cn

吉林人才网 https://www.jlRC.com.cn

吉林省高校毕业生就业信息网 http://www.jilinjobs.cn

黑龙江省大学生就业创业服务平台 http://www.hljbys.org.cn

黑龙江人才网 http://www.hljrc.com

福建省毕业生就业创业公共服务网 http://220.160.52.58

福建省公共就业服务网 http://220.160.52.235:81

江西省高等院校毕业生就业工作办公室 http://jy.jxedu.gov.cn/

江西大学生就业人才网 http://www.jxujob.com

山东省教育厅高校毕业生就业网 http://gxjy.sdei.edu.cn

山东高校毕业生就业信息网 http://www.sdgxbys.cn

山东人才网 http://www.sdrc.com.cn

河南省毕业生就业信息网 http://t1.hnbys.haedu.gov.cn

中国中原人才网 https://www.zyrc.com.cn

湖北毕业生就业网 http://www.hbbys.com.cn

湖北人才网 http://www.jobhb.com

湖南省大中专学校学生信息咨询与就业指导中心 http://jyt.hunan.gov.cn/sjyt/bys/

湖南人才网 http://www.hnrcsc.com

广东省人才市场 http://www.gdrc.com

广东省高等学校毕业生就业指导中心 http://job.gd.gov.cn

广西人才网 http://www.gxrc.com

广西毕业生就业网 https://www.gxbys.com

海南人才招聘网 http://www.hnrczpw.com

重庆人才网 http://www.cqrc.net

重庆高校毕业生就业信息网 http://www.cqbys.com

四川大学生信息咨询与就业创业服务网 http://jyzdzx.scedu.net

四川人才网 https://www.scrc168.com

贵州人才信息网 http://www.gzrc.gov.cn

贵州省高校毕业生就业办公室 http://www.gzsjyzx.com

云南人才网 http://www.ynhr.com

云南大中专毕业生就业服务网 http://www.yn111.net

西藏人才网 http://www.chinaxzrc.com

陕西高校毕业生就业网 http://jyweb.sneducloud.com

陕西公共招聘网 http://snjob.gov.cn

甘肃人才网 https://www.gszhaopin.com

青海人才市场网 http://www.qhrcsc.com

青海毕业生就业信息网 http://www.qhbys.com

宁夏教育资源公共服务平台 https://www.nxeduyun.com/bys

宁夏人才网 http://www.nxrc.com.cn

新疆公共就业服务网 http://www.xjggjy.com

中国新疆人才网 https://www.xjrc365.com

(4) 第三方综合性招聘网站。

前程无忧 https://www.51job.com

智联招聘 https://landing.zhaopin.com
中华英才网 http://campus.chinahr.com
猎聘网 https://www.liepin.com
领英人才网 https://www.linkedin.com

第八章　职业的适应与发展

【学习目标】

1. 掌握角色转换的内涵。
2. 了解客观职业环境，并建立对工作环境客观合理的期待。
3. 掌握适应并发展职业生涯的方法。

第一节　转换角色，熟悉岗位

职业适应也称工作适应，是指人在职业活动中，面对工作中遇到的各种问题时产生的一系列心理过程，包括个体对工作环境、工作任务、工作活动的适应，以及对自身行为和新的工作需要的适应。每个刚踏上新工作岗位的青年学生都要经历从不适应到适应的心理过程，我们称之为职业适应期。据调查，刚参加工作时，有 70%的大学毕业生认为自己“完全适应”或“基本适应”工作需要，有 30%的大学毕业生认为“基本不适应”或“完全不适应”。两三年以后，有 96%的大学毕业生认为“已完全适应”或“基本适应”所从事的工作。

实践表明，凡是由学生到职业人的社会角色转换越快的人，就越容易获得单位的认可，他们能更快地寻找到新的起点，也更容易享受到事业成功和生活幸福的喜悦。因此，大学毕业生应正确面对社会，正确处理工作与人际关系上的诸多矛盾，克服各种心理障碍，培养良好的适应能力，尽快适应环境，迈出成功的第一步。

一、角色转换的内涵

从校园走向社会是人生的一大转折，大学生终于有机会去展现自己的才华，实现自己的人生理想和抱负，那种激动的心情难以用语言表达。但是，学校与社会是两种不同的环境，学生和劳动者是两种不同的角色，同时承担着不同的社会权利和义务。如果大学生对“角色”的认识不清，角色转换不成功，思想准备不足，就会导致毕业后在社会角色的突变过程中，要么是难以适应、怨天尤人，要么是郁郁寡欢、孤立无助。无论哪一种情况均会严重地影响工作效率和个人身心健康。充分认识职业初期的角色变化是大学生人生道路的一个重大转折，大学生要尽早意识到自己将成为社会的一员，享有成年人的权利并要尽一个成年人的义务，这样就会对自己错综复杂的心理活动特点有所认识和了解。大学生顺利地度过人生就业这一关口，克服可能出现的种种心理危机，加速心理调适，努力与社会地位和社会角色相适应，做好人生道路上的首份工作，具有十分重要的现实意义。

二、学生角色与职业角色的区别

从大学毕业生到职业者，其间完成变化的时间虽然不长，但角色性质的变化非常大，甚至可以说是生涯的转折。学生角色与职业角色的区别主要体现在四个方面。

（一）活动方式不同

职业人员的主要活动是向外界提供服务，因此职业角色强调职业人员能够输出、应用与创造性地发挥自己的知识和技能，向外界提供专业的服务。而学生的主要活动是学习，因此，学生角色比较强调对知识的输入、吸收与接纳，对知识的输出与应用强调较少。

（二）社会责任不同

学生的主要社会责任是掌握科学文化知识，德智体美劳全面发展，为将来工作做准备。职业人员的主要社会责任是为社会创造价值，为社会主义建设服务。

（三）对独立性与自我管理的要求不同

学校的生活是一种集体生活，实行统一的作息制度，对学生提出统一的行为规范，学生违反了纪律要受到惩罚，因此许多学生对学校管理形成了依赖心理。而成为职业人员后，单位只在工作时间对员工提出要求，其他时间主要由员工自行支配，没有严格统一的方式来管理约束；因此职业角色对毕业生的独立性与自我管控能力提出更高的要求。

（四）人际关系不同

学生的主要任务是掌握科学文化知识，提高自身的素质和能力，这主要取决于学生本身，竞争只是促进学习的阶段，并未从根本上影响学生的利益，由此决定学生的人际关系是比较简单的。而成为职业人员后，竞争是不可避免的，竞争的胜败直接关系到利益的分配，因此职业人员间的人际关系是相对复杂的。

三、角色转换的途径

角色转换中出现的问题反映了毕业生没能顺利地从学生角色转换为一个社会职业人的角色，这必然会对毕业生的职业适应能力和职业发展造成各种不良影响。因此，在两种角色的过渡阶段，毕业生一定要谨慎对待，同时采取必要的方法帮助自己平稳转换角色适应职业发展。

（一）角色意识的转换

1. 做好从“校园人”到“社会人”的转变

大学生就业是一种市场行为，只有了解了市场才能给自己准确定位。大学生在就业中，首先应当了解自己所要进入的大环境，根据大环境的要求来重塑自己，褪去“校园人”的稚嫩，转变成一名合格的“社会人”。“校园人”与“社会人”有许多不同之处，对同一件事会抱有不同甚至完全对立的态度。“校园人”离“社会人”还有很大的差距，需要做足准备才能实现这两种身份的转变。

（1）“由外到内”的自我价值审视。大学生毕业后就从学校正式步入了社会，随之而来的角色意识的转换是必不可少的。角色的生成依赖于周围环境的要求，为了更好地承担起“社会人”的角色，大学生必须对自己做出“由外到内”自我价值的判断，为自己的角色重新进行定位。这里的“由外到内”并非指从外表到内心，而是指大学生对自己的价值审视要从社会和自身两个维度来进行。市场上人才的需求量和供应量状况直接影响了大学生的“身价”，所以，大学生在进行自我价值判断时，要把自己融入社会这个大环境中对自己进行自身条件的审查。

对于当前的社会环境而言，大学生对自己的认识和外界环境往往存在着一定的差距。学生们在未进入大学之前，对大学生这一身份是极为向往的，在周围人的烘托下觉得考上大学，成为大学生是必需的，是一种荣耀的身份象征。可是，在高等教育大众化的今天，大学生显然已经不再稀缺。每年大学生的毕业人数都在增加，人数越来越多，就业空间也随即越来越紧张。水涨船高，毕业生越多，就业单位选择人才的余地就越大。就拿师范院校学生来说，本科生在前几年大部分还都能进入高校，而现在，大量的本科生开始走向中小学。按照这样的形势，大学生把自己放在这样的社会大环境中，骄傲的感觉还能有多少呢?

从大学生自身条件来说，部分大学生确实优秀，凭借自己在课余时间的打工生涯，在校期间已经在校外的一些公司里担任要职、涉猎许多行业，并且学业也完成得很好。可是就大部分大学生而言，大家并非“天之骄子”“社会精英”，即便成绩优异，也会因实践、动手能力不强而不够出色。许多真正的精英往都是经历了社会的历练、在社会中摸爬滚打多年之后才成功的。

综上所述，无论从外部环境还是从自身条件来看，大学生都与社会环境有很大的差距。所以大学生应对自己形成正确的认识，只有对自我价值做到正确评估，才能坦然面对社会的选择与淘汰，才能在择业、就业时进行符合自己价值的选择，而不是盲目就业。

（2）为自我素质的提升做准备。大学生要想在步入社会之后有更好的位置，必须在大学期间通过各种途径提升自我素质，为成功走入社会提前做好准备。

大学期间，学生在注重专业理论知识学习的同时，还应该通过各种途径提高自己的社会实践能力及知识运用能力。大学生应更多地注意扩展自己的眼界，扩大自己的学习范围填补自己实践能力及知识运用能力的空白。书本的知识是死的，但知识的运用是灵活的。例如，学前教育的学生可以多去幼儿园转转，切实地观察一下各年龄段的儿童的发展特点；市场营销的同学多去卖场看看或者应聘营销员，看看自己的性格是否适合做营销，在销售过程中有哪些心得体会；人力资源的同学可参加学生会或是社团，看看是否从切实的人际交往中能更好地领悟那些理论。在这些不断的实践中，不仅会学到更多的知识，同时无形之中也锻炼了自己的人际交往、口语表达、抗挫能力等。在经历了各种场合、各种人物之后，大学生自身的素质无形之中也会有更大的提升。

(3) 适应不断变化的社会环境。如果说学校是面平静的湖，那社会就是容纳百川的海。学校的生活是平静的，大学生在学校中安逸、自在的生活，一旦步入社会之后，大学生会发现社会无时无刻不在发生变化。这种变化带来的影响可能是有利的，也可能是不利的。有利的是，环境的变化会给那些反应灵敏的人带来发展的契机；而不利的影响则是针对那些适应能力不强、爱抱怨、不进取的人。这些人处于变化之际，只想到面对变化自己是多么的无助，在这样陌生的变化中生存是如何的困难等。在这样的消极、保守、抱怨之后，他们的发展结果也就可想而知了。

(4) 学会参悟世情。“社会人”存在于社会之中，而社会是一个存在着各种各样的关系体的大环境，在关系的架构下存在着各种各样的规则，作为即将融入社会的大学生必须了解、掌握各种各样的规则，学会处理各种人际关系的方法，为以后更好地在社会中与人建立各种关系做好铺垫。

(5) 自信面对一切。相信许多大学生都有这样的感受：要融入社会好难，要学的东西好多，将来要面对的挫折和困难肯定会很多。的确，从学校进入社会，要求在变化，在增加，大学生需要不断地学习，不断地磨炼。在这些要求面前，压力是有的，恐惧也会有的，但无论如何都不能放弃，需要自信地面对一切。

2. 从“自然人”到“职业人”的转变

大学里的环境是相对单纯、自由的，这样的环境中塑造出来的大学生是率真的、自由的、个性的和情绪化的，是经常以自我意愿为中心的，是“自然人”。自然人与职业人最大的区别在于：自然人的行为习惯是一种自发的行为。而职业人的行为是一种自律的行为。的确，大学生的率真、自由、个性、以自我为中心所表现出来的行为就是一种自发的，想怎么做就怎么做的行为。而成为职业人后，面对职业岗位，自我在很大程度上就要被抹杀掉，因为工作环境与大学里的环境是截然不同的，职业岗位是具有约束性的。如若进入岗位后大学生还像当年在学校那样偶尔迟到、早退，那他绝对会是裁员名单上的一员。大学生想要成为真正的“职业人”，就要把与职场不适应的习惯、个性、观念等去掉，做名副其实的“职业人”。

（二）毕业前夕的角色转换

大学毕业生，从学生角色转换到职业角色的过程中必然伴随着角色冲突。只有尽早做好准备形成职业角色观念。提高职业角色技能，增强角色扮演能力，才能使自己的职业生涯有一个良好开端。因此，充分把握好毕业前后的两个阶段至关重要。

我国大学毕业生在每年 7 月初离校，奔赴工作岗位，但就业工作一般从前一年的 11 月就开始了，前后共有半年多的时间。毕业前夕是择业的黄金季节，毕业生通过与用人单位“双向选择”的过程，可以加强对用人单位的了解，合理地确定自己的职业定位，通过签订就业协议书来确定自己的职业角色。毕业生在与用人单位接触的过程中，能够比较全面地了解到用人单位的基本情况，切身体会到社会对自己的认可程度，并依据自身感受调整职业期望值，实事求是地定位自己的职业。这是从学生角色向职业角色转换的第一步，这为大学生的职业角色确定了一个基调，对角色的转换将产生深远的影响。

1. 重视毕业实习

毕业实习是毕业生步入职场的一个必要的过渡阶段。对即将毕业的大学生来说，通过毕业实习，可以将自己所掌握的理论知识运用于实际，这不仅有利于加深对书本知识的理解和巩固，还能够发现自身的不足，对自己的知识结构进行必要的补充和调整，提高观察、分析和解决问题的实际工作能力。

2. 奠定良好的心理基础和知识技能基础

一般来说，在校期间的学习环境、学习条件、时间和精力对于知识的学习和技能的训练都是最为理想的。因此，从就业协议书签订到毕业离校这段时间，是有针对性地学习知识、培养能力进而转换角色的最佳时期。在这段时间内，除了按照学校正常教学计划完成课程的学习、实习实践和毕业论文外，还应该学习与未来工作岗位有密切联系的专业知识和专业技能。大学的课程设置总体上偏重于基础知识的学习和基本技能的培养，而不一定涉及特定岗位上所需要的专业知识和技能。同时，通过学习和训练，还可以加深对未来职业岗位的认同，培养职业兴趣。

（三）见习期内的角色转换

大学生参加工作后的一年或半年为见习期，之后转为正式人员，有人形象地称之为“磨合期”。初到工作岗位，生活和学习环境与大学相比，都有很大的区别。高校大多位于大中城市，学习和生活条件比较优越，空闲时间和自由支配时间比较多，节奏也比较缓和，压力较小。而众多的职业岗位不一定在城市里，有的环境相当艰苦。由于工作繁忙，属于自己的时间越来越少。从大学学习环境到职业环境的变化，往往会加剧角色冲突，为此，大学毕业生应该加强见习期内的角色学习，使角色转换顺利实现。

一般来说，大学生要在较短的时间内获得同事的认同和领导的肯定，应当从以下三个方面提高和锻炼自己。

1. 善于展现自己的知识

大学毕业生因为具有新知识而受到同事的青睐和尊敬，但为此也使一些人与同事之间容易产生一定的距离。因此，大学生在同事面前一定要表现得谦虚、随和。在尊重同事丰富经验的同时，适时适度地展现自己的知识。例如，可以利用工作机会，特别是当同事在工作中遇到麻烦时，以谦虚诚恳的态度从理论上提出自己的见解，共同商讨，共同解决问题。也可以利用业余娱乐机会，发挥自己的知识优势，在交流中让同事了解你的为人和性格，表明自己的世界观、人生观和价值观，缩短与同事间的距离，成为大家的朋友。要切忌以文凭自居自傲，那样只能使得同事对你产生反感，使得自己越来越脱离群众，变得孤立无助。

2. 树立工作的责任意识

大学生对未来都有美好的愿望，都想在事业上大干一场，建功立业。但是多数人在走上工作岗位之初，一般不会被委以重任，而是先从最简单的辅助性工作做起，这也符合人才成长的基本规律。但是，有不少人凭着学识上的优越感认为自己被大材小用了，对一些工作不愿意干，甚至开始闹情绪。其实，这是缺乏责任意识的表现。干任何一项工作，都要有足够的热情，更要有丰富的经验和随机应变的能力。这种经验和能力的获得并非一朝一夕之功，它需要在平时工作中的积累和训练。显然，凭借热情和情绪只能是对工作的不负责任。因此，不管工作的大小，分工的高低，大学生都要以满腔的热情、高度的事业心和责任感认真对待，圆满完成。

3. 培养实事求是的工作作风

大学毕业生拥有较强的自尊心和自立意识，在工作中总想独当一面，取得成就。尽管很多人对待工作的态度是认真谨慎的，但在很多时候，工作中还是难免会出现失误。工作失误并不可怕，可怕的是不能正确地认识失误，不能实事求是地承认失误。如果工作中一旦出现了失误，就要认真地分析原因，找准失误点，总结经验教训。同时要敢于向领导和同事承认错误，开展批评和自我批评，并勇于承担责任，以获得领导和同事的理解。另外，要虚心学习、请教，避免类似失误再次发生。

另外，大学毕业生要重视岗前培训这一重要环节，因为岗前培训对于刚刚走上工作岗位的大学生的角色转换是非常重要和必要的。它不仅仅能让新员工了解单位的基本情况，熟悉规章制度和工作程序，更重要的是通过岗前培训来树立集体主义观念，培养人际交流能力和奉献精神。从某种意义上讲，岗前培训可以直接反映出新员工的素质高低，因此单位都非常重视，并以此择优录用，分配岗位。毕业生一定要以认真的态度把握好这样一次充实自己、表现自己和提升自己的良机。事实证明，很多毕业生就是因为在岗前培训期间显露才华、表现出色而被委以重任。

第二节　职业适应的策略

一、主动调整就业心态，正确认识自我

调整就业心态，做好心理准备是主动进行职业适应的基础。过硬的职业技能对职场成功固然重要，但充分的心理准备更是不可缺少的，为此大学生要有“抗挫折”的心理准备。

大学生毕业走上社会，成为一个社会的真正从业者，开始职业生涯的探索，随之而来的是要面对全新的生活理念、陌生的工作环境、更高的规范要求。如果不能尽快地正视现实并正确认识自我，将这些不利因素转化成自身提升的动力，及时完成人的社会化

过程，就很难被新环境、新群体所认同和吸纳。大学生在校期间积累了一定的理论知识，但普遍缺乏实践锻炼，因此大学生毕业后刚步入工作岗位时不能熟练掌握技术和开展业务是正常现象，没有必要对自己的弱点进行掩饰，相反，应当克服大学生是“天之骄子”的心理障碍，放下思想包袱，面对现实，重新定位，敢于实践，善于请教，把理论知识和实际工作有机地结合起来，才能最终取得事业的成功。

二、了解工作环境，适应工作岗位

（一）主动了解工作环境

1. 了解行业及其发展趋势

初入职场，非常有必要对自己所处的行业进行细致的了解和分析，包括所属行业的发展状况、发展趋势、行业规则及行业管理措施等。

2. 熟悉企业内外部环境

刚到新单位，需要细致了解企业的历史和现状、文化精神和核心价值理念等。

3. 熟悉岗位职责

充分了解工作职责和工作内容，是初入职场的重要一课。同时，需要了解单位的工作评价机制。工作评价的标准分正式和非正式两种。正式标准一般是可衡量的，它的形式如产量或生产率、销售的增加额以及利润等，往往数量目标和质量目标并重；非正式标准较难描述，它一般由上司来决定，主要有工作态度、穿着方式、与工作团队的和谐程度等。

（二）爱岗敬业，提高业务能力

爱岗敬业是走上工作岗位的基础。初入职场的毕业生应尽快全身心投入新的岗位，用积极的态度面对工作。

三、坚持虚心学习，不断提高职业素质，完善自我

大学毕业生有比较扎实的基础知识和专业知识，已经具备了获得职业技能的基础条件。但是大学生初到工作岗位，自身的知识量不一定足够，知识结构不一定合理，尤其是随着科学的发展和技术的进步，新的知识和技能不断出现，很多知识和能力需要在工作实践中去学习、锻炼和提高。研究数据显示，在大学期间所掌握的知识，30%左右是在工作中能用得上的，70%左右是属于备用知识。因此，大学生在工作岗位上所用的知识大部分都需要在入职后学习和充实，所以大学生在很多方面还需要像小学生那样从头学起，虚心向其他同事请教，学习他们观察问题、分析问题和解决问题的方法，不断丰富自己的专业知识，提高自己的专业技能，对不懂的事更要表现出虚心的态度，切不可不懂装懂，这样才能不断掌握新知识，提高工作技能和业务水平，在学习中增强自身素质和能力，完善自我。

四、勤于观察思考，善于发现问题

勤于观察思考，善于发现问题是主动进行职业适应的有力保障。大学毕业生进入职业角色，只有善于观察思考，才能发现问题；只有运用自身掌握的知识去努力解决问题，才能掌握大量的第一手资料；只有分析研究职业对象的内部规律，才能培养自己的独立见解，逐步具备独立开展工作的能力，更好地承担角色责任。

五、勇挑工作重担，乐于无私奉献

勇挑工作重担，乐于无私奉献是完成职业适应的重要标志。大学毕业生走上工作岗位以后，应当从一开始就严格要求自己，树立主人翁的意识，增强社会责任感，培养无私奉献的精神，任劳任怨，不计较个人的得失，努力承担岗位责任，主动适应工作环境，促使自己更好、更快地完成角色转换。伏尔泰说：“不经巨大的困难，不会有伟大的事业。”

六、树立远大目标，做好眼前工作

应该说每个大学生在毕业时对自己今后的发展已经有了一个大致的设计，但是，个人的成功需要良好的社会环境。所以，必须认真做好当前的每一件事，只有这样，才能一步一个脚印实现自己的人生理想。所谓“从大处着眼，从小处着手”就是启发我们不要妄想、眼高手低。纵观古今中外，所有的成功人士无一不是经过努力才取得成功的。每个新人都有自己的梦想，所以“第一家公司”往往被认为是他们职业生涯中的一块跳板。“工作头两年，我的目标是学习和积累经验!”很多新人都这样认为。但公司希望新人把个人、企业目标统一，个人与公司共同进退，并且认为职场新人最先该学习的是社会经验，学习为人处世。

第三节　促进职业发展的方法

一、用积极的态度、科学的方法开展工作

一个人的工作态度折射着人生态度，而人生态度决定一个人一生的成就。无论做什么事情，态度决定你做事的行为方式，从而影响结果。大学生进入职场，从事的工作即使不是自己喜欢的工作，也应该用积极的态度对待，认真努力地干好自己的工作，不能因为没有达到自己所希望的理想职业而消极懈怠，疲于应付。现实生活中能够找到理想职业的人毕竟是少数，对于多数人来说，必须面对现实，“在岗一日，敬业一天”，无论是喜欢还是不喜欢，工作是我们的责任。工作尽管辛苦但是同样有乐趣，这是需要我们用心去体会的。一个人如果总是抱怨、鄙视自己的工作，那他的未来决不能获得真正的成功，那就会产生“今天工作不努力，明天努力找工作”的后果。

二、努力适应环境，主动锤炼自我

（一）克服顺境中滋生不良情绪

在职业生涯中，当个人特点与职业环境相吻合时，工作就会取得顺利进展，此时切忌沾沾自喜，应该认真审视自己仍然存在的或潜在的不足，抱以积极的心态努力调整改善。千万不能因为一时“得道”，就喜欢听奉承，听不进别人善意的劝告，总以为只有自己是正确的，把一时的顺利当成顺利一世，白白消磨意志，放松对自身职业道德的要求，忽视职业规范和法纪，最终酿成大错。

（二）学会逆境中振作精神

大学生由学生角色向职业角色转变的过程中，往往会遇到许多意想不到的困难。一些人在校期间表现很优秀，可是走上工作岗位后却四处碰壁，由此形成了强烈的失落感。但是，在困难面前畏缩、恐惧、躲避，采取消极办法，并不能解决任何问题，因此，大学生要培养战胜困难的信心和勇气，学会在逆境中求发展；要客观评价现实中的困难，分析原因，找出对策，战胜困难。

三、终身学习，大胆创新

走上职业岗位后，不少毕业生会感觉自己在大学里学到的知识不够用或用不上，需要再学习的东西很多。因此，改善知识结构，提高自己的职业能力是每一位毕业生初入社会后面临的新课题。每一位毕业生都有自己的专业，为了更好地发挥自己的专业特长，大多数学生在考虑就业时，会考虑到专业对口的问题。然而在现实生活中，专业对口只能相对而言。由于近年来我国经济结构调整等原因，学生所学专业要马上跟上这种变化，做到专业对口实际上是不可能的。即使做到了专业对口，由于目前高等教育本身存在的局限性等诸多原因，任何大学生都不可能在学校学到职业所需要的全部知识，所以需要毕业生树立终身学习的理念，适应职业发展的需要。

四、准确把握自己，慎重对待跳槽

（一）珍惜自己的第一份工作

第一份工作对一个人的职业生涯和生活的影响是其他阶段的职业选择所不能比拟的，往往影响他的职业态度和做人原则，是以后工作的一个积淀，可以为从业者带来很多经验、技能和知识。

（二）把握时机，适时跳槽

跳槽是一门学问，也是一种策略。“人往高处走”固然没有错，但却包含了为什么“走”、何处是“高”、怎么“走”、什么时候“走”以及“走”了以后怎么办等一系列问题。这实际上涉及跳槽的动机和自己是否需要跳槽的问题。

第九章　就业心理的准备与调适

【学习目标】

1. 了解大学生就业应做好的心理准备。
2. 掌握大学生求职心理调适的方法。
3. 了解就业新形势下大学生应树立的就业观。
4. 熟悉职业道德的具体内容。

第一节　就业心理准备

一、我国目前总体的就业形势

就业是大学生人生发展中的一次重大转折，为了适应职业需要，大学生除了应做好就业知识和能力方面的准备、职业道德准备，还应有充分的心理准备，调整好择业心态，勇敢地迎接就业挑战。

（一）做好角色转换的心理准备，并进行合理的角色定位

对于绝大多数学生来说，大学阶段过的是一种相对单纯而有保障的生活，学习生活、交往等都有稳定性、规律性，在这样的环境里，容易滋生浪漫的情调和美好的理想，但这样的生活与社会现实存在一定的距离。在大学生活即将结束，面临着由一个无忧无虑、令人羡慕的大学生，转变为一个现实的社会求职者，这种身份的转变，也就是所谓的角色转换。角色的转变需要大学毕业生抛开幻想，面对自主择业这一社会现实，及时地进行角色调整。走出校门，由一个单纯的学生转变为一个现实的社会求职者；由一个备受呵护的孩子转变为一个自力更生的成年人；由一个求学者转变为一个职业人。大学生必须抛开幻想，正确认识自己所处的位置和社会现实，客观、冷静地进入求职的状态，认识社会、了解社会、适应社会，从而正确地迈出人生这关键的一步，及时地进行角色转换和合理的角色定位，正视自己的身份，自觉投身于择业者行列，去寻找适合自己的位置。

（二）正确的自我认知

世界上没有两片相同的树叶，人的个体差异更是不胜枚举。每个人都有自己特定的气质、性格、兴趣、爱好、能力、特长，这种种的不同，决定了适合自身的职业和职业发展方向的不同。从某个方面讲，人最大的敌人是自己。大学生在面对就业问题的时候，必须对自己有充分、全面、客观地认识和评价，这种认识越深刻、越准确，对解决就业心理问题越有效。认识自我主要包括对自身性格、兴趣和爱好、能力和特长以及生理特征等的了解和反思。全面了解自己的特点是选择职业的重要前提，作为一名求职者，只有在知己的基础上才能扬长避短，从而做出适合自己的求职决策。认识自己最有效的方式是进行科学的心理测试，或者通过与老师、家长、同学的交流，得到他们对自己的客观评价也是一个有效的渠道。

（三）正确的职业认识和评价

俗话说：三百六十行，行行出状元。因此，作为一名大学毕业生，应当摆脱轻视体力劳动或服务性劳动的传统思想，最好不要给自己的职业选择限定在某个范围内，而是要根据社会需要和自己的特点，选择适合自己的职业，从而拓宽就业渠道。“石油大王”洛克菲勒根据人们对待工作的态度，把人分为三类：第一类人对工作很反感，把工作看成负担和惩罚，他们经常抱怨、满腹牢骚，嘴里常常说的是“累”；第二类人比较实际，把工作当成一种养家糊口的方式，因此虽然没有任何怨言，但也只是为了工作而工作，没有更高的追求；第三类人则把工作当作一种快乐，把完成的劳动成果看作是自己的一种成就，把工作看成一种创造，在工作中不断进取、享受快乐。古希腊人伊索讲过：“工作对于人类来说是一种享受。”美国总统林肯也说过：“人生的乐趣隐藏在工作中，如果充满热情地工作，就能享受到更快乐的人生。”这也是我们常说的干一行、爱一行，只有对工作充满热爱、充满激情，才能在工作中体会到成功的乐趣。工作不是为某个人干的，更不是机械行为，而是为了满足人基本的生存需要，同时也是实现人生价值的平台。因此职业只有分工的不同，没有高低贵贱之分。

（四）对严峻就业形势的心理准备

在 20 世纪 80 年代，大学生被称为天之骄子，就业时是“皇帝女儿不愁嫁”的状况。但随着我国教育的发展，高等教育从精英教育过渡为大众化教育，人才出现相对过剩的现象，一方面，我国经济发展进入新常态，经济增长速度放缓。随着劳动力成本的增加，很多外资企业纷纷从中国撤离。因此，社会能够提供的就业岗位相对减少，导致就业压力增加。另一方面，随着毕业生人数的增加，就业总量压力依然较大，据分析，2019 年就业需求与 2018 年相比没有明显的起伏。2019 年就业需求在结构性方面有变化，民营中小企业、二三线城市需求明显上升，毕业生对就业的期望值与社会需求有明显差别。作为即将毕业走向社会的大学生，对目前的就业形势要有充分的认识，做好求职道路上将可能遇到的艰辛和曲折的心理准备。因此，大学生要清楚认识到当今世界是一个竞争的时代，大学生必须积极参与竞争，不仅要敢于竞争，还要善于竞争，才能掌握主动权。

（五）克服依赖心理，实现真正自立

对于一个人来说，年满 18 岁便被视为成人。但在我国，大多数青年学生在大学毕业前仍在依赖父母、老师的帮助指导，没有实现真正意义上的自立。因此，有些大学生在择业过程中缺乏自信，把希望寄托在“拉关系”“走后门”上。有的毕业生甚至由家长出面与用人单位洽谈就业事宜。殊不知，这样做的结果，用人单位会对毕业生产生缺乏开拓能力、独立生活和工作能力差的印象，最终事与愿违。因此，大学毕业生一定要实现自主择业，靠自身实力叩开职业大门，充分做好不依赖任何人的心理准备，实现真正自立。一个人没有自信，拥有得再多，精神世界是贫穷的。一个人若自信满满，失去再多，也不会失去希望。对一个人而言，自信是无价之宝，是不可或缺的心理武器，是至关重要的精神支柱。求职路上，高手如云，各有所长，其实也各有所短，若没自信，还没过招自动弃权，即使有天时地利人和，也无济于事。若自信满满，勇敢迎接挑战，对手再强，也无须害怕，反而会愈战愈勇，成为真正的“勇士”。

（六）遭遇挫折的心理准备

人生在世，不如意常常十之八九。人生路是坎坷的，人们都是在磕磕绊绊中度过人生的。求职过程也是一个竞争的过程，有竞争就会有失败者。其实生活中的挫折是造就强者的必由之路，挫折是磨炼意志和增强能力的好机会。当今大学生在求职过程中遇到挫折是正常的，挫折不可怕，也许在逆境中会成长得更快。遇到挫折应放下心理包袱，仔细寻找失利原因，积极调整好目标，脚踏实地地前进，才能争取新的机会。“双向选择”的就业体制的本质意义是一种激励的手段，对待优胜者和失败者都是一视同仁。挫折是一种鞭策，能促使失败者振作起来，彻底摆脱“等、靠、要”的就业心态，加快自立自强的转化过程，成为挫折的“克星”，成就自己的追求梦想，化压力为动力，知不足而进取，相信光明就在前方。

（七）就业后期望值与现实有差距的心理准备

大多数毕业生是怀着对未来的美好期望离开学校，走向工作岗位的。一帆风顺的成长过程可能使大学毕业生梦想着在社会这个大舞台也一展身手，实现自己的人生价值。这本来是无可非议的，但大学毕业生职业意识的缺乏和工作能力的不足，可能导致领导或同事的批评或冷遇，犹如当头一盆冷水，使其失去心理平衡。如将大学时期懒散的生活习惯带到工作中，好高骛远，大事做不来，小事不愿做；对工作挑肥拣瘦，拈轻怕重；工作责任心不强，敷衍了事，不能按时完成领导交办的任务；过于看重自我得失，不思奉献；缺少集体观念，对事妄加评论，造成不良影响；感到工资低，领导对自己不重视而满腹牢骚；业务不熟练，造成工作差错等，这些情况都可能使意气风发的毕业生受到批评或冷遇，有时可能不是毕业生的过错，但也受到批评，感到冤枉、委屈。遇到这样的情况，有的毕业生能够冷静下来，分析其中原因，亡羊补牢，不断进步，但也有人一气之下“跳槽”走人，造成不必要的损失。对于每一个人来说，以往的成败得失只能代表过去，新的起点需重新开始，以

自己的实际表现来赢得别人的尊重和信任。所以，大学毕业生要对期望值与现实的差距有一定的心理准备，不断完善，因时而变。

第二节 就业心理问题的自我调适

一、大学生就业中容易出现的心理问题

职业选择是不可避免的，也是人生中最大甚至最重要的一次选择。然而，职业选择并不是一件轻而易举的事情，它受个人和社会等内外因素的影响。“供需见面、双向选择、自主择业”的就业形势和社会经济的迅猛发展，使大学生就业有更多自主选择的机会。由于各种社会因素的影响，特别是毕业生的主观认识和个性等方面的因素，毕业生在择业过程中常常出现强烈的心理波动，也可以说是种种心理障碍。常见的有如下几种。

（一）焦虑心理

面临就业，很多大学生会出现不同程度的焦虑情绪。一般来说，轻度的焦虑属于正常现象。适度的焦虑会使人产生压力，消除自身的惰性，增强自我的进取心，产生求胜的心理和行动。但是，如果被过度焦虑甚至沮丧的情绪长期困扰就会产生压抑、抑郁心理，而自己又不能及时化解这些情绪时，人的心理健康就会受到影响，并影响个人主观能动性的发挥，埋没人的潜能和才华。毕业生就业制度改革拓宽了大学生的职业选择面，但职业选择自由度越大，择业心理压力便越重。有的同学面对用人单位的严格录用程序（如笔试、口试）感到胆战心惊；有的因性别、学历层次等而不敢大胆求职；有的因为自己学习成绩不佳而烦恼；有的因为自己能力低而紧张；有的担心自己不能被用人单位选中等。此外，部分大学生在就业过程中，往往希望一蹴而就，尽快落实就业单位顺利就业；或幻想无须付出多大的努力就能得到称心如意的工作。但在实际中往往事与愿违。正是因为害怕失败，大学生在求职择业过程中会出现焦虑和烦躁不安甚至恐惧的心理。就业过程中的过度焦虑，会给求职带来不必要的困难，甚至造成择业的失败。

（二）自卑心理

一些毕业生在择业过程中过低地评价自己，具体表现为看不到自己的优点、讨厌自己的缺点，经常责备自己、希望自己变成另外一种人。当这种自卑心理严重时就可能发展为自暴自弃，甚至失去生活乐趣。大学生刚进大学时大都比较自信，然而在日后的比较中发现自己无论在能力、成绩以及特长、素质等方面都不尽如人意，甚至不少方面落后于别人，强烈的自卑感就会严重地困扰着他们。这些都使他们在面对用人单位提出的各种苛刻条件和问题时，不是以积极的态度去争取，而是悲观地认为自不如人，以消极的态度面对，在求职择业过程中缺少必要的主动性，往往与许多适当的机会失之交臂。

久而久之就形成自卑保守型心理，不敢正面对待就业问题，在激烈的竞争面前不战而败。

（三）羞怯心理

新时期的大学生接触实际、接触社会的机会很少。在校内熟人圈子里他们还能应付，一出校门便感到手足无措。特别是在“供需见面”中大学生普遍存在着这种心理——羞怯心理，它直接影响了用人单位对他们的印象。羞怯是种胆小、脆弱的性格表现。在求职过程中，有少数大学生过于胆小，对自己缺乏足够的自信。比如：面试之前担心、慌乱、焦虑，面试时紧张、语无伦次、答非所问，对面试看得过重，反而束缚了自己的手脚，不能表现出应有的水平。性格比较内向的毕业生易产生羞怯心理。

在择业的过程，毕业生往往还会出现犹豫观望、举棋不定，相互攀比、盲目从众，过于自信、盲目乐观，缺乏主见、依赖他人，遭遇挫折、怨天尤人等心理误区，如果不及时疏导和调整，将会影响就业。世上没有绝对完美的职业和工作，要调整好心态，抓住时机。健康的心理是一个人事业能否取得成功的关键，一位心理素质好的大学生，能够以充沛旺盛的精力，积极乐观的心态处理自我与自然、自我与他人、自我与社会之间的关系，积极发挥主观能动性，主动适应、支配和改造环境，并从中体会一种安全感和成就感。

二、大学生形成就业心理障碍的原因

大学生的求职择业是一种社会行为，这种行为不仅关系到大学生本人的人生价值实现问题，也是家庭教育投资的一个收益过程，还是院校实行学生资源可持续发展十分关键的一部分，关系到社会发展的方方面面，牵动着社会、学校、家庭、个人等多方的视线。对大学生择业产生影响的因素很多，大致可分为外部因素和内部因素两类。

（一）外部因素

1. 家庭因素

家庭的血缘关系、家人在思想道德上对大学生产生的潜移默化的影响，以及大学生在生活和经济上对家庭的依赖关系等都显示出家庭的巨大影响力。这种影响力表现为三种类型：一是言行影响型。大学生虽对就业问题有一定的主见，但父母亲友的言行、经验教训也对其有一定的影响。二是协商帮助型。父母亲友参与大学生的就业过程，或共同商量决策，或利用其社会关系帮助子女获得理想的职业。三是替代选择型。那些平时对父母依赖惯了的大学生，在职业选择上乐于接受父母的选择与安排。有的大学生甚至把“让父母满意”作为自己选择职业的主要标准。

2. 社会因素

社会因素主要表现在以下五个方面：一是随着国家和地方经济增速进入新常态，经济已经由高速增长转向中高速增长，出现了明显不同于以往的许多特征。不仅表现为经济增速的放缓，更表现为增长动力的转换、经济结构的再平衡。面临着复杂的系统转型，也意味着改革开放进入一个全新阶段，导致高校毕业生宏观就业压力不减，就业形势依然严峻。二是随着高校招生规模的不断扩大，毕业生数量逐年增加。三是就业空间相对紧张，企业需求量下滑严重，大学生的就业岗位、就业机会明显减少。四是相关的政策措施和服务体系尽管得到了一定落实，但还有待完善。五是就业市场不完善的影响。表现在就业市场主体不明确，就业市场信息不畅，就业市场中介机构不健全，就业市场调控不规范，最明显的是洽谈会上签订的协议兑现率低，而且协议缺乏权威性和规范性。

3. 学校因素

学校因素表现在三个方面：一是大学教育与市场脱节。各类高校不仅在办学模式、办学层次上不能根据经济力量、科技实力和社会产业结构发展及人才市场的需要形成各自的特色，而且在专业设置、教学内容和教学方法上也采用雷同的模式，人才结构、专业结构和素质结构很不合理。二是专业设置问题。各类高校不同程度地存在着专业结构不合理的现象。三是就业指导力度不够。有些学校对毕业生的认识不到位，指导机构不健全，专职指导人员的储备也不足。此外，指导内容不到位，不少高校将就业指导和就业服务混为一谈，真正的就业指导内容却只限于在毕业班开设就业指导课。

（二）内部因素

1. 观念因素

大学生的就业观念与实际就业市场不适应问题的存在，成为大学生就业的一大障碍。一些毕业生的就业期望值过高或过低，缺乏从基层做起的勇气，心理准备不充分，以致就业受挫。

2. 能力因素

随着知识经济时代的来临，社会对人才的素质和能力提出了更高的要求。一方面，由于教育体制和大学生自身的原因，当代大学生的能力和素质不能适应市场的需要；另一方面，由于社会对人才的要求越来越挑剔，对大学生在知识储备、能力素质等方面的要求相应提高。

3. 个性因素

人的个性因素与就业成功之间有着密切的关系。大学生在就业过程中，也要利用自己的个性特点扬长避短。这样，缺点也可以变成优点，优点也会更有效地发挥出来。

4. 价值取向

我国社会主义市场经济体制已经建立起来，但是很多大学生（包括他们的家长）在观念上还停留在以前计划经济和毕业统包统分的时代，不能认清形势，也不能正确地认识自己，期望值过高。这种在求职择业过程中忽视就业现实的盲目高期望现象，是不合理的择业观所致，需要加以调整。

5. 择业意识

许多毕业生在求职过程中，既未树立正确的择业观，又不能准确地评价自身的优劣，更没有一个合理的求职目标。在求职过程中盲目从众、盲目攀比，具体表现就是以多数毕业生相对集中求职的地域、单位、职业等方面作为自己求职的参照，表现出求职上的地域从众、单位从众、职业从众等。事实是，单位的好坏是相对的，别人认为好的单位并不一定就适合自己。判断单位的好坏，要根据自身的实际情况而定，适合的才是最好的。同时，对用人单位的选择也要建立在正确对自身素质评价的基础上，否则就会脱离现实。

三、大学生就业心理调适的对策

（一）合理定位

合理定位是树立良好心态的根本，只有定位合理，心理才不会产生过大的落差，才会避免出现一系列心理问题。

1. 合理定位来自合理的就业期望

期望值是指个体对某个目标能够实现的概率的估计。包括两层含义：一是目标本身是否具有价值，是否值得追求。二是目标实现的可能性，即概率。理想的工作就是毕业生追求的有价值的目标最终能够得以实现，学生们有多大可能找到这个理想的工作就可称为就业期望值。从心理作用来看，就业期望值好比一把双刃剑，把握得好，就可以成为大学生奋发向上的动力，把握得不好，就会使毕业生产生落差，致使他们因定位不准而错失就业良机。

2. 影响合理定位的因素

由于受思维发展水平、人生价值观、家庭教育、成长背景、自我认知方式、专业定位、对就业形势、就业政策和分析能力等因素的影响，很多大学生在就业时自我定位不准确，他们往往用理想中的我去代替现实中的我，不能客观评价自我，对大学生充分就业产生一定的负面影响。一方面，影响国家和高校就业工作的顺利进行；另一方面，居高不下的就业期望值，使毕业生在好高骛远中遭受心理挫折。

3. 帮助大学生合理定位的对策

（1）学校应加强就业观的指导。加强对高校毕业生就业观的指导，可以有效地帮助他们树立正确的世界观、人生观、价值观、职业观和择业观，将理想与现实结合起来，正确认识自己，合理确定就业期望值。

（2）毕业生应学会正确认识就业形势。毕业生要正确分析和认识当前我国的就业形势，正确分析各个院校、各个专业的就业情况，充分认识到当前高校毕业生就业存在的有利条件以及面临的困难和问题。必须审时度势，合理定位，抓住机遇，迎接挑战。当我们遇到择业期望一时难以实现的情况时，不妨先改变一下择业意愿或择业标准，先争取及时就业。然后，在新的职业领域里培养兴趣，或者积极创造条件，积蓄力量，继续向自己向往的职业方向努力。总之，树立正确的择业观，可以在择业的道路上少走许多弯路，是大学生事业成功的起点。

（二）拥有自信

自信是成功的基石，只有拥有了自信，才会在求职择业的道路上勇敢面对竞争，坦然接受挫折，才会有足够的耐心等待成功。两次诺贝尔奖获得者、法国伟大的物理学家、化学家居里夫人在一封信中说过："我们应该有信心，尤其要有自信心。我们必须相信，我们的天赋是用来做某种事情的，无论代价有多大，这种事情必须做到!"正是这种自信加上刻苦钻研的精神才使居里夫人获得了巨大的成功。

1. 自信来源于对自己的探索

自信不等于自负，更不等于盲目攀比，而是来源于对自己充分探索后的正确认知。在就业活动开始之前，要充分了解自己，包括自己的学识、能力、性格、特长等，汇总自己的长处和不足，对自己有充分的认识，通过发挥自己的长处、弥补自己的不足，来确立自信，即自身的合理定位，既不要盲目乐观，又不要盲目悲观。

2. 要相信自己与众不同

莎士比亚曾经把人类比喻成艺术品，认为每件艺术品都是不同的，每个人也是不同的。正是由于人与人之间的差异，才有了今天丰富多彩的人类社会。"横看成岭侧成峰，远近高低各不同"，每个人要坚信自己是独一无二的，是与众不同的。在竞争的时候，要充分体现自信，充分展示自己的特长，不要被竞争的压力压垮。就业活动是残酷的，同时也是一个展示自己的舞台。所以，应该充分利用求职的机会，展示自己的特色，相信"天生我材必有用"，总有适合自己的岗位，因此，要树立信心，从容应对挑战，要坚信自己可以在适合的岗位上做得出色，并为这个目标而努力，用自己的信心去搭建成功的桥梁。

3. 自信不同于自负

自信建立在对自己能力的发现和正确评估的基础之上，是对自己正确、客观、全面的评价。自信不同于自负，不会目空一切，过高地评估自己的能力，以为凭自己的能力完全可以战胜一切。不少毕业生在自荐书上写道："给我一个机会，我会为你创造一个辉煌!"他们暴露出过于理想化的心态，这不是显示自信，而是自负了。清楚自己在社会中所处的位置，适当降低自己的就业期望值，理智设计自己未来的职业，保持平和的就业心态。不要想一步登天，找工作要注重自己能在这个职业中学习到什么，能知道自己将来到底想干什么。在我国现在的整个劳动力市场中，学生在知识、年龄、观念、精力、信息等方面具有独特的优势，所以不要被市场上所谓"非多年工作经验，非本科学位不招"等信息所击败，当然，也需要脚踏实地。

（三）勇于竞争

如今，竞争机制已深入社会生活的各个方面，良好的竞争观念已深入人心。在大量活动中，大批毕业生要在短时间内找到工作，参与激烈的市场竞争是不可避免的，因此做好竞争的心理准备非常必要。

1. 树立竞争意识

要做好竞争的心理准备，首先要有强烈的竞争意识。全国每年都有数百万的高校毕业生要在短短几个月的时间内集中实现就业的理想，就业的压力可想而知。同一岗位，往往聚集了许多竞争者，把外在的竞争把握得好，就可以成为激励学生奋发向上的动力；把握得不好，就会使毕业生在美好的愿望和无情的现实之间产生较大的落差，致使他们因定位不准而错失就业良机。

2. 储备雄厚的竞争实力

通过竞争寻求理想的职业，通过竞争，实现个人的职业理想。要想在就业竞争中获胜，仅有竞争意识是远远不够的，还必须具备雄厚的竞争实力。竞争实力是综合素质的体现，包括思想品德素质、知识结构、心理素质、特长等。在公开、公正、公平的竞争原则下，竞争实力是实现择业理想的资本。

3. 符合社会道德规范

就业竞争是客观现实的，同时也是无情的，但竞争应当符合社会道德规范。竞争应持公正、公开、公平的原则，反对尔虞我诈、相互诋毁、弄虚作假、瞒天过海。在就业竞争面前，要保持自己的人格尊严，诚实守信，凭自己的竞争实力并运用恰当的竞争技巧赢得用人单位的肯定。

4. 保持良好的竞争心态

凡竞争就会有成功的喜悦和失败的痛苦。对于就业竞争的毕业生来说，要具有接受失重心理承受力，保持良好的竞争心态。当择业过程中遇到失败时，积极设法寻求新的机会努力争取下一次就业竞争的成功。

第三节　树立正确的就业观

就业是一项关系到社会、经济、文化以及家庭等诸多方面的复杂的系统工程，不是单凭毕业生的主观愿望就能实现的。择业观念是大学毕业生的世界观、人生观、价值观在择业活动中的综合反映，是大学生对于择业的目的、意义的根本看法和态度的体现。

近几年来，高校毕业生就业形势越来越严峻。高校毕业生就业困难固然有社会经济体制、结构和发展水平等因素的影响，但毕业生自身的错误择业观念也是不可忽视的因素。在当前新形势下广大学生应当树立以下几个方面的择业观念。

一、树立大众化的就业观、择业观

我国高等教育已进入国际公认的大众化教育阶段。在大众化教育阶段，接受高等教育将成为相对多数人的权利，大学生成为普通的劳动者。“双向选择、自主择业”是目前就业的主要模式。在计划经济体制下，“一次就业定终生”的观念具有普遍性。而现代社会为人们提供了独立发展的空间，“从一而终”的职业观念已不再适应市场经济的发展。所以大学毕业生应认识到，接受高等教育只能提高人的综合素质和能力，使人具备将来就业所需的知识和技能储备，但并不意味着毕业后就一定有合适的就业岗位。随着高等教育大众化发展和科技进步，社会各行各业均需要德才兼备的大学毕业生，只要是通过辛勤劳动为社会创造价值、实现自我价值都为当今社会所倡导。因此，大学生要树立不断进取的择业观念，并学会在发展中发现机会、抓住机会、把握机会。

二、树立基层就业观

1. 到西部就业

西部地域辽阔，人才相对匮乏，具有广阔的就业空间，是大学生施展个人才华，实现人生价值的好地方。

2. 到农村就业

建设社会主义新农村需要大批具有专业知识、头脑聪慧、综合能力强的人。农村种植业、养殖业、乡镇企业的管理和技术等岗位需要大批受过高等教育的人才。中国有70万个行政村，加上基层社区的就业岗位，可以提供不可小觑的就业岗位，蕴藏着无数发展机会，农村已成为当代大学毕业生大有可为的地方。

三、树立期望合理就业观

记得唐代诗人白居易在踏春季节曾写下这样的诗句："乱花渐欲迷人眼，浅草才能没马蹄。"现在，对于不少即将步入职场的大学应届毕业生而言，也恰如诗人进入了春天的百花园一样，怀抱着一种踌躇满志的心态，可是因为"花朵太艳"而不知如何下手，不知"哪朵花"才是最适合自己的，以至于在选择用人单位时，往往这山望着那山高，不能客观地根据自身情况做出相应选择，给自己设置了较高的期望值。

四、树立勇于面对竞争的观念

社会主义市场经济最显著的特点之一是竞争。没有竞争，整个市场就失去了活力，经济就不能很好地发展，社会也就难以前进。竞争可以发扬人们自立、自强、自主的精神，调动人的内在潜能，增强工作和社会活动的能力，因此，竞争意识是现代人必备的素质之一。大学生就业市场同样存在着激烈的竞争。首先，体现公平，有利于选择人才。其次，提供实力较量，有利于人尽其才，优胜劣汰。同时克服了旧体制的弊端，使得毕业生在就业中由被动变为主动，调动了个人的积极性，通过竞争，寻求理想的职业。面对就业竞争的现实，大学生应当摆脱被动依赖、消极等待的状况，敢于竞争，树立"爱拼才会赢"的观念，做好多方面的竞争准备。择业不怕失败，竞争不怕挫折，勇于参与，敢于竞争，在竞争中求生存、求发展，才是正确的择业态度。

五、树立先就业后择业的观念

打破一步到位、从一而终的旧的就业观。中国人向来视稳定为生活的重要条件，在计划经济条件下，一次就业定终生的观念，经过历史的积淀便形成了具有普遍性的就业心理。而现代社会为人们提供了独立发展的空间，市场优化配置资源的方式是合理流动，市场经济配置人力资源的特征是流动。资金、商品要流动，人力资源也同样要流动。社会不再有从一而终的职业。

六、树立发挥专业所长，但也注重综合素质的观念

专业对口，当然更容易发挥专业所长。在大学生就业市场里，会常看到不少毕业生为了各种各样的原因盲目放弃专业，比如说，只要能留在大城市，让我干什么都行；盲目追求热门职业而忽视专业特点。在某些专业，如果改行一两年后想回流再重操本业是相当困难的。专业知识更新是一个人知识结构的主干，是知识体系的主体。而专长则是知识结构的枝干，是知识体系的外延。知识结构主干决定了就业的适用范围，虽然我们不提倡绝对的专业对口，但应考虑所掌握主体知识的适应性及所具专长的扩展面。因此，择业时首先要考虑所学的专业，根据专业特点谋求职业，以做到专业特点与职业要求相匹配，发挥专业优势。想放弃专业的毕业生应该权衡利弊，目光短浅，只顾眼前而不考虑自己的专业特长和自己对专业的爱好，是不可取的。

七、树立自主创业和终身学习的观念

自主创业是指毕业生不通过传统意义上的就业，通过采取单干、合伙等方式创办公司或其他企事业单位，从事技术开发、科技服务以及其他经营活动来创造就业岗位，并依法获得劳动报酬的就业方式。自主创业给最具创造力和活力的大学生提供了就业和深造以外的“创新之路”。诚然，自主创业具有一定的风险，但是，随着我国政治、经济、文化和高等教育制度的不断改革，自主创业将是一个必然趋势。国家提倡发展私营经济，鼓励自主创业，而作为先进生产力代表的大学毕业生更是应该成为自主创业、努力创造就业岗位的领头羊。

第四节　树立正确的职业道德观

一、立业先要守德

（一）立业先要守德概述

所谓立业中的守德主要是指在职业活动中遵守社会主义职业道德，它是各行各业职业岗位对从业者职业行为的客观要求和从业者取得事业成功的重要保证。

1. 职业道德

大学生毕业后走上社会，要在我国社会主义现代化建设的生产、管理、服务等第一线的不同岗位上从事职业活动。从事职业活动就必须树立高尚的职业理想，遵守职业道德，承担不同职业岗位对社会所应承担的道德义务和道德责任。职业道德，即在一定的

社会经济关系中，从事各种不同职业的人们在其特定职业活动中所应遵循的职业行为规范的总和，是从业者在职业活动范围内应当遵守的与其职业活动相适应的行为规范，是一定社会中道德的基本要求，在不同的职业活动中所表现的特定行为规范。它主要体现在职业理想、职业态度、职业义务、职业纪律、职业良心、职业荣誉和职业作风等方面。

2. 职业理想

职业理想，即在一定的社会历史条件下，人们对某种职业岗位的向往、追求和价值取向，它与社会理想、道德理想、生活理想等相互联系、相互作用，并指导人们的职业行为，它是推动人们积极从事职业活动、创造职业成就、实现职业目标，最终实现社会理想的精神动力。毕业生树立起崇高的职业理想，不仅有助于求职择业的成功，迈好职业生涯的重要一步，而且有助于毕业生就业后在职业岗位上施展才华，最大限度地实现自己的人生价值。

3. 职业态度

职业态度，即人们在一定社会环境的影响和教育下，通过职业活动和自身体验所形成的对岗位工作的一种相对稳定的劳动态度和心理倾向。例如：从业者在职业活动中礼貌待人、诚实可信、表里如一、做老实人、说老实话、办老实事等就是职业态度。它是从业者精神境界、职业道德素质和劳动态度的重要体现。

4. 职业义务

职业义务，即人们在职业活动中自觉地履行对他人和社会应尽的职业责任。我国的每一个从业者都有维护国家及人民的利益、为人民服务的职业义务。例如，医生对病人有救死扶伤的义务，教师对学生有教书育人的义务等。

5. 职业纪律

职业纪律，即从业者在岗位工作中必须遵守的规章、制度、条例等职业行为规范。例如：汽车驾驶员严禁酒后开车，机关工作人员必须廉洁奉公、甘当公仆，公安、司法人员必须秉公执法、铁面无私等。这些规定和纪律要求，是从业者做好本职工作的必要条件。

（二）职业道德的基本特征

社会上的不同职业岗位都具有其特定的社会性质和地位，都要承担特定的社会责任并享有一定的社会权利。各行各业不同职业岗位的性质和地位，决定了其在职业道德方面具有特殊的规定性。职业道德的基本特征有行业差别的特殊规定性、表现形式的多样性、岗位需求的特殊技能性、连续性和相对稳定性等。

1. 行业差别的特殊规定性

各行各业除应遵循爱岗敬业等普遍的职业道德规范外，由于不同的职业还具有自身特定的服务对象、岗位职责和特殊职业的自身利益、社会责任、职业活动的内容不同，必然使人们在特定的职业活动中形成某种特殊的职业关系、职业责任、职业纪律。社会上的不同行业和职业集团为了调整不同行业内部从业者之间的关系及其与服务对象的关系，为了生存与发展，维护自身利益、信誉、尊严，必然要制定相应的职业道德来规范和约束从业者的职业行为，这就使得某行业的职业道德规范往往只适用于该行业特定的职业活动领域。例如，医务行业的职业道德规范是救死扶伤、治病救人、人道主义等；商业领域的职业道德规范是公平交易、童叟无欺等商德。

2. 表现形式的多样性

职业道德的表现形式往往因行业、职业的不同而多种多样。各行各业一般都根据本行业或职业的特点，采取简明扼要的方式对该行业或职业的道德规范加以规定。例如，有的行业采用行业公约的形式，有的采用规章制度、管理条例的形式，有的则采用职业守则、岗位要求、员工公约等形式将该行业的职业道德内容展示出来，在表现形式上具有多样性。

3. 岗位需求的特殊技能性

各行各业的职业岗位往往要求从业者具备适应岗位工作需要的知识、技术和技能。不熟悉行业业务、缺乏职业岗位技能，工作就无法做好，就是不遵守职业道德的行为。

4. 连续性和相对稳定性

职业道德往往是世代相传、在内容上相对稳定的行为习惯。只要这一行业、职业连续存在，与该行业、职业相适应的职业道德就会相对稳定的传承和延续。

（三）遵守职业道德是从业者事业成功的必要条件

遵守职业道德是发展社会主义市场经济的内在要求，它是从业者事业成功的必要条件。在发展社会主义市场经济的条件下，人们对从业者的职业道德素质非常关注，社会招聘单位越来越重视对人才的职业道德培养。

1. 遵守职业道德是发展社会主义市场经济的内在要求

在我国发展社会主义市场经济的条件下，各行各业的生存与发展均需要从业者具有较高的职业道德水平。如果从业者无视市场规则、不讲职业道德，就必然会出现不爱岗、不敬业等职业道德问题，导致权钱交易、假冒伪劣产品充斥市场，不讲信用等行业不正之风盛行，市场经济秩序就必然失控。市场经济呼唤职业道德，要求各行各业及其从业者切实遵守以诚实守信为重点的职业道德规范。只有这样，社会主义市场经济才能健康发展。

2. 遵守职业道德是从业者事业成功的保证

在现代社会中如果一个人想在职业活动中有所作为、取得事业成功，则必须具备高尚的职业道德。在日益激烈的市场竞争条件下，产品质量和服务水平是各行各业及其从业者得以生存和发展的重要因素。在发展社会主义市场经济的过程中，各行各业越来越注重自身的社会形象，注重提高从业者的职业道德素质。从业者如果想在活动中取得事业的成功，不仅需要知识和智慧，而且需要具备良好的职业道德。否则，无论他的智商多高，成功都与他无缘。

二、遵守社会主义职业道德观

我国社会主义职业道德是社会主义经济关系和政治、文化的综合反映，是对历史上优良的职业道德传统的继承、发展和创新，是我国从业者在职业活动中应当遵守的职业行为规范的总和。

我国社会主义职业道德是建立在以公有制为主体的社会主义经济关系基础之上，是在马克思列宁主义、毛泽东思想、邓小平理论和“三个代表”重要思想科学发展观、习近平新时代中国特色社会主义思想的指导下，形成和发展起来的社会主义道德体系的重要组成部分，具有不同于其他社会形态职业道德的特点。

（一）社会主义职业道德的基本特征

1. 先进性

社会主义职业道德要求人们在工作岗位中以主人翁的精神对待自己的职业活动，不计较个人得失，全心全意为人民服务，自觉地为社会主义事业做贡献。我国现阶段无论从事哪一种职业都是为人民服务、为中国特色社会主义事业服务。在全面建成小康社会的各种职业活动中，各行各业及其从业者之间既有竞争、又有协作，都在为共同理想而奋斗。其中，团结协作、友爱互助、为人民服务是其先进性的重要表现。

2. 多层次性

从业者在我国现实社会的职业活动中处理职业道德关系时，往往表现出多层次性。其中，职业道德的最高层次是全心全意为人民服务，不计较个人得失、公而忘私地为社会做贡献。这种职业道德是高尚的，需要在社会上加以大力弘扬。职业道德的较好层次是先公后私，先人后己，努力为社会做贡献。除上述两个层次的职业道德外，还有一个层次，那就是公私兼顾或在主观上关注自身利益的成分较多，但在处理价值关系时，还要能够兼顾社会共同利益和最广大人民群众的根本利益。通过诚实劳动、合法经营，谋求自身价值。这种职业道德观念在现实社会中普遍存在，它是绝大多数从业者都能够遵守的最起码的社会主义职业道德，是遵守社会主义职业道德的底线。对于大学毕业生来说，在这个职业道德基础上应追求更高的标准，向更高层次的职业道德境界迈进。

（二）社会主义职业道德的基本原则

我国社会主义职业道德的基本原则是社会主义集体主义，在认识、对待和处理国家利益、集体利益和个人利益的关系时，强调整体利益和个人利益的辩证统一。该原则的基本要求是集体利益高于个人利益，全局利益高于局部利益。集体保证个人合法权利，使个人才能和个性得到充分发展，提倡从业者个人利益与行业集体利益统筹兼顾、共同发展。

三、社会主义职业道德规范

社会主义职业道德规范是我国现阶段道德体系的重要组成部分，具有相对独立的理论体系和实践形态。其中，带有普遍性和共性特征的职业道德要求是其基本规范，它适用于规范各行各业从业者的职业行为，是所有从业者均应遵守的道德行为准则。

（一）社会主义职业道德的基本规范

1. 爱岗敬业

爱岗敬业，即从业者热爱自己的本职工作，以正确的态度对待自己的岗位工作，在职业活动中尽职尽责、兢兢业业、忠于职守。爱岗是敬业的基础，敬业是爱岗的具体表现。其基本要求是：具有强烈的事业心和责任感，忠实履行岗位职责，以主人翁的劳动态度认真做好本职工作；反对玩忽职守的渎职行为，克服鄙视体力劳动和服务型职业的社会偏见；树立起社会主义职业的平等观、平凡职业的荣辱观，尊重平凡岗位的劳动；刻苦学习专业知识，不断提高岗位技能。很多人可能无法改变自己的工作岗位，但可以改变对所从事职业岗位的情感和态度，形成优良的职业道德品质，从而发挥自己的才能，促进事业的成功，拥有一份骄傲的人生。

2. 诚实守信

诚实守信，即从业者在履行岗位职责的过程中诚实劳动、讲求信誉。诚实劳动，即从业者在职业活动中做到实事求是、诚实守信，对工作精益求精，注重产品质量和服务质量，从人民的利益出发，忠诚地履行自己承担的职责。其基本要求是：实事求是、言行一致，诚实劳动、信守承诺。在一个成熟的社会里，从业者如果没有诚信则很难生存和发展。有了诚信度才能确立良好的信誉，赢得公众的信任，建立良好的发展环境，取得各方面的支持和帮助，所以，良好的诚信度是一个人在文明社会的通行证。

3. 办事公道

办事公道，即从业者在处理职业关系、从事职业活动的过程中，公平公正、公私分明。其基本要求是：办事客观公正、待人诚恳公平；遵纪守法、坚持原则；廉洁奉公、不徇私情；严格按规章制度办事，遵守职业制度和职业纪律。

4. 服务群众

服务群众，即从业者不管从事何种职业、身处什么岗位或地位，都要为广大人民群众竭诚服务。其基本要求是：从业者在从事职业活动时文明服务，谈吐文雅、举止大方、礼貌待人、对群众极端热忱，自觉抵制不正之风，服务热情周到，讲究服务质量。

5. 奉献社会

奉献社会，即从业者把自己的全部智慧和力量投入到为社会、集体、他人的服务之中，它是集体主义职业道德原则的最高体现，是各行各业不同职业岗位都必须遵守的职业道德规范。其基本要求是：正确认识、对待和处理从业者自身利益和社会利益的关系、经济效益和社会效益的关系，把行为的动机、效果统一起来，自觉地为社会做贡献。

（二）加强职业道德实践

职业道德实践，即从业者在职业活动中，将正确的职业道德意识转化为职业道德行为的活动。职业道德认识、情感、信念和意志只有通过职业道德行为才能表现出来。职业道德行为是衡量一个从业者道德觉悟水平的重要标志。看一个人是否具备高尚的职业道德品质，不在于他的言论多么动听，而在于他的言行是否一致，行为是否高尚。毕业生在求职择业和就业后的工作中，应努力加强职业道德实践，把职业道德意识转化为具体的职业道德行为，通过职业道德行为的体验和巩固，培养良好的职业道德习惯，以便取得事业的成功。

四、树立与社会主义市场经济相适应的职业道德观念

市场经济是一种交换经济，交换双方必须遵守一系列与之相适应的职业道德准则，这些准则都有相应的职业道德内涵，这是市场经济与职业道德内在统一性的体现。树立公平、信誉、互利、效率等与社会主义市场经济相适应的职业道德观念，对毕业生立业成才具有重要作用。

（一）公平观念

市场经济讲究公平，职业道德基础首先是机会均等原则，即人们在机会均等的前提下参与活动，不带对任何经济主体有歧视，否则就是违背了经济道德。对个人收入方面出现的不公平现象，政府可以通过再分配来缩小收入差距，防止贫富分化太大，这种“协调性”政策是在社会主义市场经济中实现公平的一个重要的道德支持力量。市场经济是一种竞争经济，而竞争只有在公平、公正、公开的环境下进行才能带来效益，这就需要人们树立公平竞争的观念。

（二）信誉观念

信誉是市场主体的内在素质和外在形象的综合表现，它主要包括质量信誉、营销信誉和服务信誉。高质量的产品在得到公众认可后，便会产生品牌效应，其本质是反映了产品的质量信誉。营销信誉原则上就是顾客至上的准则，发现顾客需要并且满足顾客需要是营销信誉的支撑点，是立足于市场的基本前提。服务信誉包括销售服务信誉和售后服务信誉，任何虚假和马虎都将给企业信誉带来不可估量的损失。以次充好、假冒伪劣、态度恶劣等行为，在欺骗和坑害消费者的同时，也必然会导致生产者和经营者的失败。要在市场经济中立于不败之地，就必须树立信誉观念，遵循诚信的职业道德要求。

（三）互利观念

在社会主义市场经济的条件下，任何一个经济行为主体的目标都是追求自身利益的最大化，这一目标追求只有在市场经济交换中才能够得到实现。交换获得成功的基础是双方都有利可图。任何经济交换活动的发生都是以“自利”为前提，而“自利”的实现又必须以“他利”为条件。市场交换所包括的这种“自利”与“他利”的相互依赖关系，必然要求交换的互利性成为人们在市场交易中应遵守的基本准则，并利用这一准则和职业道德规范来调节和制约自己的行为方式，使其在市场交换中以满足“他利”为条件来实现“自利”的目的。

（四）效率观念

市场经济不是不讲效率。提高经济效益的方法有两种：一是依靠采用新技术，提高劳动生产率，以较少的资源消耗获取较大的效益。二是依靠职业道德力量。人力资源开发的关键是人的进取程度和创造性的发挥程度，而积极进取和发挥创造性都离不开职业道德的力量。

现实生活中出现的一些新矛盾告诉我们，职业道德是与时俱进、不断发展的，职业道德观念也应与时俱进。随着科学技术的进步和生产力的发展，社会上出现一批新兴的职业，它们都有各自的职业道德规范。例如：电脑业有电脑从业人员的职业道德规范；律师业有律师的职业道德规范；移动通信业也有从业人员的职业道德规范。注册会计师、注册审计师、资产评估人员、证券交易人员、期货交易人员、人才市场从业人员、中介服务机构从业人员等，都随着相应行业的诞生而形成了相应的职业道德规范。确立适应社会主义市场经济的职业道德观念，就必须弘扬集体主义职业道德原则和价值导向，倡导正确的利益观，在职业岗位的工作实践中，身体力行，不断提高以诚信为重点的职业道德认识，培养职业道德情感，坚持知行合一，强化职业道德实践，养成良好的职业道德习惯。

第十章　求职与面试

【学习目标】

1. 知识目标：了解求职材料的主要内容和自荐材料的制作，掌握笔试及面试的内容及应对策略。

2. 能力目标：能够运用所学知识写出一份合格的自荐信和求职简历。

3. 素质目标：认识自己，了解自己，找准自己的位置，增强个人就业竞争力和自信心，提高就业质量，做一个高素质的社会主义事业的接班人。

第一节　求　职

【案例导学】

小李同学是一所民办高校的毕业生，她从升入大三那天起，就感到了巨大的就业压力。由于自己的毕业学校没有绝对优势，自身也少有特长，今年毕业生人数又创新高，加上家长一直期望很高，她就更加忧郁惶恐了。于是，她的求职策略是普遍撒网，无论500强跨国企业，还是国企民企，不放过任何一个被选择的机会。因此在这段求职高峰时期，只见她整天飞来飞去忙碌的身影，一次次燃起希望，一次次经历没挨上面试就被企业抛弃的失望，似乎被卷入了一个失败的旋涡……

分析：毕业生要尽早找到工作，大多认为多投简历，多应聘接受锻炼是一个有效的途径，其实不然。对于改变"急吼吼"的态度，然后固定职位，在系统化地定位后针对不同层次投递简历。缩小范围后，就有更多的时间为有限的应聘精心做准备：公司背景、问答准备、自我介绍等，这样就能轻松提高"命中率"。否则走马观花式的求职，一方面，增加求职成本；另一方面，屡战屡败的求职经历也会打击自身信心，无形中增加了失败的因素。

【知识课堂】

一、求职材料

求职材料是求职者在求职之前准备的，包括个人简历、学历证书、身份证件、获奖证书原件和复印件，以及其他能向用人单位全面展示自己，从而帮助自己获得就业机会的材料的总称。

二、求职材料的主要内容

应届毕业生的求职材料主要有以下内容。

（1）学校发放的三方就业协议以及毕业生就业推荐表。

（2）自荐信及个人简历。

（3）在校期间获得的学历证书、荣誉证书、资格证书的原件及复印件。

（4）证件照若干张。

三、自荐信与简历制作

（一）自荐信

自荐信又称自荐书，是求职者向用人单位介绍自己情况以求录用的专用性文书，是简短的自我介绍信，是展示个人才能、自身个性的主要材料，是获得面试机会的重要敲门砖，是个人简历的一个重要组成部分。求职者可以根据所应聘职位的需求，有侧重地描述自己与该职位相匹配的特长或经历。一份美观简洁、大方清新的自荐信能为求职者带来意想不到的效果。

自荐信格式内容包括标题、称呼、正文、结语、署名和日期几个部分。

（1）标题：开首第一行居中位置写上“自荐信”或“自荐书”。

（2）称呼：顶格书写“尊敬的××公司人事部经理”这样类似的称呼。

（3）正文：一般包括开头、主体和结尾几个部分。

①开头。交代清楚你是谁，写此信的缘由（或对用人单位的了解程度），你打算应聘的职位等。

②主体。展示自身在校期间获得的成绩或亮点，可侧重地描述自己与该职位相匹配的特长或经历。

③结尾。表达自己强烈的入职愿望，适当对用人单位表达赞美和祝愿。

（4）结语。按照规定格式写上“此致”“敬礼”。

（5）署名和日期。自荐信右下角写上求职者姓名，姓名下方写上日期。日期由阿拉伯数字表示，年月日齐全。

自荐信的写作要求如下。

（1）突出所长。求职信是给招聘者最好的“介绍信”，要着力写出求职者不同凡响之处，突出自己的专长。

（2）真诚率直。恰如其分地介绍自己，用自己的成绩、优势、特长、闪光点吸引对方。

（3）谦虚谨慎。既有效地介绍自己，又平和礼貌。

（4）有的放矢。做好调查研究，摸清招聘单位的情况。

（5）语言简洁。在有限的篇幅内条理清晰地传达大量有用的信息，节省阅文者的时间。

（二）简历

简历，顾名思义，就是对个人学历、经历、特长、爱好及其他有关情况，所作的简明扼要的书面介绍。简历是求职的开始，也是推销自己的第一步。简历的真正目的是让用人单位全面了解自己，从而为自己创造面试的机会。它一般和自荐信以及其他材料一起送给用人单位。

简历的成功标准就是 HR 看到简历，就想通知你面试，这就是“好简历”。简历不能千篇一律，毫无特色，甚至在网上随便下载一个模板，用一个模板应付所有招聘单位。

简历一般包括几个基本要素：个人信息、求职意向、教育和培训经历、社会实践、获奖情况、自我评价。这几个方面的内容是基本要素，不是固定不变的。

（1）个人信息。包括姓名、性别、出生年月、政治面貌、民族、现居地、婚姻状况、联系方式、照片等。

（2）求职意向。表明自己对哪些工作岗位或者行业感兴趣。

（3）教育经历。列出自己从高中阶段至就业前所获得最高学历阶段之间的教育经历，注意时间上的连续性，前后年月相接。

（4）培训经历。填写与岗位相关的培训经历。

（5）社会实践经历。用倒序的方式，先写最近的，然后到大学学业结束。需要填写完整的工作起止时间、单位名称、部门、职位、地点几个方面的内容。还要突出与求职岗位相关的经历。

（6）获奖情况。列出自己所获得的荣誉或奖励情况。获奖情况尽量写全称，还要突出级别和特殊性。

（7）自我评价。自我评价要恰如其分，尽可能避免“我的兴趣爱好是听歌、听音乐、跑步”这种大众化的自我评价，也不要写“走自己的路，让别人无路可走”“给我一个支点，我将撬起整个地球”这种口号式的自我评价，不要写负面的评价。自我的能力、性格、兴趣爱好的评价要与你所谋求职业的特点、要求相吻合，并注意与你前面的学习经历、实践经历等信息互相照应。

注意：简历格式要求是白纸黑字两页纸，Word 版本 5 号字，宋体是首选，PDF 作备用。

四、网上求职

网上求职就是通过互联网进行求职的方法。其特点表现在：打破时空，不受时间和空间的限制；网络上发布的职业信息量大；网站更新职业信息快捷、及时；选择机会多且成本更少。

（一）网上求职的技巧

1. 选择合适的招聘网站

找到合适的求职网站，可以获得比较高的成功率。网上求职时，应把主要精力放在拥有人才数据库的招聘网站上，把你的简历放到他们的数据库中。因为用人单位会来这些网站浏览或要人，让用人公司带着明确的目的来找你，这要胜过自己向大量公司无目的地发送个人简历。

2. 不盲目发送简历

在发送简历的时候，应注意以下事项。

（1）注明申请的是何职位，方便用人单位了解你能否胜任这个工作。

（2）不要用附件的形式发你的简历，用纯文本格式比较好。

（3）用 E-mail 发出的简历在格式上应该简洁明了，重点突出。

（4）求职信和简历的内容要控制长度，要一并发送，不要分开。

（5）可把制作精美的简历放到网上，再把网址告诉用人单位。

3. 关心就业政策

求职者在确定求职区域后，要注意关注当地的就业政策。许多政府人社网站都有关于大学毕业生的就业、户口迁移等方面的政策法规，了解清楚就业政策，以免走“弯路”。

4. 及时联系用人单位

在网站上看到适合自己的招聘信息后，要及时打电话或者发邮件联系，因为招聘信息是有实效性的，职位的空缺也是暂时的，犹豫或者迟疑会导致错失机会。

（二）网上求职注意事项

网上求职注意事项有如下几点。

（1）不要登录非正规的网站，应尽量在高校就业网上寻找满意的职位。

（2）不要随便地向陌生“雇主”发送自己的身份证号、银行卡号等敏感信息。

（3）不要同时应聘同一单位的数个不同岗位，易留下不好的印象。

（4）不要用同一份简历应聘不同的单位或不同的职位，要有所区别。

（5）不要以很高的频率向同一家单位发送简历，以免引起对方反感。

第二节 笔 试

【案例导学】

小王同学毕业之际，他没有像其他同学那样一门心思地先找一份工作养活自己，或者继续学习深造提升学历。他有一个公务员梦，于是沉淀心来安心备考，经过一段时间的学习和刷题，他终于以第一名的成绩考上了他想要去的单位。经过一段时间的工作，他觉得这份工作不太适合他，于是他选择了辞职继续公考。这一次，他也认真备考，再次以第一名的成绩考上了他心仪的单位，实现了他的职业理想。

分析：有的求职者在参加笔试的时候，往往“有如神助”，考试成绩总是名列前茅，让人忍不住探究是否有“考试秘诀”？要想在笔试中脱颖而出，要做的准备可不少……

【知识课堂】

一、笔试的准备

笔试是一种常用的考核方法，它是用人单位对求职者所掌握的基本知识、专业知识、文化素养、心理健康等综合素质进行的考查和评估，可以帮助用人单位在短时间内了解求职者的基本情况，对求职者来说也是一种相对公平的测试方式，因而越来越多的用人单位采用笔试的方法对求职者进行考核。

（一）做好知识储备

笔试是检验求职者的综合素质，求职者平时的知识积累程度，对知识是否真正理解和掌握，都能通过笔试得到体现。因此，平时的学习复习和认真积累非常重要。一定要多学多练，培养自己快速阅读、快速思维和快速答题的能力，也要学会理论联系实际，学以致用，增强解决问题的能力。

（二）保持身心健康

良好的身心素质对考生也非常重要。在临考前，一是要适当参加一些文体活动，放松身心，以充沛的精力去参加考试；二是要注意休息，保证充足的睡眠，避免考试时精神不振，影响正常思维；三是保持良好心态，增强自信心，减轻思想负担，不给自己施加过大的压力。

二、笔试的种类

（一）专业考试

主要是检验求职者的专业知识水平和相关能力。一般情况下，用人单位在看过求职者的求职材料后，即可对求职者的个人能力有了初步评估。但有一些专业性要求较高的岗位，还是需要通过笔试的方式来考核求职者的专业水平，因为专业知识考试的题目专业性很强，能非常直观地检验求职者的专业水准。如公检法机关录用干部要考法律知识。

（二）文化素质考试

主要是检验求职者的文化素质。由用人单位给出范围或特定要求，让应聘者通过作文来考察其知识、思维、文字表达能力的一种笔试方式。如：要求求职者运用某一原理，或某一历史知识，分析某一问题，或运用某一专业知识，解决某一实际问题等。

（三）技能测试

主要是检验求职者的工作能力或专业技术能力。这种考试往往针对特定的工作岗位来设计。比如用人单位要招聘一名秘书，为了考察应聘者是否具有这方面的技能，会考查求职者的办公软件运用能力以及公文或事务文书的写作能力。

（四）心理测试

心理测试要求求职者完成事先编制好的标准化量表或问卷，再根据完成的情况来判断求职者的心理水平和个性差异。通过心理测试，用人单位可以了解求职者的态度、兴趣、动机、智力、个性等心理素质，还可以了解求职者的基本心理素质和心理趋向，以确定求职者是否符合岗位的要求。

（五）智商测试

智商测试是通过一些成形的测定工具对求职者进行测试，根据成绩的高低判断其智商的高低。这种测试主要是被一些跨国公司采用，这类公司对求职者的综合素质要求较高。

三、笔试的技巧

（一）积极自我暗示

笔试过程中，求职者可能会因为准备不充分、没有经验或者题型生疏等原因，感到心慌、怯场，这个时候就要对自己进行心理调适和积极地自我暗示，告诉自己：“笔试与高考不同”，没有必要过分紧张。

（二）科学答卷

1. 通读试卷

拿到试卷以后，通读一遍，了解题量和难易程度，以便掌握答题速度，先易后难，合理安排答题时间。

2. 搞清题意

答题之前，先搞清楚题目的类型和考查的知识点等，然后冷静分析，寻求最佳答案。

3. 卷面整洁

整洁的卷面给人清新的感觉。答卷时应注意卷面整洁、字迹清晰、行距有序、段落齐整、版面适度。考生是否具有认真的态度、细致的作风，从而决定录用意向。所以，整洁的卷面可以用来赢取印象分。

4. 答题完整

卷面上的题目尽量答完，不会的可以依据经验判断和直觉作答，如果放弃作答，不仅表明求职者在知识上有所缺失，还表明求职者的态度不够认真。

（三）认真检查

答完题后首先进行一次全面的检查，不要漏题。其次针对自己拿不准的题，最好的方法是保留原有答案，往往第一感觉更可靠。

四、笔试的注意事项

（一）听从安排

听从考务人员的安排，在考务人员的安排下签到，就座、准备等，有其他特殊需求一定要有礼貌地向考务人员讲清楚，并求得其准许方可行事。

（二）遵守规则

遵守考试规则，一定要听清楚考务人员对考场规则以及试卷的说明，不能有不顾考场纪律，我行我素的行为。比如：未经许可携带手机、电子手表、工具书或者草稿纸等。

（三）写好姓名

做题前一定要先将自己的个人信息（姓名、准考证号、考场号等）填写在指定位置，并且填写准确规范，以免百密一疏，造成考试失误。

（四）认真答题

防止一些可能被视作舞弊的行为或干扰考试的现象出现。诸如瞄别人的试卷，藏匿被考试单位禁止的参考材料，与其他考生交头接耳，等等。另外，尽量不要在考场中出现独自口中念念有词，把试卷来回翻得哗哗作响，用笔击打桌面，唉声叹气等行为。

第三节　面　试

【案例导学】

小张同学毕业后就职于一家美国驻华的公司。他说他是在 2020 年末和 2021 年初的时候进入的这家公司，前后总共经历了三场面试：

第一轮是中国地区公司的一个副手对我进行的面试。他对我的面试有点类似于聊天性质的，我就跟他说一说我的个人简历，自己的一个大致经历，以及自己对未来发展的一个看法，然后他向我介绍了一下公司的情况。

面试技巧：这一过程其实是一个相互了解的过程，不仅是公司在了解应聘者，也是应聘者了解这家公司是否适合自己的一个途径。

第二轮是中国区的首席代表对我进行的面试。他主要问我以前做过一些什么项目。

面试技巧：在这个过程中，一般面试官问这些问题就是想了解你的基本能力，看你是否具备一定的专业素质，另外，还会考察你是否是这个圈里的人。所以，当时首席代表就问过我一个问题："你认识某某吗?"这就是考查你对这个圈的认知程度了。所以，对于自己圈子里的人一定要有所了解，对这个行业、这个圈子里的发展动态也要尽可能多地了解才好。

第三轮就是美国过来的 CEO 对我进行的面试。他们的面试方式总是很特别。起初先是他的助理跟我进行了约十分钟的对话，然后他才进来对我进行的面试。他问我的第一个问题就是："告诉我你的两个缺点"。我当时有点不太适应，停顿了几秒钟，考虑了一下，然后回答他："经验缺乏和喜欢争论"。CEO 看完我的简历后，拿笔圈出了 5 个圈，告诉我这些地方存在什么毛病，连标点符号都不放过。

面试技巧：老板的严谨和认真给我留下深刻的印象，也让我对工作的认真态度提高了一层。在和老板对话的时候，不要急着回答他所提的问题，要想一下再作答。另外，对于自己的能力不要去掩饰，要很大方地表现自己的能力和水平，让老板在最短的时间内对你产生兴趣，被录用的机会就会增大。要在平时注意培养自己各方面的素质，比如言谈举止，要锻炼自己的语言表达能力，要有说服人的本领。

【知识课堂】

一、面试的内容

如果说简历是"敲门砖"，面试就是"定音锤"。面试和笔试不同，笔试考查的是求职者的理论掌握水平，而面试更侧重求职者的实操能力、临场应变能力，更加考验求职者的心理素质，是面对面的“考试”。

（一）专业知识

考察求职者专业知识的广度和深度，是否能达到所应聘的工作岗位的要求。如应聘语文教师岗位，可能会考察汉语言文学方面的常识。

（二）工作经验

在查阅求职者的个人简历后，再面对面地了解求职者有关工作背景及过去工作的情况，用以补充、证实求职者所具有的实践经验，也方便用人单位更全面地掌握求职者的实际工作经历。

（三）表达能力

求职者能否在面试中有条理地、完整地、准确地回答问题，能否将自己的思想、观点、意见或者建议用清晰、流畅的语言表达出来，也是用人单位重点考察的内容。

（四）分析能力

考察求职者能否对面试官提出的问题，通过分析抓住本质，并且说理透彻、分析全面、条理清楚。

（五）应变能力

考察求职者对面试官所提出的问题理解是否准确，对突发问题或意料之外的问题的反应是否机智灵敏，处理是否妥当等。

（六）自控能力

某些职业岗位对求职者的自控能力要求比较高，如国家公务员。在面对上级指责、工作压力的时候，是否能够克制、容忍、理智地对待，不会因为情绪的波动而影响工作的开展。

（七）人际交往

考察求职者的人际交往倾向和与人交往的技巧。通常会通过询问求职者参加过哪些社团活动，喜欢同哪些类型的人打交道，在各种社交场合扮演的角色等问题，了解求职者人际交往和沟通能力。

（八）求职动机

考察求职者为何希望来应聘单位工作，对哪类工作比较喜欢，在工作中追求什么，用人单位以此来判定提供的岗位或者条件是否能满足求职者的工作期望和要求。

（九）工作态度

了解求职者对过去学习和工作的态度，以及对应聘职位的态度。因为，如果在过去的学习、工作中态度不端正的人，那么大概率在新的工作岗位也很难做到勤恳踏实、认真负责。

（十）业务爱好

了解求职者业余时间喜欢从事哪些运动，阅读哪些书籍，有没有不良嗜好等。通过了解个人爱好，一方面，可以考察求职者是否上进，情趣是否高雅；另一方面，对以后工作的安排也有好处。

（十一）仪表风度

观察求职者的体型、外貌、衣着、精神状态。像国家公务员、教师、机关事业单位人员、企业经理等职位，对仪表风度的要求比较高。研究表明，仪表端庄、衣着整洁、举止文明的人，一般都认为其做事有规律，注意自我约束，责任心强。求职者应注重着装得体，举止文雅大方。

（十二）其他方面

面试官可能还会向求职者介绍本单位以及拟聘职位的情况和要求，谈论求职者关心的薪资和福利待遇等问题，以及回答求职者可能会问到的其他一些问题等。

二、面试前的准备

（一）资料准备

简历、身份证、免冠照片、学历证书、技能证书、获奖证书、笔、笔记本、与应聘职位相关的作品、推荐信等。

（二）心态准备

一提到面试，很多人都会紧张，其实每个人在陌生的环境都会紧张，紧张是正常的。一点建议：首先要允许紧张、允许失败。因为面试紧张与期望值太高、不适应陌生环境、准备不充分、缺乏自信、心理素质有关。但当你准备充分时，会减少焦虑和紧张度。

（三）功课准备

面试前，一定要对企业或者岗位有充分的了解，了解其对人才的基本需求，以做到有的放矢去求职。特别是企业文化，比如李宁的“一切皆有可能”，腾讯视频的“不负好时光”，华为的“狼性文化”。正是凶悍“狼性”企业文化，使华为成了一匹“狼”。

（四）其他准备

提前查找交通路线，保证面试不要迟到；整理文件包，带上必备用品；准备面试时的着装和个人修饰；保证面试前充足的睡眠等。

三、面试的类型

面试类型有以下几种。

（1）按照面试对象的多少，分为单独面试和小组面试。

（2）按照面试的目的，分为压力性测试和非压力性测试。

（3）根据面试内容，分为行为性面试、情境性面试和综合性面试。

（4）根据面试形式，可以分为结构化面试、非结构化面试、半结构化面试。

结构化面试就是标准化面试。提前制定统一的标准，专门的题目、评价方法，通过考官小组与应考者面对面的言语交流等方式，评价应试者是否符合招聘岗位要求的人才测评方法。

非结构化面试亦称“随机面试”。所问问题不需遵循事先安排好的规则和框架，主试者可以任意地与应征者讨论各种话题，或根据被试者提出不同问题的面试。优点是过程自然，主试者可以由此全面了解被试者情况，被试者也感觉更随意和放松，更易敞开心扉。缺点是由于结构化和标准化低，被试者之间可比性不强，影响面试的信度和效度。

（5）按照次数划分，可以分为一次性面试、分阶段面试。

四、面试礼仪

（一）着装得体

服饰礼仪的原则：整洁大方、整体和谐、展示个性。

男生：仪容仪表整洁干净、擦亮皮鞋、袜子要够长、公文包要简单、戴眼镜的同学，镜框的佩戴最好能使人感觉稳重、协调。

女生：穿着有上班族的气息，裙装、套装是最合宜的装扮，裙装长度应在膝盖左右或以下，太短有失庄重。穿高跟鞋，最好不穿平底鞋或太高跟的鞋，头发梳理整齐，略施脂粉，不要染指甲。

公文包或手提小包带一个即可。

（二）行为举止

保持诚恳态度，注意身体语言、目光接触、身体姿势和习惯动作、讲话时的嗓音。

1. 眼神

交流时不要低头，目光要注视对方，看着对方的眼睛或眉间，不要回避视线。但万万不可盯着别人看，那会让人觉得突兀。做出具体答复前，可以把视线投在对方背景上，如墙上，约两三秒钟做思考，不宜过长，开口回答问题时，应该把视线收回来。如果不止一个人在场，要经常用目光扫视一下其他人，以示尊重和平等。

2. 握手

当面试官朝自己伸出手时，握手的时候应当坚实有力，双眼要注视对方，不要太用力，不要使劲摇晃；不要用两只手，用这种方式握手在西方公司看起来不够专业。手应当是干燥、温暖的。如果在匆忙赶到面试现场的情况下，应用凉水冲冲手，使自己保持冷静，如果手心发凉，就用热水暖一下。

3. 站姿礼仪

站立应当身体挺直、舒展、收腹，眼睛平视前方，手臂自然下垂，丁字步。这样的站姿给人一种端正、庄重、稳定、朝气蓬勃的感觉。如果站立时歪头、扭腰、含胸、斜伸着腿，会给人留下轻浮、没有教养的印象。

4. 坐姿礼仪

在没有听到“请坐”之前，绝对不可以坐下，否则会留给面试官不好的印象。要注意：坐下时，要坐在主考人员指定的座位上，不要随意挪动已经安排好的椅子的位置，入座时要轻、稳、缓。一般从椅子的左边入座，离座也要从椅子左边离开。不要紧贴着椅背坐，也不要在椅沿轻坐，一般以坐满椅子的三分之二为宜。并拢双膝，把手自然地放在上面，坐下后身体要略向前倾。这既可以让你腾出精力应对考官的提问，也不至于让你过于放松。

5. 走姿

走路时要提一口气，身体要挺直，走路的步伐不要过大，眼要看往前方。

（三）交流沟通

1. 微笑

微笑的礼仪标准是眼睛笑、眼神笑、嘴角上翘，给人亲切自然的感觉。

2. 接递名片

（1）名片应双手呈递，将正面朝向接受方。接受名片时双手承接。（2）接受名片后要仔细看一遍，有不明之处可向对方请教。（3）接受的名片不可随手乱放或在上面压上其他物品。

（3）自我介绍

当主考官要求你作自我介绍时，不用像背书似的把简历上的一套再说一遍，那样只会令主考官觉得乏味。用舒缓的语气将简历中的重点内容稍加说明即可，如姓名、毕业学校、专业、特长等。主考官想深入了解某一方面时，你再作介绍。用简洁有力的话回答主考官的提问，效果会很好。

（4）应答

保持积极自信的心态，是面试中智慧语言不断迸发的前提。面谈时，讲话要充满自信。回答问题时尽量详细，要按招聘人员的话题进行交谈。面谈时，一般情况下，应该有问必答。当主考官提出的问题令你感到受冒犯或者与工作无关时，可以有礼貌地回问为什么问这样的问题，或者委婉地回答："对不起，我不知道这个问题与我应聘的职位有什么关系，我能不能暂时先不回答这个问题呢?"千万不要很生硬地拒绝："我不能回答这样不礼貌的问题。"或者"怎么问这么不礼貌的问题?"毕竟对方是主考官，触犯了他就有可能失去这份工作，即使被录取了，在日后的工作中也会有所不便。此时此刻，不能意气用事，或者表现得不礼貌、不冷静。拒绝是可以的，但口气和态度一定要婉转、温和。

五、面试中的注意事项

（一）忌打听招聘人数

有些人对自己没信心，担心竞争对手太多，于是就直截了当地问："你们招几个人?""录取比例大概是多少?""你们要不要女的?"等问题。这样的提问首先给自己打了"折扣"，是一种缺乏自信的表现。其实，求职者要考虑的不是招聘人数的问题，而是自己是否具有超强的竞争力的问题。

（二）忌过早打听待遇

"你们的效益如何？年薪多少?""你们管吃住吗？电话费、车费是否报销?""加班有没有额外补助?"等，应聘者一见面就急着问这些问题会让对方反感。谈论报酬待遇是你的权利，这无可厚非，关键是要看准时机。一般是在双方有初步聘用意向时，再委婉地提出来。

（三）忌打听熟人

有的求职者想走"后门"，面试中给予套近乎，不顾场合地说："我认识你们的经理""我和你的某某领导是老乡"等，这种话主考官听了会反感。如果你说的那人是主考官的顶头上司，他会觉得你是在以势压人；如果主考官与你说的那人关系不好，甚至有矛盾，那么面试的气氛或更紧张，对你会更加不利。

（四）忌乱拍马屁

有的求职者为了和主考官套近乎，一见面就表现出很熟悉的样子，甚至对考官褒扬有加。这种拍马逢迎的方式不是考官所欣赏的。

（五）忌同考官较劲

求职者应尽量避免与考官争论。有些考官为了考察求职者的性格，故意制造一些争论性的问题。如考你一个知识性问题，即使你答对了也说你错了，但求职者仍需表现得沉着、冷静，避免争论和反驳。

【小贴士】

求职面试技巧小结

把紧自己的嘴巴，三思而后答。
留足进退的余地，随机而应变。
稳定自己的情绪，沉着而理智。
不置可否地应答，模棱而两可。
圆好自己的说辞，滴水而不漏。
摆平自己的心态，委婉而机敏。
放飞想象的翅膀，言之而有物。
守好自己的人格，含蓄而大度。
面对“刁难”巧“较量”，针锋而相对。

【思考与讨论】

1. 自荐信的写作技巧？
2. 求职过程中应注意哪些方面？
3. 笔试的准备工作有哪些方面？

【实践训练】

1. 请根据自己的实际情况撰写一份自荐信。
2. 请根据目标企业及职位的要求制作一份求职简历。
3. 求职面试演练。

在一次招聘管理人员的面试中，一位应试者较好地回答了所有问题。这时，主考官提出了这样一个问题：按照你的面试情况，好像也够管理人员的条件。不过，我们招聘的管理人员名额有限，很可能委屈你当一般的工作人员，不知你意下如何？这时，你会怎么回答？

活动主题：模拟招聘。

活动场地：室内。

人员要求：不限。

材料准备：桌椅，简历。

活动目标：使学生掌握求职面试的礼仪和技巧。

活动流程：（1）以小组为单位（4～6）人，根据自己的专业讨论成立一家公司。（2）拟定招聘的岗位，并设计相应的招聘提问。小组间互聘。（3）招聘者根据仪表修饰、眼神、握手、谈吐、坐姿、举止及回答问题等七个方面给应聘者打分，每个标准满分为5分。

第十一章　大学生就业权益与保障

【学习目标】

1. 知识目标：了解大学生就业的权利与义务，熟悉就业争议的解决办法与维权途径；熟悉《就业协议书》的作用、法律性质和签订，熟悉就业报到手续流程；熟悉劳动合同的签订和解除。

2. 能力目标：培养大学生具有决策能力、创新能力、适应社会的能力，主动地、积极地适应社会环境，提升自己的就业能力。

3. 素质目标：了解毕业生就业过程中的基本权益，树立就业权利意识；了解就业过程中常见的陷阱和侵权行为，树立防范就业陷阱。引导大学生树立法律意识，学会用法律武器维护自身合法权益，保护自己的合法权益不受侵害。

大学生就业制度改革逐步走向市场化、法治化，在求职过程中，有些大学生因为急于找到一份工作，忽视了对自身合法权益的保护，甚至默认和接受了就业过程中的不公平。因此引导大学生保护好自己的合法权益，全面了解自己、用人单位、学校等签约各方在就业过程中享有的权利与义务，了解与就业有关的法律法规，明确自己的权益，增强自我就业权益保障的能力，并用法律武器保护自己的合法权益。

第一节　大学生就业权利与义务

【案例导学】

就业协议书与劳动合同内容不一致。小何是杭州某理工科院校应届毕业生，4 月份进入杭州一家 IT 公司，因表现优秀，5 月份公司出资派他到省外进行了 1 个月的新技术培训，然后与他签订了就业协议书，并在就业协议书的备注栏内约定：经公司出资培训后，要为公司服务 3 年（服务期）。如违约，承担 2 万元的违约金。7 月份，小何正式到公司上班，双方开始签订劳动合同。在正规的劳动合同里，他发现约定的合同期只有 1 年，和就业协议书中的 3 年服务期不符，小何产生了疑惑：“1 年合同期满后，我可以离开公司吗还是必须要服务期满才能离开”

案例评析：工作初期，就业协议书与劳动合同内容不一致的问题很多毕业生都会遇到，也容易因此与单位产生纠纷。就业协议书主要是作为转递毕业生人事关系的依据，同时对毕业生和用人单位具有一定的约束力，在毕业生正式到单位报到并签订劳动合同后，就业协议书的效力就终止了。因此，一旦签订劳动合同，就业协议书中约定的内容就失效，应当以劳动合同约定的内容为准。

一、大学毕业生就业过程中的权利

《中华人民共和国劳动法》（简称《劳动法》，下同）第三条规定："劳动者享有平等就业和选择职业的权利、取得劳动报酬的权利、休息休假的权利、获得劳动安全卫生保护的权利、接受职业技能培训的权利、享受社会保险和福利的权利、提请劳动争议处理的权利以及法律规定的其他劳动权利。"大学生就业依法享有以下权利。

（一）就业信息知情权

就业信息知情权是指大学毕业生拥有及时全面地获取应该公开的各种就业信息的权利。它包括三个方面的含义：信息公开，任何团体、组织和个人都不得隐瞒、截留用人信息，要全部向毕业生公布；信息及时，应当将就业信息及时向毕业生公布，否则就业信息就会过时，失去了利用价值；信息全面，向毕业生公布的就业信息应当是全面完整的，部分的、残缺不全的信息，将影响毕业生对用人单位的全面了解和准确判断，从而影响对职业的选择。

（二）接受就业指导权

就业指导工作对毕业生来说意义重大，它会直接影响毕业生的职业生涯规划、就业意识、就业方向及求职择业的技巧。接受来自国家、社会和学校的及时、有效的就业指导与服务，是大学毕业生的一项重要权益。学校在毕业生就业指导中占据重要位置。《中华人民共和国高等教育法》第五十九条规定："高等学校应当为毕业生、结业生提供就业指导和服务。"为做好毕业生就业指导工作，学校应当设立专门机构、开设专门课程、安排专门人员对毕业生进行全方位的就业指导与服务，向毕业生宣传国家关于毕业生就业的方针、政策，帮助毕业生做好职业规划，对毕业生进行择业技巧的指导，引导毕业生准确定位，合理择业。除了学校，毕业生还可以从社会上合法的就业指导机构获得帮助。

（三）被推荐权

向用人单位推荐毕业生是学校就业工作的一项重要职责，学校的推荐对用人单位选择毕业生起着重要作用。毕业生享有被学校及时、公正、如实推荐到用人单位的权利。学校推荐毕业生时应做到：如实推荐，对毕业生的在校表现不夸大、不贬低，实事求是；择优推荐，在公开、公正的基础上择优推荐毕业生，使人尽其才，并激发广大学生的学习工作积极性；公正推荐，根据个人的表现及能力，公平、公开、公正地推荐每一位毕业生，使大家都能够享受到被推荐的权利。

（四）平等就业权

毕业生在就业过程中享有平等的就业权利，有平等的机会去竞争工作岗位，反对就业中的各种歧视行为，这是一项基本的劳动权和人权。毕业生应当平等地接受学校推荐，平等地参加用人单位的公开招聘，同时还应该要求用人单位在录用毕业生时能够做到公平、公正及一视同仁。目前社会上确实存在着种种就业歧视，包括性别歧视、地域歧视、学历歧视、经验歧视、身体条件歧视等，毕业生在遭遇这些歧视时，应该勇敢地拿起法律武器维护自己的权利。

（五）就业选择自主权

根据国家规定，毕业生在国家就业方针、政策指导下“双向选择，自主择业”，即毕业生可按照自己的意愿就业，有权决定自己是否就业，何时就业，何地就业，从事何种职业，学校、其他单位和个人均不能进行干涉。任何强加给毕业生的就业行为都是侵犯毕业生就业自主权的行为。

（六）择业知情权

毕业生在与用人单位签订就业协议以及劳动合同前，有权了解用人单位的主体资格、劳动岗位、劳动条件、劳动报酬以及规章制度等情况，用人单位应当如实说明和介绍，不能回避或故意隐瞒某些职业危害，也不能夸大单位规模和提供给毕业生的待遇。

（七）违约求偿权

用人单位、毕业生、学校的三方协议一经签订后，任何一方不得擅自毁约和违约，如果用人单位无故解除协议，或不按照协议内容履行，毕业生有权要求用人单位承担违约责任，包括支付违约金。在现实就业过程中，毕业生出于谋求更好的就业机会等原因，向用人单位主动提出解除协议的情况较多，毕业生大多也都承担了自己的违约责任。但用人单位一方出于单位改制、经营情况不好等原因，也有主动向毕业生提出解除协议的情况，甚至个别单位在招聘时提供了虚假信息，在毕业生到单位就业后不能履行对毕业生的承诺，对于这些情况毕业生有权向用人单位提出赔偿要求。

（八）户口档案保存权

毕业生自毕业之日起两年择业期内如果没有联系到合适的工作单位，没有和用人单位签订就业协议，也没有因回生源地自主择业、出国等情况而办理人事代理手续，有权将档案和户口保存在学校，学校应当对毕业生的学籍档案和户口关系进行妥善保管，不能向毕业生收取费用。择业期满后，学校就不再承担此义务。

二、大学毕业生就业过程中的义务

权利和义务是相对的，大学毕业生在享有多项就业权利的同时，也应该履行一定的义务，包括回报国家、服务社会的义务，向用人单位实事求是介绍个人情况的义务，配合学校完成毕业交接的义务，严格遵守和履行就业协议的义务，按规定期限到工作单位报到的义务，依照职责完成工作任务的义务，保守商业机密的义务等。大学生就业依法应履行的义务有以下几点。

（一）执行国家就业方针、政策和规定的义务

《中华人民共和国宪法》规定，劳动对于公民来说，既是权利又是义务，是权利和义务的结合与统一。毕业生有自主择业的权利，但也有服从国家需要的义务。毕业生应从大局出发，认真执行国家的方针、政策，根据需要为国家服务。按照“得之于社会、还之于社会、报之于社会”的原则，毕业生应积极地、有责任地依托自己的职业行为，发挥自己的专业优势，以此来回报国家、社会和家庭，承担起自己应尽的义务。

（二）向用人单位实事求是介绍个人情况的义务

大学毕业生在向用人单位进行自我推荐、自我介绍和接受考察时，有义务全面地实事求是地反映个人情况，以利于用人单位的遴选，不得夸大其词、弄虚作假。

大学毕业生在求职择业过程中应如实向用人单位介绍自己的情况，这是基本的职业道德要求，也是自己应尽的义务。大学毕业生在填写就业推荐表、自荐信，与用人单位洽谈、介绍自己时，必须实事求是，不得弄虚作假，应该以诚相见。只有如实介绍自己的情况，才能让人觉得可信、可靠，从而获得用人单位的信任。大学毕业生如果提供虚假信息，不仅会耽误用人单位录取优秀人才的机会，也会失去用人单位的信任，甚至会出现被退回或发生争议的风险。

（三）严格履行就业协议的义务

《中华人民共和国合同法》第八条规定：“依法成立的合同，对当事人具有法律约束力。当事人应当按照约定履行自己的义务，不得擅自变更或者解除合同。依法成立的合同，受法律保护。”

大学毕业生与用人单位通过双向选择签订协议后，就应严格遵守和履行就业协议，保证就业工作顺利进行。

（四）遵守学校有关规定的义务

按时离校，文明离校，办理相关离校手续，如归还公物、清偿债务等。不履行义务的毕业生，应当受到应有的处理。

大学毕业生与用人单位通过双向选择签订协议后，就应严格遵守和履行就业协议，保证工作顺利进行。表里如一、言行一致是做人的基本准则，讲信誉是毕业生应尽的义务。

协议一经签订就不能随便违约，一旦违约，不仅影响学校正常的就业秩序，而且会损害用人单位、学校及其他同学等各方面的利益。因此，毕业生应该慎重签约，严格履约。

（五）保守商业机密的义务

一些用人单位在录用毕业生之前，为了全方位了解毕业生的情况，会安排毕业生到单位实习。在实习期间，毕业生要严格遵守单位的规章制度，尤其是一些商业机密，更要严加保守，防止侵权行为的发生。

【课后拓展】

1. 大学生就业有哪些权利与义务?

2. 训练项目：查阅相关资料，对你自己所学专业就业的形势分析以及你未来的规划，以 PPT 形式提交。

3. 学习网站：全国大学生创业服务网 https://cy. ncss. org. cn/。

4. 推荐书籍：《管理的实践》《竞争战略》《经济学原理》《营销管理》《管人的真理》《卓有成效的管理者》。

第二节　大学生求职的权益保护

【案例导学】

小王和小赵是即将毕业的大学生，通过报纸广告，两人相约来到一家房地产广告公司应聘市场部的助理。面试、笔试各个环节进行非常顺利，最后，面试负责人通知小王和小赵：“他们被录用了”，试用期的主要工作是联系相关写字楼的承租客户，同时，试用期小工和小赵每人必须交纳 3000 元的押金。押金的目的是保证公司利益不受损失，试用期结束后公司将退还押金。初试锋芒的成功让小王和小赵兴奋不已，两人并未多想，就从银行取款交纳了押金，着手完成他们试用期的工作任务。接下来一个月的时间，按照公司指定的几座写字楼联络计划，小王和小赵分头忙碌起来，每天从学校到写字楼往返奔波。然而一个月下来，小王和小赵竟然没能联系到一家客户。他们只好如实向公司有关负责人说明了情况。经过一番交涉，公司有关负责人遗憾地表示，由于小王和小赵未能完成任何公司交办的任务，两人不能被录用，并且，在一个月期间两人因涉及公司业务发生的部分费用支出要从当初交纳的押金中扣除。没能完成公司交办的业务，固然让小王和小赵感到歉疚，但当初交纳的押金因各种原因被部分扣除，也让小王和小赵感觉难以接受。

一、就业协议书

就业协议书是《全国普通高等学校毕业生就业协议书》的简称。它是明确毕业生、用人单位在毕业生就业工作中的权利和义务的书面文书，能解决应届毕业生户籍、档案、保险、公积金等一系列相关问题。协议在毕业生到单位报到、用人单位正式接收后自行终止。就业协议一般由教育部或各省、市、自治区就业主管部门统一制定。

为优化高校毕业生求职就业服务流程，方便用人单位与毕业生网上签约，2020 年，教育部开通全国高校毕业生毕业去向登记与网上签约平台（简称“网签平台”）。网上签约电子就业协议书与纸质三方协议书效力相同，如图 11－1 所示。

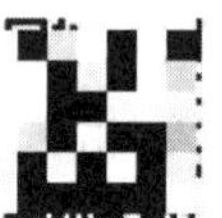

全国普通高等学校毕业生就业协议书

协议书编号：

甲方　用人单位	单位名称		统一社会信用代码			
	单位性质		单位行业		职位类别	
	通讯地址					
	联系人		联系方式		电子邮箱	
	档案转寄单位名称		档案转寄联系人		档案转寄联系电话	
	档案转寄单位地址	省（区、市）　市（州、县）　区　路				
	户口迁转地址	省（区、市）　市（州、县）　区　路				
乙方　毕业生	姓名		性别		民族	
	身份证号		政治面貌		毕业时间	
	毕业院校				学号	
	院系				学历	
	专业				学制	
	电子邮箱		手机号码			
协议内容	本协议供普通高等学校应届毕业生在与用人单位正式确立劳动人事关系前使用，由用人单位和毕业生在双向选择基础上共同签订，经学校审核后协议生效，是用人单位确认毕业生信息真实可靠、接收毕业生的重要凭证，也是学校进行毕业生就业管理、毕业去向登记及毕业生办理就业手续的重要依据。甲方（用人单位）和乙方（毕业生）按照国家关于高校毕业生就业的相关政策，本着诚实守信原则，经过自愿、平等协商，达成如下协议： 一、甲方要如实向乙方介绍本单位的情况，明确对乙方的要求及使用意图，做好各项接收工作。 二、乙方应按国家规定就业，向甲方如实介绍自己的情况，了解甲方的使用意图，表明自己的就业意见，在规定的时间内到甲方报到，若遇到特殊情况不能按时报到，需征得甲方同意。 三、乙方到甲方报到后，甲方须按照国家有关规定与乙方签订劳动合同。劳动合同签订后，本协议自动终止。 四、甲方正式录（聘）用乙方后，须按国家有关规定，为乙方缴纳社会保险费，并提供与工作岗位相关的福利待遇。 五、甲方、乙方应全面履行协议。一方违约，另一方可依法追究其违约责任，并要求其赔偿违约金，违约金另行约定。如甲方或乙方未如实向对方介绍与签订本协议相关的己方情况或隐瞒不良事实，足以影响对方签约意愿的，对方可单方解除本协议，不承担违约责任。 六、甲方、乙方协商一致，可以变更协议中双方约定的条款或解除协议。符合下列情况之一，经书面告知对方后，本协议解除：1、甲方被撤销或依法宣告破产；2、乙方报到时未取得毕业资格；3、乙方被判处拘役以上刑罚或者被劳动教养；4、法律、法规和政策规定的其它情况。 七、当乙方因录用为公务员、升学（留学）、参加国家及地方政府项目（选调生、选聘生、大学生志愿服务西部计划、“三支一扶”、农村特岗教师计划、入伍等）就业，而无法履行本协议的，甲方、乙方另行约定。 八、甲方、乙方因履行本协议发生争议，由甲方、乙方协商解决，或提请有关部门协调解决，也可向人民法院提起诉讼。 九、未尽事宜，由甲方、乙方依照有关法律、法规和政策另行约定，并视为本协议书的一部分。					
	一、甲方拟录（聘）用乙方职位类别为______岗位名称为______，试用期______，试用起薪为______元/月，转正起薪为______元/月，报到地点为______，报到期限为______，实际工作地点为______。 二、甲方签约联系人______，联系电话______。甲方、乙方如有一方解除协议或违反协议条款规定的，应承担相应的违约责任并向对方支付违约金______元。					

1/1

补充协议内容	三、其他补充协议条款：（未填写）。

用人单位或用人单位人事部门	用人单位上级主管部门	毕业生
（签章） 经办人： 年　月　日	（签章） 经办人： 年　月　日	学生已同意，无需签字。

院系毕业生就业管理部门	院校毕业生就业管理部门
年　月　日	经办人：　　电话： 年　月　日

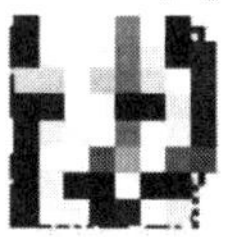

全国高校毕业生毕业去向登记系统：https://dj.ncss.cn/

甲方如需盖章，请扫码验证协议内容！

图 11－1

（一）全国毕业生网络签约系统的使用

1. 毕业生学习使用全国毕业生网络签约系统

要求所有应届毕业生注册全国毕业生网络签约系统，已经落实就业的毕业生统一利用该系统进行网络签约，不再使用纸质就业协议书签订就业协议。

学习使用（微信公众号）国家 24365 大学生就业服务平台，毕业生学习激活学信网账号并激活国家24365大学生就业服务平台（以下简称“24365平台”）。24365平台功能强大，毕业生可以通过此平台做生涯规划、咨询、求职、面试、签约；辅导员、班主任可以组织毕业生收看各种线上就业指导公益课，同时可随时关注所带班级毕业生就业状态。

2. 全国毕业生网络签约系统网签注意事项

毕业生通过手机端进入登记平台（wq. ncss. cn），选择“学生登录”，使用学信网账号登录，如无账号请先用常用手机号注册。

毕业生登录进入登记平台，首先要核对基本信息是否正确，如性别、民族、生源地、联系电话等。若信息无误，则点击“信息确认无误，进入系统”；若信息有误，请联系学校就业部门更正（手机号码、电子邮箱需由毕业生在本人学信网账号信息中修改）。确认无误后的信息将会自动同步显示在网络就业协议书中，请务必仔细核对，否则会影响后续签约。

毕业生无法登录进入登记平台的原因有以下两点。

（1）学校就业部门没有上传毕业生的基本信息或上传的基本信息有误。

（2）毕业生没有在学信网绑定学籍信息。请先查找原因，及时处理，或寻求系统客服帮助。

毕业生在网签系统填写签约单位信息后，由院校两级审核，审核成功后，系统自动生成填写好的就业协议书PDF文件，学生下载后到签约单位请负责人签字，加盖单位公章，填写签约时间后，毕业生同时签好名字和时间，上传该就业协议照片正反两面，再由二级学院和学校两次鉴证，鉴证通过后网签成功，同时生成一条就业数据。

3. 全国毕业生网络签约系统网签常见问题

（1）毕业生上传的就业协议不完整或者模糊不清，特别是盖的公章看不清单位名称。

（2）用人单位未盖鲜章，单位负责人未签字，签约时间未填。按照教育部规定三者缺一不可。

（3）企业的单位性质填成“其他”，可以填“其他企业”；毕业生职位类别填成“其他人员”，可以填“其他办事人员”“其他专业技术人员”。

（4）填写的单位名称不完整、多字、少字，统一社会信用代码错误，单位状态为不正常，如：吊销状态、单位名称和统一社会信用代码显示不存在等。填报之前可以用“天眼查”“爱企查”等小程序查询单位名称、统一社会信用代码以及经营状态等。

（5）其他录用形式提交的单位接收函，单位名称不完整，无统一社会信用代码，无单位性质，无单位联系人，无单位联系电话等单位重要信息。单位信息必须真实、准确。

（6）就业协议的单位盖章使用财务专用章、合同章、个人私章等。可以使用行政章、招聘或人事专用章。

（7）单位解约函未签字、未盖章、未填写解约时间。

（8）在系统的去向登记模块上传应征义务兵和专升本的支撑材料不规范。应征义务兵需要上传入伍通知书扫描件，专升本需要上传教务处公示后专升本的预录取名单加盖鲜章或者专升本学校录取通知书原件的扫描件等有效证明。

（三）其他就业手续的办理

2023 年 1 月 1 日起不再发放《全国普通高等学校本专科毕业生就业报到证》，取消就业报到证补办、改派手续，不再将就业报到证作为办理高校毕业生招聘录用、落户、档案接收转递等手续的必需材料。

四川省毕业生的报到、档案转递、到档查询可以在四川省流动人员人事档案公共服务平台上进行，平台提供的服务主要有 11 项，包含到档查询、档案转递、毕业生报到入户、毕业生接收登记、出具相关证明、档案查（借）阅服务、档案材料补充、政审（考察）服务、集体户户籍卡借出、初聘专业技术职称、代办申报评审专业技术职称。其中到档查询、档案转递、高校毕业生报到 3 项业务可以实现网上办结，其余 8 项业务可以实现网上预约。省外毕业生的报到程序咨询生源地人社部门。

二、求职过程中常见的侵权和违法行为

大学生就业竞争日趋激烈，就业压力日渐加大，一些招聘单位、中介机构或个人，利用大学生社会经验不足、自我保护意识差、求职心切等弱点，以提供就业机会为诱饵，采用违背道德、违反法律等手段，与大学生达成权利与义务不对等的就业意向或协议，使大学生受骗上当，合法权益受到侵害。因此，广大毕业生在求职过程中应当学会识别和规避各种就业陷阱，增强自我保护意识，了解和掌握维权求助的途径，最终实现自己的权益保护。

（一）招聘单位宣传不实

一些用人单位在招聘时夸大单位规模、发展前景、工资待遇等情况，或者隐瞒单位实情；有的用人单位千方百计了解毕业生的情况，却设法回避毕业生提出的了解单位的问题。这些都将导致毕业生与用人单位之间信息不对称，侵犯了毕业生的知情权。更有甚者，恶意欺骗宣传，宣称高薪高福利高岗位诱惑毕业生从事名不副实的工作，严重损害毕业生利益。如某企业抛出低工资高奖金的制度吸引应聘者，扬言做得好月薪可达万元，其实是在几乎没有底薪的情况下领取苛刻的销售提成。要知道，管理规范的优秀企业通常会淡化奖金、提成这些易于滋生副作用的做法，只有那些急功近利、员工流动性大的企业才会反其道而行之。广大毕业生应脚踏实地，不要投机取巧，不要相信天上能掉馅饼，增强抗拒诱惑的能力，避免落入不法分子的圈套。

（二）廉价试用期

一些不法企业利用试用期廉价使用毕业生。规定试用期是正常的招聘行为。但有些企业在试用毕业生时劳动强度高工资报酬低，在试用期结束后又借种种理由辞去毕业生，更有甚者，还向毕业生收取所谓培训费。所以广大毕业生在求职时一定要就试用期问题在合同中明确约定；在试用期间要注意保留有关工资、工作时间、工作能力的证据，以备必要时维护自己的权利。

（三）招聘歧视

平等就业是法律权利，但近些年出现了不少招聘中的歧视行为。

1. 性别歧视

这是女生们经常遇到的无奈。有的用人单位不顾社会责任，片面追求利益最大化，逃避劳动法赋予用人单位对女职工的特殊义务，在招聘员工时或私下或公开规定：只招男生或男生优先。

2. 身体歧视

一些用人单位在缺少相关规定的情况下将身体有残疾或疾病的人拒之门外，剥夺了这群人的就业机会；还有一些单位在并无必要的情况下对应聘者的身高、相貌甚至三围提出要求。

3. 户籍歧视

有的用人单位只招收本地户口的毕业生，或者没有本地户口就必须有本地户口居民的担保，抬高了外地户口毕业生就业的门槛。有的地方政府为了保护本地人口就业，制定不合理的人才准入制度，使本地单位无法招收外地户口的毕业生，或者无法使外地户口的劳动者成为正式职工，严重限制了人才的合理流动。以上歧视行为侵犯了广大毕业生的平等就业权，需要理直气壮地予以谴责。

（四）违规收费

国家有关部门早就明文规定，用人单位不得以任何名义向应聘者收取报名费、押金、保证金等费用，对员工的培训费用应当从成本中支出。可有些用人单位却对此置若罔闻，巧立名目向应聘者收费。毕业生们迫于对工作的需要往往只得就范。可是不少企业在收取了费用后便为所欲为，或者怠于履行义务，或者向求职者得寸进尺提出更过分的要求。因此毕业生在求职时要区分用人单位哪些做法是合理的哪些做法是不合理的，对于各种名目的收费要坚决抵制。

（五）侵犯隐私

毕业生在求职时，会在相关领域如网络和求职材料上留下自己的信息资料，比如姓名、年龄、身高、学历、电话、身份证号等，这些信息属于个人隐私的一部分，未经本人同意不得公开、泄漏、出售。但可能因为各种原因，如工作人员的疏漏、网络软件的缺陷、不法分子的圈套等，这些信息被用来侵害当事人或谋求商业利益。因此，毕业生求职时不要随便将个人资料留给不可靠的单位和个人，投放网络时要选择安全防范能力强和可靠性高的网站，同时注意保密设置内容的选项。在面试时，一些用人单位的提问会涉及个人隐私，如果与工作无关或者出于恶意，毕业生有权拒绝回答；如果是出于安排合适岗位的考虑或者考察应变能力，毕业生可以视情况回答。用人单位因此获得毕业生的个人隐私后，负有保密的义务，否则构成侵权。

（六）侵犯知识产权

个别用人单位通过招聘时要求毕业生提供作品或者完成某项设计工作等方式，取得并盗用毕业生的智力成果。如某软件公司在报刊上刊登招聘启事，招聘计算机专业研究生，凡应聘者领取考卷一份，实为一项设计项目的一部分。就这样一场虚假招聘使本应耗费大量人力的设计工作轻松完成。所以广大毕业生尤其是设计类、计算机类的毕业生应该提高警惕，增强保护知识产权的意识，采取适当措施降低用人单位使用作品的可能性。例如，面试时不要让用人单位随意复制自己的作品；发送电子邮件时，应对自己的作品进行处理，降低相关图片的分辨率；交付自己的作品时，应要求用人单位签收，以保存证据。

（七）不正当的合同签署

近年来，社会中出现了一些严重违反法律的合同，不正当的合同签署犹如设下的陷阱，其中常见的有口头约定、威胁性合同、非自由合同、泄露隐私、盗用知识产权等，这些合同都是无效的，下面介绍一些这样的非法合同，毕业生一定要提高警惕。

1. 暗箱合同

这类合同中的权利和义务一边倒。有些企业，尤其是私营和个体工商户与劳动者签合同时，多采用格式合同，根本不与劳动者协商，不向劳动者讲明合同内容。在合同中，只从企业的利益出发规定用工单位的权利和劳动者的义务，而很少或者根本不规定用工单位的义务和劳动者的权利。

2. 霸王合同

这类合同一般是以给劳动者或其亲友造成财产或人身损失相威胁，迫使对方在违背真实意愿的情况下所签订的。比如，有的企业看中一名技术员后，先与该技术员的亲朋好友订立劳动合同，然后再与该技术员谈判，强迫与其订立劳动合同，否则就以解雇其亲朋好友相威胁。

3. 生死合同

部分用人单位不按劳动法的规定履行劳动安全义务，妄图以与劳动者约定工伤概不负责的条款逃避责任。签订这类合同的往往正是从事高度危险作业的单位。这类企业劳动保护条件差、安全隐患多、设施不安全，生产中极易发生安全事故。

4. 卖身合同

具体表现为一些用人单位与劳动者在合同中约定，劳动者一切行动服从用人单位安排，一旦签订合同，劳动者就如同卖身一样失去人身自由。在工作中，加班加点，强迫劳动，有的甚至连吃饭、穿衣、上厕所都规定了严格的时间，剥夺了劳动者的休息权、休假权，甚至任意侮辱、体罚、殴打和拘禁劳动者。劳动者的生活、娱乐和人身自由受到限制。

5. 双面合同

一些用人单位与劳动者签订合同时，准备了至少两份合同。一份是假合同，内容按照劳动部门的要求签订，对外应付有关部门的检查，但在劳动过程中并不实际执行；一份为真合同，是用人单位从自身利益出发拟定的违法合同，合同规定的权利义务极不平等，对内用以约束劳动者。

（八）中介陷阱

除以上陷阱外，还有遭遇黑中介，一些不法分子冒充合法机构，通过广告宣传，虚构招聘岗位，收取中介费后便人间蒸发。更有些私人机构互相勾结，串通欺骗求职者，举办所谓招聘会，接收大量简历，并不招一兵一卒，意在骗取求职者的钱财。还有一些被用人单位当作廉价劳动力无故克扣工资及不缴纳社会保险费（养老保险、医疗保险、失业保险、工伤保险、生育保险），被骗取劳动成果，陷入传销骗局，被网络虚假招聘信息蒙蔽等诸多陷阱，都在提示着毕业生求职路上一定要提高警惕，擦亮眼睛，绕过陷阱，求职应去政府举办或者政府审查许可的有信誉的人才市场和人才服务机构，最终实现顺利就业。

三、毕业生要学会自我保护和维权

（一）学会自我保护

毕业生就业权益保护的一个重要方面就是毕业生自我保护，主要体现在以下几个方面。

1. 增强自我保护意识

首先，要端正求职心态，防止急躁情绪。激烈的就业竞争往往会使毕业生产生盲目、焦急和浮躁等不良心态，这就给了一些不法单位和机构以可乘之机，诱骗了不少毕业生。因此，毕业生要调整情绪，保持平稳心态，在求职前做好心理准备，防止因轻信而上当受骗。其次，对用人单位进行全面深入地了解，未雨绸缪。毕业生对用人单位有择业知情权，签约前，毕业生应通过多种途径多方了解用人单位的各方面情况，最好能够实地考察一下，以做到心中有数。最后，慎签就业协议和劳动合同，不可盲目草率。仔细阅读协议和合同的各项条款，明确双方的权利和义务，不留漏洞，以免日后产生纠纷。

2. 增强法律意识

毕业生要用法律手段维护自己的权益，就必须学习掌握与就业有关的法律法规，增强法律意识，当自己的权益遭受侵害时，能够积极运用法律的武器，力争自己的合法权益。尤其是在签订就业协议、订立劳动合同和试用期这些用人单位容易钻空子的环节上，切记要按法律程序进行。

3. 树立契约意识

毕业生与用人单位签订的就业协议是确立双方当事人之间劳动关系的一种契约，具有法律效力。毕业生在签约时要具备契约意识，一方面，通过协议保护自己的合法权益；另一方面，必须严格遵守就业协议，积极履行协议内容，未经对方同意是不得擅自毁约、违约的，否则就要承担法律责任。

4. 增强维权意识

毕业生不但要明确自己在就业过程中享有哪些权利，还要具有强烈的维权意识，当权益受侵犯时，要敢于拿起法律武器据理力争，而不是选择忍气吞声，不了了之。只有这样，才能真正使自己处在与用人单位平等的地位，自己的合法权益才能得到切实的保障。

（二）学会维权

毕业生在自己权益受到侵犯时，不要惊慌失措，更不要冲动蛮干，要懂得运用合法途径保护自己的权益。

1. 依靠学校

求职当中毕业生遇到问题，权益遭受侵犯时，应首先到学校的毕业生就业主管部门寻求帮助，学校有责任和义务维护学生的利益，学校对学生的保护最为直接。学校可以制定各项措施来规范用人单位的招聘行为，还有权抵制用人单位在招聘活动中不公正甚至是违法的行为。就业协议需三方同意才生效，对不符合规定的就业协议，学校有权不同意。对于可以协商解决的问题，由学校与用人单位进行沟通，这将有助于问题的顺利解决。

2. 依靠国家行政机关

当毕业生权益受到侵犯时，毕业生可向各级行政主管部门举报、投诉。主要有：毕业生就业主管部门、劳动监察部门、物价监察部门、技术监督部门、工商行政管理局等等。这些部门会依法对侵犯毕业生合法权益的行为进行抵制和处理。

3. 借助新闻媒体

毕业生可以借助报纸、电视、网络等新闻媒体的力量，对自己遭受的权益受侵害行为进行披露、报道，能够引起社会的关注和相关部门的重视，充分发挥新闻媒体的舆论监督作用，从而促进问题的快速、有效解决。

4. 寻求法律援助

法律援助是指由政府设立的法律援助机构组织法律援助人员，为经济困难或特殊案件的人员给予减免收费提供法律服务的一项法律保障制度。法律援助是一项扶助贫弱、保障社会弱势群体合法权益的社会公益事业，毕业生遇到就业问题时也可以到当地的法律援助中心寻求法律帮助。主要形式有：刑事辩护和刑事代理；民事、行政诉讼代理；非诉讼法律事务代理；公证证明；法律咨询、代拟法律文书；其他形式的法律服务等。

5. 依靠司法机关

《中华人民共和国民法典》《中华人民共和国民事诉讼法》《中华人民共和国劳动法》《中华人民共和国行政诉讼法》《中华人民共和国刑事诉讼法》《中华人民共和国治安管理处罚条例》等法律、法规明确规定，被害人有权对侵犯其人身、财产权利的犯罪事实或犯罪嫌疑人，向公安机关、人民检察院或人民法院报案或提起诉讼。毕业生可在切身利益受到侵犯时，依靠司法机关保护自己的合法权益。

四、劳动争议

（一）劳动争议的概念

劳动争议又称劳动纠纷，是指劳动关系当事人之间因为劳动权利与义务发生的争执。

（二）劳动争议的范围

根据《中华人民共和国劳动争议调解仲裁法》第二条规定，劳动争议的范围包括以下内容。

（1）因确认劳动关系发生的争议。

（2）因订立、履行、变更、解除和终止劳动合同发生的争议。

（3）因除名、辞退和辞职、离职发生的争议。

（4）因工作时间、休息休假、社会保险、福利、培训以及劳动保护发生的争议。

（5）因劳动报酬、工伤医疗费、经济补偿或者赔偿金等发生的争议。

（6）法律、法规规定的其他劳动争议。

（三）劳动争议的处理程序

根据《中华人民共和国劳动法》第七十七条规定，用人单位与劳动者发生劳动争议，当事人可以依法申请调解、仲裁、提起诉讼，也可以协商解决。因此，毕业生和用人单位发生劳动争议后，可通过以下四种方式进行解决：协商、调解、仲裁、诉讼。

1. 协商解决

通过协商自行解决是双方解决争议的第一种方式。同时，在解决纠纷的过程中也可以随时使用。协商解决建立在双方自愿的基础上。不愿协商或者协商不成的，当事人可以选择其他方式。

2. 企业调解

企业调解是指双方可以选择向企业劳动争议调解委员会申请调解。这种调解遵循自愿原则，体现在两个方面。一方面，只有双方同意由企业劳动争议调解委员会处理争议，调解委员会才能受理案件；另一方面，当事人可以不经调解直接申请仲裁。此外，由于调解委员会主要由企业代表和工会代表组成，因履行集体合同发生争议，不适宜由工会和企业申请调解，当事人应当直接申请仲裁。

3. 申请仲裁

经企业调解委员会调解，双方未达成协议的，一方或双方可向当地劳动争议仲裁委员会申诉。当事人也可以不经企业调解委员会处理，直接申请仲裁。需要注意的是，由于签订集体合同产生的争议缺乏法律依据，此类争议由劳动保障行政部门协调有关方面处理，不允许仲裁。除了这类争议，对于其他争议，劳动争议仲裁是强制性的、必要的程序。也就是说，只要一方申请仲裁，符合受理条件，仲裁委就受理；当事人要向法院提起诉讼，必须先经过仲裁，否则人民法院不予受理。

4. 提起诉讼

当事人对劳动争议仲裁委员会的仲裁裁决、不予受理决定或者通知不服的，可以在规定的期限内向当地基层人民法院提起诉讼。目前法院是民事法庭，按民事程序审理劳动争议案件，实行两审制。法院审理是处理劳动争议的最后程序。

【课后拓展】

（1）在就业过程中，很多的大学生不清楚劳动合同和就业协议的区别，从而被用人单位利用，导致大学生自己的就业权益得不到保障，请查阅相关资料，谈谈劳动合同与就业协议的区别。

（2）国家还没有明确的关于解决《就业协议书》争议的法律规定，在实践中解决《就业协议书》争议的主要有哪些办法？

（3）案例分析。

周维是某高校的应届毕业生，学习成绩较好，在校期间曾担任过学院的学生干部，这些优势帮助她在短期内就收到两家用人单位的签约通知。周维在两家用人单位之间再三考虑，最终选择了一家虽然福利待遇不是很好，但拥有较大发展空间的公司。双方经过协商签订了《就业协议书》，《就业协议书》就以下3个事项进行了约定：（1）服务期限两年，试用期3个月。（2）试用期工资2000元/月，试用期满工资3000元/月。（3）违约金5000元。

在签订《就业协议书》时，周维将协议书中要求自己填写的内容全部填写完毕，然后签字，学校盖章，再交给用人单位。

几天后，周维拿到用人单位盖好章的协议书后发现工资栏多了一条“此工资为税前工资”，由于协议已经生效，又想到5000元的违约金，周维只能忍气吞声。

周维到用人单位报到后，公司一直没有提签订劳动合同一事。在周维一再要求下公司人事主管说：“劳动合同要试用期满以后再签。”但试用期满后公司仍没有与她签订劳动合同，并告知：“当初签订的《就业协议书》就是劳动合同，没必要重复签订。”不久，公司即以周维不能适应岗位要求为由将其辞退，并以没有签订劳动合同不存在劳动关系为由拒绝承担任何责任。此时，周维知道自己上了用人单位的当，便向劳动争议仲裁委员会提起仲裁。

请对以上案例进行分析。